U0939880

山西古戏台通覽

謝辰生題

時年九十又三

编　委　会

山西省古建筑集团有限公司　编

主　编：王国华
副主编：吉万林　荀　建
编　委：马晓东　王巧鹏　王旭强　王丽娜　刘　娟　曲运达
孙书鹏　李天术　李月平　张恩先　张炜山　杨永康
杨金环　杜增升　金　玺　赵　东　赵勇龙　高国强
韩　卫
（排名以姓氏笔画为序）

策　划：马晓东　王巧鹏
撰　文：郭　英　曹　伟
资　料：段早青　王明明　侯　军
编　辑：丁淑芳　高瑞玲　张宝虎

序

谢辰生

国华同志主持编撰了一部《山西古戏台通览》，行将付梓，前来索序。我对山西古戏台的保护及他的这一工作是感兴趣的，因而欣然承应了。

山西省是中华民族文化的重要发祥地之一，悠久的历史蕴育了厚重的文化。其中尤以古建筑遗存最为著名，特别是散落于乡村间充满地方特色的老戏台占据着重要地位。这些拥有丰富文化积淀的遗存，是所在地方发展的历史见证，也是推动地区社会发展的宝贵财富。因而举世公认山西是北方戏曲的摇篮。

我国戏台产生于古代的祭祀酬神，秦汉时期出现了露台的建筑形制。北宋随着戏曲文化的繁荣，形成了真正意义的舞亭和戏台。到这时戏台的作用已不仅是娱神，而且还有着群众娱乐、道德教化、节日庆典等功能，戏台建筑形式也更加丰富多彩。

据20世纪80年代统计，山西省境内保留有金、元、明、清、民国历代戏台3000余座，经过20多年的城乡建设，到目前统计仅存千余座，据说还在不断地“减员”。由此我常常想到我们的“文物保护”十六字方针：保护为主，抢救第一，合理利用，加强管理。其中“利用”的提法，很容易被错误理解为单纯的经济利益。我们要警惕文物价值经济化、文物工作产业化、文物产权市场化，必须科学界定文化产业的范围内容，处理好文化产业和文物保护的关系。

这些年来，有相当一部分古城、古镇、古村落在改造中大拆、大建，或者拆真文物、造假古董，致使其面目全非，名存实亡。这种情况之严重，为建国以来前所未有，也是历史上所罕见，其严重性已远远超过了包括“文革”在内的前30年。

山西作为“中国古建筑的博物馆”“北方戏曲的摇篮”，其价值是永恒的。历史文化遗产不可再生，一旦被毁，就是永远无法弥补的损失。

我们欣喜地看到，当前全国文化繁荣的新局面，古建筑保护也呈现蓬勃繁荣的新气象。王国华同志顺应社会发展形势，积极参与古建筑研究保护，并将山西古建筑专题资料结集成册，计划陆续出版；同时，山西科学技术出版社也乐于印行，这都有功于推动山西古建筑保护事业。我乐之为序，也在于此。

2015年元旦

前　言

舞榭歌台　意手神功

王国华

戏台是戏剧艺术的表演场所和戏曲文化的重要载体，同时也是我国建筑遗产中的珍贵实物。山西历史悠久，文化底蕴深厚，境内保存的宋、辽、金等早期古建筑占全国总数的83%，其中古戏台作为建筑遗产中的重要一支，境内现存1000余座，时代囊括金、元、明、清，可称得上是中国“古戏台博物馆”。这些戏台散落分布于山西各地的乡野村落之中，具有明显的时代特征和地域特征，成为研究我国戏曲文化和古戏台建筑的重要实物资料。

近年来，因人们娱乐方式的改变，古戏台逐渐失去往日玉楼笙歌、弦索齐鸣的盛况，部分古戏台残损严重，濒临消失。作为一名山西文物修缮保护工作者，研究古戏台具有得天独厚的条件。因此，将这些珍贵的文化遗产保护和传承下去，对现有古戏台进行系统研究和整理显得尤为重要。

一、戏台的雏形及形成

任何新生事物的出现都有其历史必然性，同时任何新生事物都经历了一段形成和发展的过程。据我国戏曲专家和古建筑专家、学者广泛收集相关文献资料和田野调查发现，真正意义上的戏台形成于宋代，元明时期得到一次大的发展，清初成熟定型。但是早在宋代产生之前，戏台已经历了相当长时间的酝酿萌芽期。

1. 戏台的萌芽与雏形

事实上，早在原始社会，因社会生产力低下，人们对许多现象无法正确理解，故而对自然、神灵等充满敬畏之情，人们载歌载舞以娱乐神灵，从而获得它们对自己氏族成员的保佑，即“原始巫术”。当时人们居无定所，这些表演也没有固定的演出场所，通常选取一个相对开阔、略微高于平地的场地或累土为之，即“露台”。表演的主要内容也是巫师在脸上身上化妆或戴面具跳着模仿动物或图腾物的舞蹈，向神灵传达自己的心意。这种原始祭祀表演我们只可通过考古发现的墓室画像、岩画及面具等作为佐证，这些露台历经数千年的发展历程现早已不存。

封建社会早期，文字及礼乐、诗词出现并获得初步发展，一些简单乐舞和民俗乐出现并被作为酬神娱人表演的重要题材。此时，封建地主阶级追求声乐之美和身心享受，表演日益频繁。为使这些演出不受恶劣天气的干扰，人们开始在露台上搭建顶棚，形成现在人们口中的“乐棚”“舞亭”等。这些建筑材质不利于长期保存，现只能从前人的绘画作品和出土的陶制品中窥见当时的建筑式样。

南北朝及隋唐时期，出现了一种名为“熊罴案”的台子，它是在十二个木敦子上搭木板后用熊皮装饰的台子，台子四周有木栏杆，有可供上下的台阶，这种台子可随用随建，用完即可拆除，其形制也与后来出现的戏台最接近。

2. 戏台的形成

公元 12 世纪前后的宋金时期，随着乐舞、百戏的发展，戏曲文化已成熟，戏曲演出场所也经历了漫长的演变过程最终形成。全国最早的戏台出现于山西万荣县桥上村的后土圣母庙内，创建于宋真宗景德年间（1004—1007）。稍晚于此的是建于宋熙宁十年（1077）的沁县关帝庙内舞楼。高平市王报村二郎庙内戏台是我国现存最早的一座戏台，建筑年代应为金大定二十三年（1183 年），这些戏台都将在本书后文中详细介绍。

北宋政权建立后，深刻总结了五代时期藩镇割据以致“王室日卑”的历史教训，针对性地在全国推行重文轻武的政策，于是诗、词、诸宫调、院本、传奇小说等形式的戏曲文学形成，有力地推动了戏台的形成。

同时，戏台的修建离不开强有力的经济支撑，宋代城市商品经济有了较大发展，为修建戏台提供了坚实的物质基础。此外，人们价值观的转变，在娱神的同时也注重了人的身心娱悦，于是，城市酒楼内修建戏台甚至专门的戏场，巨大的需求推动了戏台的修建和形制的完善。

宋廷魁所著《介山记》中说："庸人孺子，目不识丁，而论以礼乐之义，则不可晓，一旦登场演剧，目击古忠者孝者，廉者义者，行且为之太息，为之不平，为之扼腕而流涕，亦不必问古人实有是事否，而触目感怀，啼笑与俱，甚至引为佳话，据为口实。"在这一段文中形象地说明了戏曲对人们所产生的强烈的道德感染作用。随着剧本内容的多样化和灵活化，同时让更多的人在休闲娱乐之时接受忠、孝、义等道德教育，各地戏台纷纷上演出此类剧目。因戏台有强烈的社会教化作用，利于统治者实行道德教化，修建戏台也得到统治者的倡导支持。

二、戏台的发展与成熟

明清时期，看戏娱乐成为人们日常生活的重要内容，戏曲逐渐深入百姓生活之中，戏台在前代基础上有了更大的发展，并最终成熟。1840 年鸦片战争后，西学大规模地传入中国，中国戏台建筑也不同程度地受到西方剧场建筑风格的影响，传统的式样也在不断改变。

明清时期的戏台得到了空前的大发展，具体表现在以下几方面：

1. 戏台所处环境的多样化

明清时期各地出现许多戏台，根据戏台所处环境可将其分为寺庙戏台、会馆戏台、酒馆茶楼戏台、祠堂戏台、庭院戏台、宫廷戏台等。

寺庙戏台，是最早出现的戏台类型，专为酬神谢神而建，所以一般位于寺庙内的山门和正殿之间，后来因地势局限（山门与正殿之间地块狭小）或为抬高戏台便于更多的人们观看，将戏台建于山门之上，如创建于明天启五年（1625 年）的高平县王何村五龙庙戏台。后来参加戏曲演出的人日益增多，为避免喧闹声对神灵的不敬，部分戏台被建于山门外十几米的位置，如平遥双林寺戏台，位于山门南端 13 米处。

会馆戏台，明清时期商人远及全国各地，为了团结同乡同业商人，壮大势力，他们在自己所到之处建立会馆，内部供奉着自己的行业神，按照祭祀娱人的惯例，建戏台、戏楼，在神诞日或传统节庆日延请有名的戏班进行演出，这些戏台一般规模宏大、装饰豪华，极具地方建筑风格。山西商人在外地建有很多会馆，但外地人来山西经商人数少、实力微，修建的会馆少，较为著名的有晋城城区怀覃会馆戏台。

酒馆茶楼戏台，明清时期城市商品经济迅速发展，一些酒馆茶楼为吸引更多的客人，增加营业收入，在自己酒馆内增设戏台，并邀请名角，每日上演不同的曲目。山西的酒馆茶楼戏台主要出现于清代，如山西第一座酒楼戏台位于太原剪子巷内，清宣统二年（1910 年）大水巷内的振兴茶园、松鹤茶园。这两座戏楼虽出现于 1840 年后，但建筑形制未受到西式建筑的影响。

庭院戏台，主要建于王府或富商宅院内，这些大户人家生活条件优越，为方便看戏，在自家院子修建了精美的戏台，在节庆之日请名角来此演出，这类戏台如北京恭王府内戏台，山西祁县乔氏、榆次常氏、太谷曹氏等富商宅院内戏台。

宫廷戏台，主要是建于皇宫、行宫或皇家园林中的戏楼，主要供节庆或大典之日演出。因戏台建造者为最高统治者，其规模多宏伟，此类戏楼主要出现于清代，分布于北京，山西境内无此类戏台。

2. 建筑造型多样，结构复杂。

宋金元时期，戏台的建筑形制极为简单，基本上为方形亭榭，面阔进深各一间，屋顶形制多为单檐歇山顶或十字歇山顶，梁架结构为简单的亭式扒梁结构。如山西高平王报村二郎庙内舞亭和侯马牛村金大安二年（1210 年）董明墓的砖雕仿木结构舞亭模型，均为单檐歇山顶。明以后，随着古建筑营造技术的提高，上至朝廷下至普通民众对戏台的认可及地方经济实力的增强，戏台建筑形制日益完善，屋顶形式多样化，硬山和悬山也用于戏台建筑，但十字歇山顶抬梁式构架的殿堂式建筑较为普及。此外，这时期出现的戏台建筑出檐深远，举折明显，部分戏台甚至出现斗栱，如临汾魏村牛王庙的元代舞亭和临汾东羊村东岳庙舞亭，它们的斗栱除在建筑结构方面起承重作用的同时还兼有装饰作用。

3. 建筑平面组合更加合理

早期的元杂剧一般一人主唱，角色少，相应的戏台面积也要求不大，通常为面阔和进深各一间的单体建筑，面积多为 50 平方米左右。至明代，随着剧情内容的复杂化，角色扩充，上场演员增加，同时便于演员化妆、休息，并将伴奏区和演戏区在空间上区别开来，不断调整戏台平面布置，建筑平面由规整的方形横向发展为矩形，面阔也由一间增加为三间到五间。为便于戏班工作人员的休息和换装，人们将两座独立的建筑前后串联起来，形成建筑组合体，即二连台。山西忻州市定襄县大南庄关帝庙就是一座二连台，当地谚语称“东文昌，西五道，连二台子三座庙”。

一些地方还建有三连台，包括两种类型：一种是在戏台两侧加建耳房或钟鼓楼；另一种是在居中的正台两边各建一个体量稍小于正台的戏台，且呈并列紧连状态，这样既可以增加舞台整体美感，也可以根据需要适当演戏。在一些并不太重要的节日，只在中间演出；在重大节日，则三台同时演出，增强场面气势。如运城盐池神庙的三连台、壶关真泽宫三连台等。

4. 台口由四面观到一面观的变化

据山西侯马金代墓室壁画可知宋代戏台多为舞亭、舞楼，人们可四面观看。山西万荣汾阴后土庙内碑文（此碑为金天会十五年（1137 年）创立）记载，在正殿的前庭院中也存在方形露台，供观众四面观看，四面观式戏台可容纳较多的观众，并拉近观众和演员的距离，但在背面看戏的观众无法看到演员的面部表情和身体姿势，且表演时戏台四面扩音，台上噪音大，演员无法集中精力，也严重影响群众观戏的效果，同时台上演员也易受到恶劣天气的影响。金元时期人们便将后面台口堵上，变为三面观，如临汾魏村牛王庙舞楼，三面观式戏台虽一定程度上弥补了从前戏台存在的缺陷，但侧面观众的视线不可避免的要受到角柱的阻挡。明清时期为更好地满足观众，同时为演员化妆、更换服装、休息等提供隐蔽的空间，将两侧台口也用墙封堵上，台口变为一面观，现存戏台建筑多为此类，如临汾魏村牛王庙和翼城武池乔泽庙就是两座三面观的舞亭，在明清时期通过将两山墙增砌至前檐柱而被改造为一面观的实例。

5. 内部设施完善化

金元时期，为了给演员化妆、休息、更换服装等提供相对隐蔽的空间，曾于戏台内临时悬挂幕布以区分前后台，演出时，演员掀开帘子上场，并无固定的上下场门。明代为提高演出效果，出现了为戏曲表演进行音乐伴奏和动作配音的人员，称为文武场或文武场面。因文武场也是戏曲表演的重要内容，大多数戏台都不为其提供独立的场地，与演员出现在同一台上。清代为明显地区分前后台，通常设置固定的板壁，左右两侧各开文武门，右侧上场，称“上场门”，左侧下场，称“下场门”。上、下场门上一般有门额题匾，如“出将”“入相”，“风花”“雪月”，“调调”“传传”等。

6. 外部装饰日趋精美华丽

戏台因其独特的祭祀功能，同时作为地方经济实力的重要象征物，建筑规模越是宏伟壮观，装饰越是精美华丽，越能表达人们对神灵的虔诚之意，体现地方经济实力。在金代墓雕和现存可能是金元时期的舞亭中，装饰构件多兼有结构作用，只有少数为纯装饰性，明代以后装饰愈益华丽讲究。同时，人们为提高戏曲的观演和音响效果，明清时期各地戏台增设各种装饰物，如：音壁、看台、围栏、藻井、雕刻、彩画壁画、围栏、牌匾、楹联等。

藻井是传统建筑中等级较高的一种顶棚形式，应用于传统戏台建筑上不仅满足了建筑结构上的需求，更为重要的是可以使乐亭产生共鸣，提高音质。为了增强音响效果，以便于将乐曲传播到更远的地方，人们还在戏台两侧筑八字音壁，或在戏台周围设围栏，以突出和美化戏台造型。如平遥县东卜宜村先师庙戏台，台身三面设廊，造型奇特，富有变化。

戏台雕刻一般位于台口上方或后台的墙面上，或为木雕、或为砖雕，形式有浮雕、镂雕，内容为戏曲人物和相关故事情节，也有在木构建筑构件上绘有吉祥图案及戏曲人物。

在我国建筑中，匾额和楹联是传统建筑的重要装饰内容，这种“经过加工的文字”蕴含着深刻的人生哲理，为戏台的点睛之笔，并收到了良好的效果。匾额既可起到标名作用，又可寄托人们的美好愿望。楹联是指悬挂、粘贴或镌刻在柱子上的对联，这上、下两联字数相等、词性相称、声调协调，这些文字通常由名人撰写，具有极高的文学价值和艺术价值。

三、山西戏台总体特征

1. 戏台基数大，多附属于寺庙

据统计，山西古戏台数量位于全国首位。境内戏台类型丰富多彩，在社会中具有很大的普遍性，到了清代，山西达到“村村有庙，庙庙有台”的程度，庙前建戏台成为村落内的重要建筑景观和公共空间。

2. 建筑时代序列完整

古戏台在全国可谓是普遍存在的，但因经历长期自然灾害和人为拆建，能完整保存下来的戏台为数不多。目前，全国现存最早的戏台位于山西高平市；据考证，我国第一座真正意义上的戏台也位于山西境内；宋金元明清各时期的戏台在山西均有实物遗存。完整的时代序列为研究戏曲发展史和戏台建筑演变脉络提供了重要的线索。而其他省份虽有不同时代的戏台留存下来，但真正能够像山西这样有着完整的时代序列的还没有。

3. 戏台的社会功能主要表现为娱乐

虽戏曲表演最初是为了酬神娱神，但随着社会发展，人们思想观念的变化，人的社会地位的提高，人们开始追求身心娱悦的倾向日益旺盛，位于寺庙内的戏台虽最初是为了酬神娱神，但从明代开始更多是为了娱乐自身，如会馆戏台、庭院戏台和酒楼戏台，这些戏台并不是按照寺庙内的戏台定期进行表演，而是更加经常化，有条件的地方甚至几个戏台同时开场，以壮大场面。

四、本书的立意和特点

迄今为止，关于山西古戏台已有颇多的研究成果，且各有千秋，这些研究者和学者根据自己的专长、个人能力和研究目的，从戏曲、建筑、民俗、宗教、考古等角度进行研究。本书精选了山西境内千余座戏台，时代跨越金、元、明、清、民国，从建筑角度对山西现存古戏台建筑进行系统梳理，充分发掘这些宝贵遗产的历史、艺术和科学价值。在编写本书时作者直接从建筑角度对现存古戏台的形制、发展沿革等方面进行重点阐述。此外，书中还附有大量图片，方便读者更加生动、直观地了解戏台的细部构件和其他重要内容。

在本书即将出版之际，首先对山西省文物局、各地市文物局及工作在文物保护一线的同志们表示深深的感谢。他们大公无私地提供了很多重要的文字和图片资料，进一步充实了本书内容，使本书得以顺利完成。此外，希望更多学者能以此书为基础进行更为深入的研究，将我国古戏台研究推向新的高度。同时，也希望能够借此书的出版引起更多社会人士对古戏台保护修缮工作的重视，衷心地希望广大读者喜欢它。

2015年春节于华藏阁

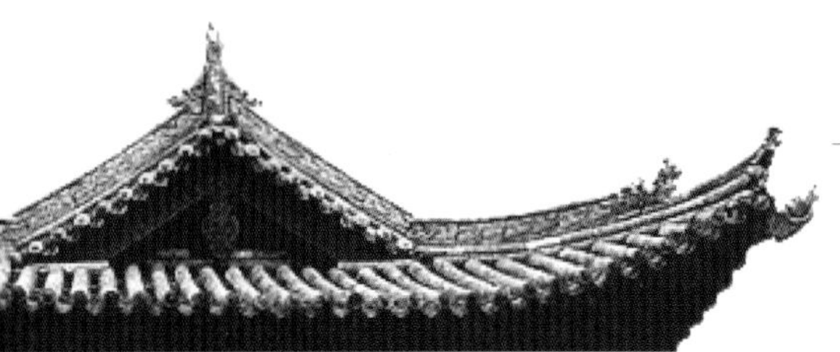

Contents
目录

083 清代戏台

1 太原市

2 大同市

3 朔州市

4 阳泉市

5 长治市

6 晋城市

7 忻州市

8 晋中市

9 临汾市

10 运城市

11 吕梁市

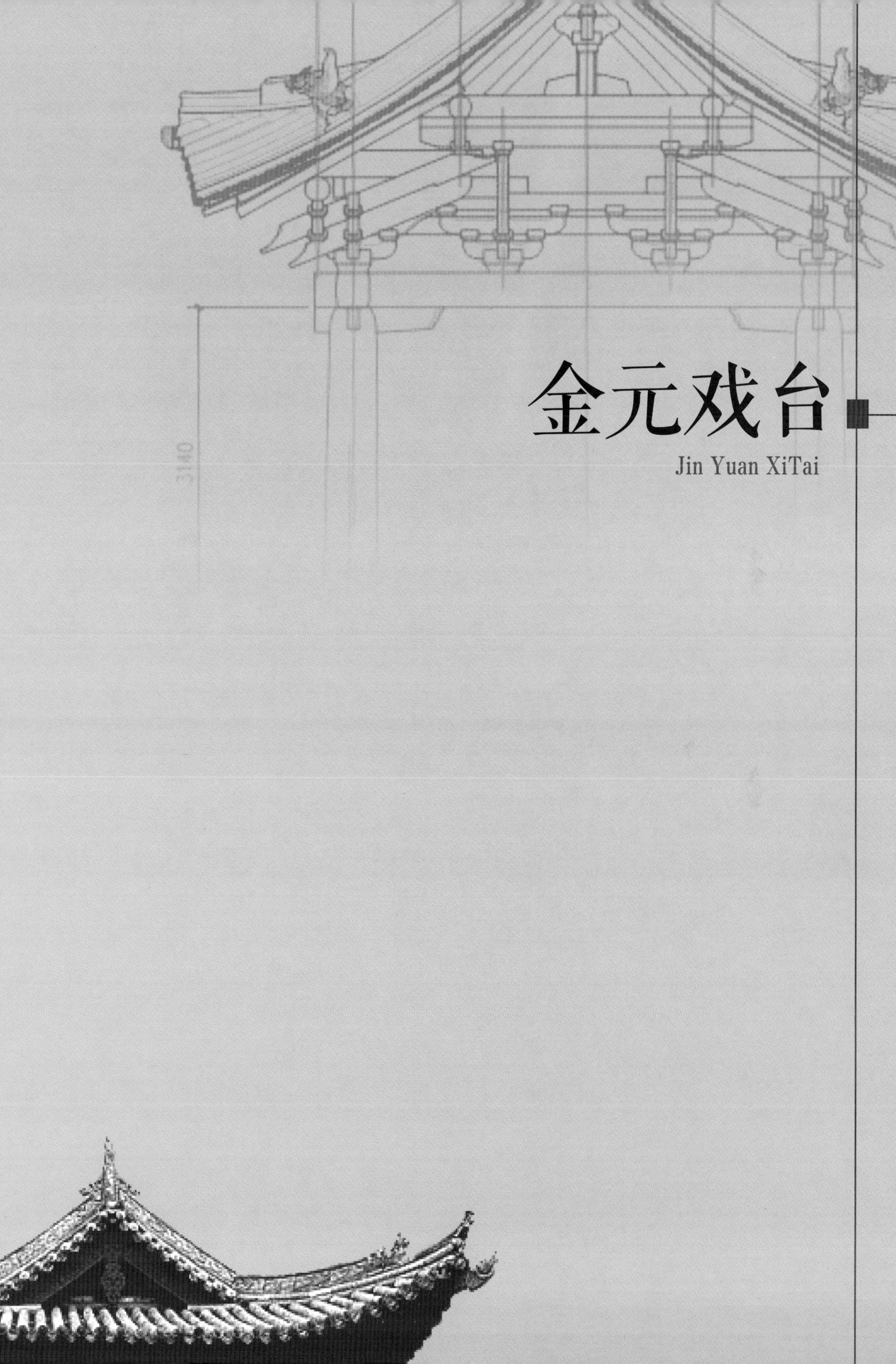

金元戏台

Jin Yuan XiTai

高平王报村二郎庙戏台

中国古代戏台现存创建年代最早者，当推山西省高平市王报村二郎庙戏台，在其石砌须弥座式台基束腰部之青石题刻足以证明，创建年代为金大定二十三年。

二郎庙地理位置图

二郎庙是用来祭祀二郎神杨戬的庙宇。杨戬在中国道教神话传说中是一位著名战神，他的声望在旧时家喻户晓。传说杨戬身世非凡，血统高贵，是玉帝的亲外甥。他力大无穷，能撒豆成兵，还通晓八九玄功（七十二变），可谓法术无边，顶天立地，玉帝封他为“英烈昭惠显灵仁佑王”。其英雄形象在我国古典小说《封神演义》与《西游记》中皆有描述。旧社会，民间赖其消灾御患，崇奉甚笃，香火颇为旺盛。

高平市王报村二郎庙位于村北，距离村落颇近。地当坎阜，坐北面南，一进院落。庙内建正殿五间，前有三间献厅，对面即为倒座戏台。东西之序，各配厢房十楹，离方辟门，分置戏台两边。在庭之四维，乾艮置耳殿，巽坤为挟屋。庙院以中轴为纲，左右均衡对称，屋宇简朴，布局严谨，是王报村重要的风水建筑。

所谓倒座戏台，就是戏台位于庭院的另一端，台口面对正殿的主尊，不偏不倚，故俗谓“倒座”。戏台在神庙中的这种布局，在中国各地庙宇实例中比比皆是。这说明神庙中戏台的主要功能当为酬神娱神。王报村旧时每逢年时庙会，或者报赛之日，村中商贾辐辏，车马骈集。庙中演戏娱神，祈求福祉，同时也兼顾了娱人。来此赶会上香供神者成群结队，或逛会，或购物，或聚饮，或看戏，各有所乐。

为了能将该实例和一般戏台进行类比，并放在戏曲历史中加以观察，请先看一下通常戏台的构造形式和中国戏曲发展的大致路径。

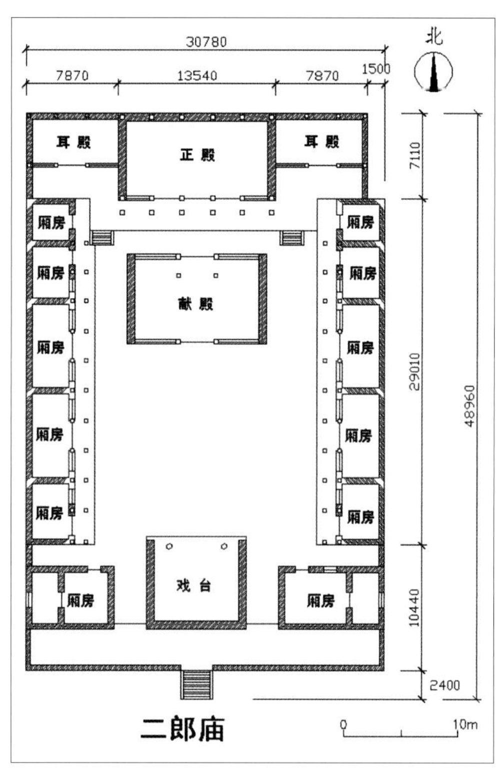

二郎庙平面图

在古代供演出的建筑物有台式与楼阁式两种。台式者，下部为台，故谓之戏台、舞台、乐台，其上为单层建筑，三面以墙围堵，一面开敞，敞口之面，谓之台口。楼阁式者，通常为两层楼阁，即古人所称一棚两截，故谓之戏楼、舞楼、乐楼。楼之底层后墙通常设有庙院之正门，用于通行，前面（面向正殿者）开敞、或不开敞者皆有。楼上供演戏之用，两山和后面三面砌墙，前面（面向正殿者）亦谓之台口。从横向构造看，有面宽一间者，有面宽三间者。通过众多的明清实例，可以看出，明清戏台面宽三间者居多，面宽三间者，当心间两根立柱是承托屋架两缝梁架所传递负荷的关键构件，但它的存在有碍观众观戏，所以有的在台口将两根立柱取消，在额部以大额枋承载上部负荷。因演出功能的需求，戏台的台面一般分为前台后台两个部分。其前台面对神殿与观众，又可

并有题文，如“演古”与“证今”等，一方面使戏台更趋美观，另一方面更符合功能要求。

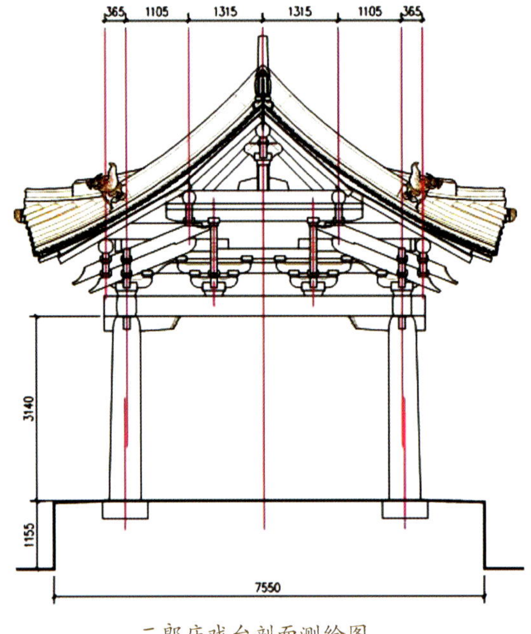

二郎庙戏台剖面测绘图

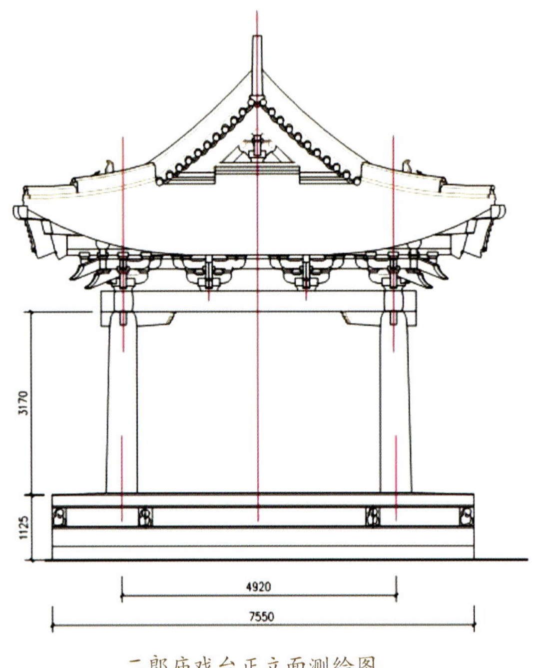

二郎庙戏台正立面测绘图

分为表演区与文武场奏乐区；后台则供演员化妆、换装、上场之前准备工作，或下场后休息之用，又兼作演员上下场之幕后通道。有的在前后台之间设木隔断为界，前面画有华丽的图案作为表演区的背景，两边留设通向后台之小门，并在小门的额部镶有匾额，并有题文，如“演古”与“证今”等，一方面使戏台更趋美观，另一方面更符合功能要求。随着剧情发展，演员上场下场，台前台后，出入自如。没有隔断的，在演出时则以帐幕分隔，台上均比较宽畅。这些明清戏台都是在我国戏曲发展已经颇为成熟后的产物。在金元建筑遗物中，情形则远非如此，无论从功能使用方面还是建筑风格方面都迥然不同。

戏台这种建筑物在历史长河中的发展历程，和中国戏曲史的发展息息相关。戏曲发展由最初商周时期的原始歌舞开始，后来表演成分不断增加。在唐代，出现了由优伶的滑稽表演和民间的俗讲与变文相结合为特点的参军戏。宋代商品经济空前发展，在城市出现了供民间艺人展示说唱才艺的平台——瓦舍和勾栏等市井娱乐场所。从此歌舞、说唱、滑稽戏相融合，产生了“宋杂剧”。金元时期，宋室南避，在宋杂剧的基础上，南方出现了南戏，北方则产生了“金院本”。元代南方的南戏又整合了当地民间小曲和草根说唱，通俗质朴，具备了戏曲基本艺术特征，是中国戏曲最早的表现形式。北方在金院本的基础上融入元曲，出现了“元杂剧”，并出现了关汉卿，王实甫、白朴、马致远等一批戏曲文学巨匠。明清两代均是中国戏曲发展的繁盛期，在元杂剧和宋元南戏的基础上，进一步成熟和规范化，先是于明代传奇盛行，代替杂剧而成戏曲主角。当时剧本的特征是曲词典雅，体制庞大，名篇很多。后来，清代各地，纷纷将戏曲进一步民间化、通俗化和地域化。先有昆曲和高腔折子戏的盛行，接着地方戏如雨后春笋，争先恐后地兴起。有记载可考，至迟在明末清初，开始出现班社。阳城县上伏村大王庙戏台，就有清顺治十五年（1658）九月十六日“百顺班”演出的题壁，还记有班社供点戏用的剧目名单。

二郎庙远景

二郎庙近景

总之，以上戏曲发展的路径，可归纳为原始歌舞加表演、说唱、滑稽戏——宋杂剧——金院本——北方元杂剧（元曲）和南方南戏——戏曲成型。有学者研究称，早期的脚本题材多取于民间人物故事、神话传说，体制相对较小，在像勾栏这样只有台子和栏杆而无屋顶的狭小的场所就可表演，顾名思义，“瓦舍”就应是最简单的有屋顶的简易演出场所。到宋杂剧时期，剧本体制相对庞大，需要有专门的建筑供演戏之用，从晋东南一些古代碑记里就可找到宋代舞楼的记载。原来在高平米山就有一座宋代的戏楼，可惜 1958 年因拓展街道而将其拆除，甚为遗憾。

全国的戏台遗存实例，尤以清代遗存最多。追溯至金元之物，实例俱在山西。除了高平有金代戏台之外，山西临汾和运城等地有很多元代戏台遗存，说明山西在金元时代堪称戏曲发展之摇篮。戏台这种建筑实物是历史上戏曲文化信息的最佳载体，如将山西各代戏台遗存实例的构造和使用功能诸方面加以类比与研究，确实可为中国戏曲发展史提供有力旁证。

二郎庙戏台

多年前，我们曾对王报村的金代戏台木结构进行过实地测量，为能使同仁们在研究过程中有资料参考，经整理现作如下简单介绍：

戏台面宽与进深一间见方，四架椽屋。四根木柱托起单檐歇山顶，筒板布瓦屋面。歇山山尖朝南北方向。四周出檐比较深远。当时屋顶残破极其严重，室内已经屋不蔽日，但木构架与檐步椽飞尚较完整，其结构别具特色。在当地金代木构实物中，堪称上乘之作。

一、台基

正前方为石砌须弥座台基，两侧为直砌，台帮高 112.5 厘米，加泛水台明高 116 厘米。台宽 755 厘米。须弥座压檐石为上枋上枭，用材宽 40 厘米，高 22 厘米；下枋下枭高 34 厘米；束腰高 32.5 厘米；相对束腰部分，上枋凸出 9 厘米，下枋凸出 12 厘米；在下枋下部和下枋取齐（相当于清式圭角位置），砌条石一层，高 24 厘米。均以砂石砌造。台明宽，正前方 137 厘米，东侧宽 126 厘米，西侧宽 137 厘米。后侧在庙外，后墙外留台 8 厘米。

二、柱额

在台上立四根柱子，柱根部直径 55 厘米。柱础为素平式，柱高 314 厘米。柱侧脚 4.5 厘米，因正面两根柱脚糟朽，被村民以两个碌碡托起。每面柱脚中距为 492 厘米，柱头距 483 厘米，上施大雀替（正面雀替雕为蝉肚纹）和檐额，檐额高 35 厘米。檐额四角搭头，出头 37 厘米。

三、墙体

东、西、南三面沿柱缝砌墙。墙厚55厘米。墙高随柱之高。

四、斗栱与梁架

斗栱四铺作，单栱造，栌斗出华头子，上为单下昂，下为昂形耍头。材宽11.5厘米，单材高17.5厘米，足材高24.5厘米。除四角之转角斗栱之外，每面施补间斗栱两朵。补间斗栱后尾，华栱上托华楔与斜伸往上的下昂与耍头后尾，四面八朵补间斗栱之耍头后尾都雕作琴面昂形状，并各以一散斗将下平榑下方之双层通替高高地举起。东西平榑和南北两系头栿首尾相搭，成为一井字形正方构架。四角老角梁尾直通并承挑于平榑与系头栿交点之下，为平衡角梁尾端向下的垂直力矩，另在四角补间斗栱中心上方位置和檐榑相平各施抹角梁一道，其中点恰好支承于老角梁尾中部之下方。再在系头栿上安装合踏蜀柱叉手和丁华抹颏栱，上施通替与脊榑。

五、椽飞

椽径10.5厘米，椽出850厘米，飞出34.5厘米，四角冲出35厘米。

仰观梁架构成与组合，其结构之严整，传力之巧妙，令人为祖先之智慧所折服。

综上所述，王报村二郎庙戏台属于台式戏台，其须弥座的做法和大木结构都比较考究，造形古老质朴，结构简洁，不尚华丽，规模又甚显狭小，开间与进深只有一间见方，使用面积最多19平方米。如除去前台乐队所占位置和后台位置，前台只能容纳二到三名演员进行表演，这与当时我国戏曲尚未发展成熟不无关系。也说明当时常演的剧目题材体制不大，或者是主要是供说唱和演滑稽戏与民间秧歌之用。

尧都区魏村牛王庙元代戏台

魏村牛王庙元代戏台位于临汾市尧都区魏村，距临汾市区25千米，1965年公布为山西省重点文物保护单位，1996年公布为第四批全国重点文物保护单位。

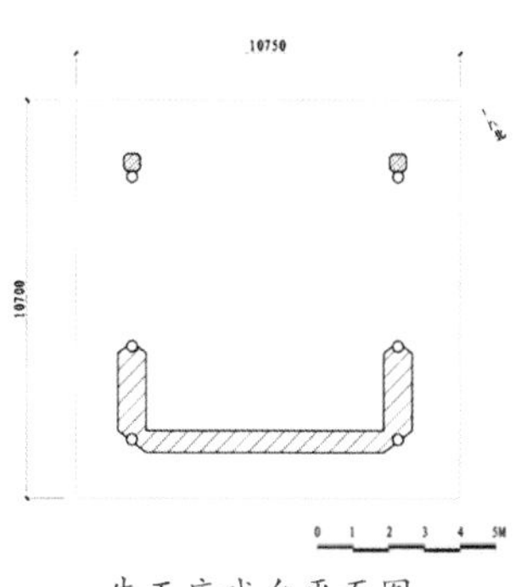

牛王庙戏台平面图

牛王庙在魏村村中，庙宇坐北朝南，南北长68米，东西宽61.4米，占地4175.20平方米。中轴线建筑由南而北依次为戏台、献亭、广禅侯殿，大殿两侧有耳殿。据现存碑铭记载，牛王庙创建于元至元十七年（1280年），二十年（1283年）创建戏台。大德七年（1303年）平阳大地

西面石柱题记

东面石柱题记

震中损毁。至治元年（1321年）重建。清道光三年（1823年）重修正殿三间，西廊十八间，东廊十二间等。现存戏台为元代原构，余皆明清所建，耳殿为2007年修建。

牛王庙戏台的台基出地面1.15米，宽7.45米，进深7.55米，平面近正方形。四角各立柱子一根，前檐两脚为石柱，后檐两角为圆形木桩。石柱四角抹棱，正前雕牡丹花纹和童子图案，抹角处刻有镌造年月、施主、工匠姓名。西北石柱抹棱面刻有“蒙大元国至元二十年岁次癸未季春竖，石泉南施石人杜秀”。东北石柱抹棱刻有“维大元国至治元年岁次辛酉孟秋月下旬九日竖”，是了解戏台创建年代与重修年代的历史证据。

戏台三面敞开，仅后檐及两山后部砌墙，山墙仅及山面长度的三分之一。为使山墙稳固，减少山面额枋负荷，于山墙前端支撑辅柱一根。前檐及两山前部均敞露在外，观众从三面均可看戏。戏台无前后之分，在一定程度上还保留着宋金时期舞亭的固有形制。

戏台的梁架结构也较为别致：四角柱上置大斗各一，斗口内施十字形雀替，前柱雀替较短，后向雀替通贯两柱；雀替上四周架大额枋各一道，断面椭圆型，高55厘米，宽41厘米，接点半卯搭交，形成一个“井”字形框架，在这种框架结构中，墙壁只起到辅助的承重作用。额枋之上，每面各施铺作四攒，绕周十二攒，承托檐出与上部构架。转角处施抹角枋，梁上坐栌斗，斗口内设十字相交的雀替承井口枋，井口枋为圆形；井口枋之上承铺作斜梁，铺作斜梁之上承阑额、普拍枋；之上承铺作及抹角梁、平榑，抹角梁垂莲柱贯插，共同承上架阑额、普拍枋及铺作，形成八角形藻井式脊部构架。平梁和太平梁上，皆施合踏、侏儒柱和大叉手，两柱相依，柱头上两个栌斗由一块木材制成，斗口内各施丁华抹亥栱一道，承负脊枋和脊传。转角处太平梁之下施影衬角栿，老角梁

牛王庙戏台正面

之上施仔角梁和续角梁。前后平槫两端与平梁搭交，太平梁较低，又无承椽枋，山面椽檐后尾就钉在平梁上皮。

屋顶举折，第一架五三举，第二架七三点五举，由于第一架举折较高，屋顶弧度不大。两山出际120厘米，颇显深远。

戏台上的铺作按其部位分上、中、下三层。第一层位于檐头，外出跳承檐槫，内出跳承下井口枋。第二层在梁架中部，为梁架中的组成部分。上层位于梁架之上构成八角形藻井，略有装饰之意。檐头铺作分为补间和转角两种，五铺作，双下昂，重栱计心造。昂为琴面式，昂嘴较短，下刻假华头子，耍头为蚂蚱头，其上施衬枋头一层。斗栱上设柱头枋，里外罗汉枋，无压槽枋。铺作后尾出华栱三跳，跳头上皆施异形栱，后尾耍头承井口枋。铺作上设斜梁搭在井口枋之上，尾端挑承着梁架上第二层铺作下面的阑额和普拍枋。补间铺作后尾外向，自斗口内出45° 斜华栱一跳，承抹角枋和抹角梁。

梁架上的铺作坐于口枋之上，每面三攒，中为补间，五铺作，双抄单栱造，两跳华头上皆施异形栱。当心一攒补间斗栱，除伸出华栱两跳外，左右各出斜栱一跳，承抹角梁，梁中心处悬垂柱各一，上层栱后尾与垂柱连接。转角铺作上承大老角梁。

梁架上部八角形藻井铺作，计有八攒，每面各一，四铺作，单栱计心造，华栱之上

牛王庙戏台藻井

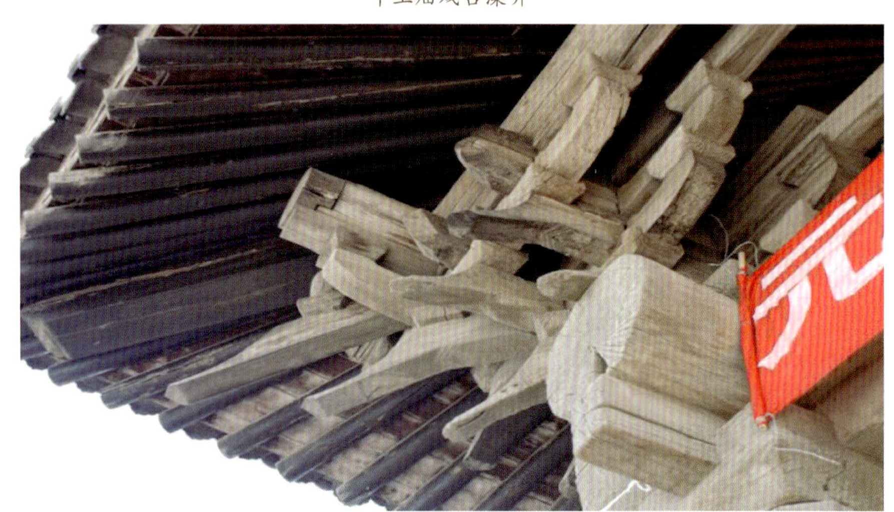

牛王庙戏台斗栱

安异形栱，耍头用材较薄，无承重作用，有装饰之意。各栱用材，略小于梁架上的铺作，与一般小木作当中藻井上的铺作截然不同。粗略看去似为梁架中的构件，实则为了装饰，并非结构上所需。

屋顶仅施圆椽一层，檐头不设飞椽，与庙内其他建筑，如献亭，广禅侯殿一致。望板上覆盖筒板布瓦，所施脊、兽皆为灰色。各脊皆用瓦条垒砌，吻兽均1978年修缮时恢复之物。

魏村牛王庙戏台是现存较早的元代作品，结构独特，造型美观。其梁架施井字梁铺作各一层，抹角梁两层的组合形式；上架额、普拍枋及铺作形成八角形藻井式脊部构架特征；戏台四周三面敞开，均有别于现存的其他元代戏台，对于研究元代建筑结构类别具有极高的科学价值。

翼城县乔泽庙元代戏台

翼城县乔泽庙元代戏台在县城东南7千米南梁镇武池村西。乔泽庙，又称水神庙，创建于北宋熙宁三年（1070年）。元、明、清历代均有增修和重修。庙宇坐北朝南，原有两进院落。中轴线建筑由南而北依次为山门、戏台、献殿、正殿，东西两侧为掖门、厢房、配殿、廊坊等建筑。现在除戏台完整保留外，其余建筑皆已不存。1983年重修戏台时，在台西北角转角铺作的二跳正华栱下皮发现墨书题记：“泰定元年十二月十七日武池村创建舞楼壹座都维那头邢口邢德都维那头李温侄男李思琼。”由于乔泽庙戏台是国内现存为数不多有确切纪年的元代戏台，因此具有极高的文物价值，1986年被列为山西省重点文物保护单位。2006年，被列为全国重点文物保护单位。

戏台在乔泽庙中轴线南侧，坐南面北倒座式，朝向庙北正殿。台基高1.4米。戏台平面近正方形，东西宽13.35米，南北长13.27米，面积177.15平方米。周檐台帮条砖砌筑，青石压沿扎边。台内地面为方砖铺墁。

乔泽庙戏台正面

柱额：

正殿四柱见方，皆为木制圆形，面宽、进深933厘米（另在后檐立设附柱两根，两山立设附柱各一根）。前檐角柱础石为方形础盘，起素面覆盆，础盘青石质地，边长101厘米，厚30厘米，覆盆高13厘米，直径95厘米。

角柱底径72厘米，柱头径58厘米，高446厘米，柱身收分7厘米，柱侧角9.5厘米。柱头正侧两面施榻头扶承四面交圈的大檐额。

檐额系自然材去皮打节后将四角略锛斫成弧形直接施用（高58厘米，宽68厘米，抹角15厘米），至转角处做卡腰榫塔交，柱头垂直去截。因为四面檐额截面高度不一，为了取得铺作底皮的水平，在檐额背部、栌斗之下随高就势用板材予以支垫，上置铺作。

梁架：

戏台进深六椽，歇山顶构架，梁架是利用檐头铺作、下平槫缝的襻间铺作、上平槫缝的襻间（藻井）铺作组成的。

乔泽庙戏台部分藻井　　乔泽庙戏台藻井

檐头铺作内侧死角各施抹角梁一道，抹角梁上顺开间于进深两个方向设置内额构成平面为“井”字型梁架，在内额四角再架抹角梁各一道，内额之上设置下平槫缝的襻间铺作（铺作的华栱外挑下平槫，向内的耍头通过垂柱挑承上平槫缝斗栱），四隅大角梁的后尾搭压在搭交内额上，并继续向内台内延伸，由上层抹角梁扶拖其尾部，角梁后尾通过抹角梁挑承垂柱，垂柱上设小型阑额、普拍枋承托上平槫缝的襻间铺作（襻间铺作内挑上平槫，华栱后尾垂直去截）。

东西两山在下平槫缝间斗栱的正心位置立设蜀柱（藻井斗栱的华栱后尾穿过蜀柱），蜀柱上设平梁，平梁上设脊瓜柱，柱头通过脊部斗栱（一斗二升交丁华抹颏栱）支撑脊部随槫枋、脊槫构成歇山顶屋架。

上平槫缝的襻间铺作总计16朵，分别由大角梁后尾、下平槫攀间斗栱的耍头挑承的垂柱支顶、垂柱头的小型普拍枋按八边形方式布列，其上相应的斗栱设置16朵，脊槫中段悬雷公柱，柱头纵向贯穿攀间枋，柱头于上平槫缝的攀间斗栱之间斜戗栱八根，从而形成了台内梁架上的八边形藻井。这种结构除了其承重的使用功能外，同时赋予了台内构架极大的装饰效果。

屋架举折与出檐：

前后檐槫中距为10.58米，檐槫上皮置脊槫山沟总举高为3.53米，总举高为总步架的三分之一；上槫步架180.5厘米，是总举高的五十分之一（合6.2举）；檐部步架208厘米，举高为103厘米（合5举），屋坡略陡。两山出际188厘米，悬挑长度（188厘米）于脊部开间（蜀柱中至中535厘米）之比为1：3。周檐上出檐190厘米，其中椽出144厘米，飞檐出46厘米，翼角升起97厘米，冲出24厘米。

檐部铺作：

檐部斗栱五铺作，材宽12厘米，材高18厘米，栔高75厘米，出跳38厘米。补间铺作置于柱头檐额上部，按结构每面分为四朵，其中前檐两侧补间铺作及两山前段补间铺作与前檐转角铺作相接形成四斗连栱造。补间铺作施用讹角栌斗，斗内纵向出足材泥道栱，横向出一跳华栱。足材泥道栱两端置散斗承足材泥道栱，泥道慢栱上施散斗托柱头枋一道。一跳华栱前后两端置散斗托二跳华栱，瓜子栱，泥道慢栱上施散斗托栱头枋一道。二跳华栱前端支撑昂形，其上交互斗内置耍头、令栱，令栱上施散斗、齐心斗承随槫枋、檐槫。上下华栱后尾制成抄头。一跳华栱后尾施交互斗，斗内十字出瓜子栱、二跳华栱，瓜子栱上施罗汉枋一道。二跳华栱后尾互斗上设翼形栱装饰，其上施蚂蚱耍头，其后尾制成榻头叠压于抹角梁上托于井字梁底。中间梁多补间铺作，耍头后尾设华架，华架上斜置挑斡结构于攀间铺作栌斗下。

乔泽庙戏台斗栱

乔泽庙戏台部分斗栱

转角铺作置于角柱头檐额上部，前檐转角铺作相同，为三斗连栱造。后檐西侧转角铺作为两斗连造。铺作45°出角华栱两道，角华栱前端支撑昂形，后尾支撑抄头，栱前后端施用交互斗叠设承托，交互内斗设翼形栱装饰。二跳角华栱上施由昂，由昂后尾制成耍头。其上施角衬枋托于大角梁底皮。

下平槫铺作：

下平槫铺作置于井字形内额背部，每面2朵，共计施用8朵。五铺作出双抄，材高16.5厘米；材宽11厘米，栔高6厘米，出跳28厘米。栌斗内华栱与泥道栱十字相交，泥道栱两端置散斗承泥道慢栱，再上施柱头枋一道。一跳华栱前端支撑抄头，其上置交互斗承二跳华栱、瓜子栱，瓜子栱上置散斗托罗汉枋一道。二跳华栱前端制成抄头，其上施交互斗承实拍栱托替木、下平槫。里转一跳华栱支撑抄头，其上施交互斗托瓜子栱、罗汉枋。二跳华栱后尾制成耍头挑承垂柱，垂柱头施阑额、普拍枋呈八边形交圈结构。再上施上平槫铺作。

上平槫铺作：

上平槫铺作共计 16 朵组成八边形藻井。斗栱为五铺作出双抄，材高 15 厘米，材宽 11 厘米，栔高 5 厘米，出跳 20 厘米。前后檐位置铺作，令栱上施随槫枋承上平槫，其余铺作灵栱上均施罗汉枋互相交构。铺作后尾截成齐头，延伸至椽、栿外皮。

木基层、屋顶：

槫条背部钉设圆椽直径 12 厘米，正身檐椽 33 根，翼角椽 17 根，没加出际圆椽 11 根，共计椽 510 根。檐椽头部设计飞椽，共计 268 根。椽上铺钉厚 2.5 厘米的望板。屋顶筒板瓦屋面（1983 年维修时不配瓦件）的瓦件为手工制灰陶质地，吻、兽、脊、刹为手工制黄绿琉璃制，屋面筒瓦正身 35 垄，翼角 13 垄，共计瓦垄 236 垄。脊部屋面砌筑正脊，正脊两端设正吻，中部置脊刹。正脊柱至下而上由琉璃当勾、灰陶质地的坐脊瓦、琉璃黄道、琉璃线道、琉璃捏花行龙脊筒（每侧 8 块）、琉璃扣脊瓦总计六层构建叠加而成；垂脊为琉璃当勾、灰陶质地的坐脊瓦、琉璃黄道、琉璃线道、琉璃捏花牡丹脊筒（每侧 8 块）、琉璃扣脊瓦六层构件组成，每条垂脊背部设四件走兽装饰，垂脊前端置琉璃垂兽，戗脊脊筒为镂空捏制牡丹脊筒，戗脊前端置灰陶质戗兽。

墙体：

墙体在后房柱、山面附柱位置砌筑并刨砌后檐柱身，平面呈“冂”形，两山墙由后向前延伸置两山附柱，墙截面收头八字斜抹。

戏台建筑特征主要是：

1. 戏台是四柱单开间的结构，常见的此类建筑的面阔多在 4.5 米—6 米左右，而该建筑面宽达 933 厘米，体量近于三开间的配殿。由地坪至屋脊顶部总高 1426.5 厘米。如此高大的单开间戏台在我国迄今为止发现的元代戏台中尚属首例。因为面宽进深的增大，相应地台内梁架构成也有别于普通木构舞台建筑。高而宽大的台口结合“冂”形墙体便于使更多的人视听，充分反映出当时社会环境以及戏剧文化在晋南一带的发展。

2. 柱头交圈檐额下、抹角梁底部、搭交内额下皮均施用榻头扶托，此做法用以强化木构件的节点受力，缩小净跨距离，减弱各木构件剪力，从而增加了木构件的受力性能。戏台虽在 1983 年经过了维修，但是从原始构建榫卯周围仍未发现构件变形时留下的痕迹，由此证明结构的合理。

3. 戏台主题结构架自下而上依次由四向交圈的檐额——四角抹角梁——下平槫缝搭交内额——内额角部抹角梁——上平槫缝攀间斗栱及由戗层层叠加而成，即双层交圈的额枋及双层抹角梁上下叠承、层层内缩（锥形框架），结合铺作内侧的出跳于支垫构成的框架。其中四个转角的大角梁通过搭交内额及抹角梁的支托起到了将脊部荷重向角部传递的直接功能，就其本身而言，形成外檐翼角与承载台内荷载于一身，是该建筑的重要挑檐与传力构建。

4. 所用的铺作全部起到了内外悬挑的实际作用，其中檐部转角连体斗栱相较独立的单串斗栱更具稳定性。它们的耍头后尾共同付托于搭交内额之下，使角部结构更趋合理；坐落于搭交内额的下平槫间铺作，向外檐的方向挑承下平槫，里转挑承上平槫的襻间铺作，受力平衡，实用功能进一步强化；上平槫缝的襻间铺作向内扶承上平槫，它的两层华栱后尾于两山蜀柱柱脚呈贯穿结构，并且由二跳华栱至脊槫中段的雷公柱间设置由戗，使得这 16 朵襻间铺作向心力突出，提高了脊槫中段的承载力，同时构成的台内藻井是一种极为科学的结构方式。

5. 外檐斗栱施用四斗连体的铺作，这种做法在晋南地区木构建筑上多见，如夏县圣母庙献厅、墙下村关帝庙、盐湖区舜帝陵正殿、解州关帝庙木牌坊等皆用此法，是晋南建筑斗栱构造的地方特点。

6. 该建筑两山出际尺度极大，为 188 厘米（由蜀柱中至脊槫端部），排山沟滴在正立面投影线上已超过角柱柱头中线 5 厘米，由此形成的屋脊与屋顶宽大舒展。

泽州冶底东岳庙戏台

泽州冶底东岳庙戏台位于晋城市区西南 15 千米南村镇冶底村。东岳庙建在村西北之高冈上，坐北朝南，依地势分上、下两进院。中轴线建筑依次为山门、池沼、戏台、正殿、两侧有碧霞元君殿、土地殿、马王殿、牛王殿、龙王殿、关圣殿、速报祠、孙真人殿等。上院正殿为五岳殿，俗称“天齐行宫”。正殿平柱柱头刻有施柱年代铭文“元丰三年二月初三日记”。门楣有重修施钱题刻年代“时大定岁次乙巳月癸卯日”。据此可知正殿创建和重修的具体时间。

正殿的对面为戏台，两侧有小门可通下院。据文物资料记载，戏台的石柱柱头上有“正隆贰”三字依稀可辨，所以确定为金代正隆二年（1157 年）所建。可能是日久剥落的原因，近年来有不少考察者始终找不到这一珍贵题记，不过从戏台建筑特征来看，再

泽州冶底东岳庙戏台

从庙中元代至元十一年（1274 年）《重修岱岳庙记》和明代永乐二年（1404 年）《创建东岳速报司神祠记》分析，戏台创建于金代还是可信的，只是经过元代、明代的重修后，其中有不少木构件已经更换了。

东岳庙戏台的台基高 1 米，宽 8.8 米，长 9.9 米。台上四角立柱，为方形凹角砂石柱，素平础，上为十字歇山顶。面宽 5.02 米，进深 5.15 米，平面呈方形，为亭状。据冯俊杰《山西神庙剧场考》描述并评价："屋顶撩檐桁下用撩檐枋，而非宋金常用的替木。大额正方形，伸出柱外，加木制护朽。斗栱每面三朵，五铺作双下昂，昂嘴扁平，微微拱起，正心万栱隐刻，要头为凹脸蚂蚱头，坐斗瓜棱形。四转角出 45° 由昂，正侧面要头为昂形，仍是金代作风。"他还说："楼内是藻井，由方井、八角井、圆井三重井架构成，四根大额枋构成第一重方井，再于算桯方上，每面施斗栱五朵。方井斗栱之上施以随瓣枋抹角，构成第二重八角井架，每一入角处施斗栱一朵，补间亦一朵。然后在斗栱随瓣枋上，每角施阳马一条，斜着向屋顶中心收束，构成第三重圆井。阳马交汇点施以雷公柱。四面采步金枋之下，正中各施吊柱一根，檐下斗栱要头后尾插入其中。山花童柱正中亦施一枋，插入雷公柱中，结构十分牢固。"

戏台的台基和石柱都为金代原物，其整体结构和斗栱用昂形要头的做法也保持了原风格，只是部分木构件为元、明历代重修中所更替改造，但仍不失为我国现存古戏台之遗珍。

芮城永乐宫龙虎殿戏台

芮城永乐宫全名为大纯阳万寿宫，或简称纯阳宫，因旧址在芮城县永乐镇，故俗称为永乐宫。

永乐镇在芮城县西南部的黄河北岸，是道教全真派祖师吕洞宾的故乡。吕洞宾，本名吕嵒，字洞宾，道号纯阳子，唐贞元十二载（796年）生于永乐县招贤里（即今永乐镇），后因屡试不第，隐居修道，又混迹江湖，自称“回道人”。后世推崇他为全真道五祖之一，尊称他为“吕祖”“纯阳祖师”，并列入“八仙”之一。金元时期，全真教大兴，特别是成吉思汗十四年（1219年），丘处机率弟子觐见，深得成吉思汗赞许，后又敕封他们为“真君”“真人”，给予极高礼遇。蒙古中统三年（1262年），特地在原唐代创建的吕公祠基础上加以重建，改名为“大纯阳万寿宫”。

此后历代都有所修缮、补葺。1958年，因三门峡水库修建蓄水，永乐宫所在的沿黄河地区为水库淹没区域，经当时政府批准，整体迁移至芮城县北的古魏城遗址中。

永乐宫占地面积约8.6万平方米，中轴线主要建筑为龙虎殿、太极殿、纯阳殿、重阳殿。各殿中所存壁画总面积达1005.68平方米，色彩华美，构图宏大，被誉为世界美术的宝库。

芮城永乐宫龙虎殿戏台

其中最南端的龙虎殿为元代的永乐宫宫门，而面北又是一座戏台，是山西众多山门搭板戏台的早期作品。龙虎殿为单檐殿庑顶建筑，面阔五间共21米。进深两间六椽共9.6米。殿基高1.5米，呈“凹”字型。中柱上三间安门，稍间筑墙壁。后两间壁上绘有80.12平方米的壁画，内容为神荼、郁垒等守护神画像，为元代壁画精品。殿背面作为戏台，台基向前伸出，两侧断砌部分留有搭木板的槽口，搭上木板就是戏台。这种戏台形式对明清将山门与戏台合二为一，以及过厅搭板戏台、山门搭板戏台兴起都有一定影响。

董村戏台梁架结构

永济董村三郎庙戏台

董村三郎庙戏台在永济市卿头乡董村三郎庙中。据文物资料记载：在戏台梁脊的后坡平槫下襻间枋西部有题记“大元国至治二年四月二十一日□□□建”，其创建年代当在元至治二年（1322 年）明天启间及康熙十五年（1676 年）、乾隆二十六年（1761 年）、嘉庆二十四年（1819 年）曾四次重修，已非元代旧构，但仍有元代古朴的建筑风格。

三郎庙本祀石钟真人，为中条山地区民众的祈雨之神。据民国《虞乡县新志·古迹考》：“三郎庙在董村。”后加按语“三郎，芮城人，姓陈，隐居石钟洞，有仙术，遇旱请祷即应，后土人立庙祀之。”光绪《山西通志》也载：“石钟真人，芮城人，姓陈氏。隐于此山石宝中，宝顶悬石状如钟，故以为号云。”相传三郎为芮城人，居于中条山北麓的石室中修道，后被玉皇召为“仙台郎”，遂“云鹤盘旋凌空而去”。民间百姓深信他能行云布雨，造福百姓，故建庙以祀之。

三郎庙建筑经历史变迁多已不存，仅余戏台。戏台坐南向北，通阔 8.38 米，进深四架椽 6.7 米，面积 56 平方米。台口高 2.84 米。台基为青石砌筑，高 1.32 米，宽 11.17 米，长 9.9 米。屋顶为歇山式，灰脊筒瓦。四角柱为粗大圆木柱，素平础，两根后加的辅柱用覆盆础。山墙当心设中柱一根，将舞台进深分为两间。光绪二年重修时，在中间加设隔扇屏风，分出前、后台，并设上、下场门。隔扇屏风上悬横匾，榜书“遏云楼”，

董村戏台转角斗栱

永济董村三郎庙戏台

落款为“大清光绪二年”。

戏台内部梁架结构为明清做法，多为清代构件，但是有元代风格的延续。脊槫有三点支撑，当中一点为雷公柱，两侧侏儒柱起主要承重作用。梁架承重原理是大额上之斗栱承抹角梁，抹角梁利用穿插枋承垂柱，垂柱承平槫与平梁，平梁上承脊槫。

沁水海龙池天齐庙戏台

沁水海龙池天齐庙戏台位于山西省沁水县杏峪乡姚家河村北约3千米之山上，始建于元至正四年（1344），明景泰四年（1453）重修。戏台仅存台基及石柱8根。前檐立3根，后檐竖2根，院中躺2根，院外躺1根，已断为两截。通面阔三间7米，其中明间2.9米，进深5.5米。明间左檐柱前面刻“王秦村祖上阴阳先生母阿张□□愿施石益崇厚庙圣世国泰民安漆石”，后面刻“大元甲子至正四年岁次甲申七月十五日记”。

后檐明间东边石柱刻“本村王思义布施石柱一条至正四年五月记。”后檐西角柱石柱刻“本村李忠布施石柱一条福德合家安宁大小无灾吉景泰四年八月记”。院外躺石柱之一刻“本村姚德布施西南石柱一条至正四年五月”。庙内残存正殿为石砌墙。东西厢房为石券窑洞，上层原有看楼。

沁水海龙池天齐庙戏台遗址

临汾东羊村东岳庙戏台

临汾东羊村东岳庙戏台

东羊后土庙元代戏台在临汾市区西北 20 千米东羊村。2006 年被列为第六批全国重点文物保护单位。

东羊后土庙创建年代无考，据现存碑记记载，元代称东岳庙，旧有东岳殿供奉东岳大帝。元大德七年（1303 年），毁于平阳大地震，元至正五年（1345 年）重修，现存山门、戏台、牌楼、钟鼓楼、圣母殿、耳房、东西厢房。清乾隆二年，曾重修圣母殿，民国初曾重修戏台。1984 年，维修戏台时，拆除了台前民国初扩建的抱厦，恢复了元代戏台原貌，同时恢复了碑楼、钟鼓楼，增建了院墙。庙中的主殿东岳殿因年久失修，已于 1980 年拆毁，现庙中主殿还有圣母殿，殿中供奉后土圣母，因此东岳庙也称后土庙。

庙中元代戏台坐南朝北，平面呈正方形，十字歇山顶，面宽、进深各为 8 米，正面敞开，三面封闭，台前竖有二根方形抹角石柱，下设覆莲式柱础石，柱头浮雕莲花、牡丹、

临汾东羊村东岳庙戏台藻井

临汾东羊村东岳庙戏台斗栱

童子图案，柱头正面题记："本村施主王子敬男王益夫施到石柱一条众社般载元至正五年本村石匠王直王二。"民国初重修时，在戏台南口加筑了卷棚抱厦一坡，并增砌了两侧小八字墙和台中心隔壁，1984年修缮时，为恢复元代旧貌而拆除。戏台后墙内壁遗存《钟馗捉鬼图》壁画一幅，为元代作品，至为珍贵。

经实地测量，戏台台基高1.70米，深宽各13米，占地面积169平方米，戏台面阔一间，进深一间，各8米。建筑面积64平方米，戏台内方砖墁地，"丁"字缝错墁。

梁架结构为四角柱上置栌斗各一，斗口内施十字型雀替，雀替上四周架大额枋各一道，接点半卯搭交，形成一个井字形框架。额枋之上，每面各施铺作七攒，绕周二十四攒，外承托檐榑，内承上部框架。铺作里转出跳承井口枋置隔架铺作，同时铺作耍头上设斜梁承上层铺作，铺作向外出跳又承井口枋，井口枋内出跳之上承折簇梁戗承脊榑及枨杆。

戏台铺作按其部位分上、中、下三层：下层为檐部铺作，位于柱头额枋之上，外出跳承檐榑，内出跳承下井口枋；中层在梁架中部，为梁架结构层中的组成部分；上层位于梁架之上构成八角形藻井，极富装饰效果。

檐部铺作分为补间和转角两种，六铺作，三下昂，重栱计心造。昂为琴面式，昂嘴较短，耍头为蚂蚱头。斗栱后尾出华栱三跳，跳头上皆施异形栱，耍头尾端承井口枋，耍头之上设斜梁斜承藻井铺作。

梁架结构层铺作为井口枋之上设铺作十六攒，与井口枋构成梁架结构层，四铺作，单栱计心造，外出跳承下平榑，内出跳承檐部作之斜梁。

藻井铺作由斜梁承托，计有八攒，每面各一，四铺作，单栱计心造，华栱之上安异形栱，耍头用材较薄，无承重作用，有装饰之意。各栱用材略小于梁架上的铺作，与一般小木作当中藻井上的斗栱截然不同，粗略看似梁架中的构造，实则为了装饰，并非结构所需。铺作外跳承上平榑，内跳承折簇梁。

木基层由椽飞、木望板组成。椽出107厘米，飞出45厘米。圆椽乱搭头。屋面灰筒板布瓦覆盖。垂脊、垂兽、正脊、正吻亦为灰陶制品。

东羊后土庙戏台是我国现存元代戏台中规模最大的一座，同时也是其中唯一的十字十脊顶的戏台。它既具有元代戏台构造的共性和优点，也具有个性特点。它融合了大量地方建筑手法，一改元代简洁粗犷的殿堂建筑风格，以复杂的梁架结构和细腻的制作、严谨的构思，开创了亭阁式建筑风格的别致类型。尤其是梁架结构由梁铺作组合层层叠上，形成精巧的八卦藻井，利用回音有效增强声音的效果，符合声学科学原理，具有较高的科学价值。

石楼张家河圣母庙戏台

石楼张家河圣母庙戏台

圣母庙戏台在石楼县城西南 40 千米的前山乡张家河村的殿山塬上，故又称殿山圣母庙戏台。圣母庙坐落在开阔的黄土塬上，庙宇坐北向南，一进院，正殿在高台上，为无梁殿式窑洞建筑，对面为戏台，台后为山门，东西两侧各为配殿窑洞三孔。圣母殿中为三间神龛，中间供奉后土圣母，右间供奉子孙娘娘，左间供奉痘疹娘娘。从正殿奉祀神像来看，这里过去应该是道家的碧霞元君祠演变而来。

正殿前有一座石灯，石灯上镌刻“大元至正七年建”字样，由此结合戏台结构形制，可确定圣母庙戏台为元代遗构，大约建于元代至正七年（1347 年）。在正殿内壁上还有彩笔画出的碑形题记，书写“时大清国康熙五十二年岁次癸巳季秋九月吉日建”等，可知在 1713 年大殿曾经过一次大修。

圣母庙戏台为单檐歇山顶，坐南向北，台基高 1.5 米，宽 6.5 米，侧宽 6.35 米。台口宽 5.25 米，进深 5.15 米，平面呈方形，是目前所见元代戏台中规模最小的一座。

戏台四角立柱，有明显收分和侧脚，应是元代原物。柱头上承额枋，为井字形梁架结构，上设补间斗栱两朵，支撑起歇山式屋顶。梁架和斗栱等构件有明、清重修时变动的痕迹，但部分假昂、耍头和令栱抹角还保存有元代手法。在两角柱之间又增设平柱两根，台口两侧设有八字形音墙，均为后来重修时所增设。

尧都区王曲村东岳庙元代戏台

尧都区王曲村东岳庙元代戏台

王曲村东岳庙元代戏台位于临汾市吴村镇王曲村，在临汾市西北 13 千米。2006 年，被国务院列为全国第六批重点文物保护单位。

尧都区王曲村东岳庙元代戏台（背面）

尧都区王曲村东岳庙元代戏台（侧面）

尧都区王曲村东岳庙元代戏台藻井

王曲村东岳庙古称岱岳庙，创建年代失载，而现存戏台结构形制为元代风格。明清两朝代有修葺，清代在戏台前增建抱厦。据庙中残存明嘉靖四十五（1566 年）碑记记载："平阳府临汾县天井乡通利都王曲里古有东岳庙、三灵侯庙两座，多年□漏修坏，风雨所侵，今有本社功直举德 ...... 。"清同治九年（1870 年）碑记也有"王曲村旧建岱岳庙，其东偏有三灵侯祠一座"字样。

王曲东岳庙整栋坐北朝南，一进院，占地面积共约 2600 平方米。主要建筑由南向北依次为戏台，两侧钟鼓楼；正殿为东岳殿，两侧有耳房。

戏台平面近正方形，面阔三向，进深四椽，单檐九脊屋顶，檐下四周设大额枋，置铺作。通面阔 7.71 米，通进深 7.28 米，建筑面积 52.20 米。地面施 30.5（厘米）方砖铺墁。台口面北，三面墙封闭。其整体为元代遗构。

戏台前所设抱厦为清末增建，面阔通戏台，进深一间，单檐悬山卷棚顶。面宽 7.65 米，进深 4.69 米，建筑面积 35.88 平方米。

台为长方形（包括抱厦），东西宽 11.47 米，南北深 13.76 米。台帮砖砌，青石压沿，三面下出檐尺寸不一。据山西省古建筑保护研究所 1988 年勘察资料记录，当时勘察人员现场找到了戏台确切的平面位置，"充分证明现存抱厦为后人所加，并在增建时将前后台基砌为一体而成今日之制"。

尧都区王曲村东岳庙元代戏台斗栱

戏台用柱 8 根，且用材较大，柱头卷刹缓和，柱身侧角为 7 厘米。明柱下施覆盆柱础，其余各柱为柱盘石。北向两角柱之上设栌斗承额枋。其余各柱头直接顶承额枋，柱间施榻头木承额枋，前檐榻头木较短，后檐贯通两柱出榻头。

抱厦用角柱 2 根，材料较小，柱径仅 20 厘米，柱下施鼓径式柱础。明间采用悬挑垂柱，增大台口的空间。卷棚四架梁，南端设于戏台额枋之下，由清代所加装修之上额枋承托，后檐椽搭于戏台额枋之上，其结构与主体戏台无榫卯结构，证明清代增建抱厦时做到了对戏台主体无关键损伤，只对台明局部干预，木构主体相对独立，反映了当时匠工们尊重历史遗迹之观念。

2003 年维修前对戏台墙体的勘察结论是："后墙及山墙后部为元代遗筑，前部为后人增砌之物，二者以山墙后檐柱为界，泾渭分明且厚薄不一。砖砌下槛墙高度不等，其上垒砌土坯，但用法迥然有异。在后墙偏西位置槛墙之上施一青石排水槽，以供唱戏之人使用，如此设置，既实用又科学，可以说是古戏台中的特例。"

戏台檐下额枋之上周设铺作三种 16 攒，于额枋之上平均分布，除转角铺作于柱头之上，余均不与柱子同轴重心。柱头额枋之上铺作均五铺作单抄单下昂，昂为插昂式结构；

整个戏台内部襻间铺作古朴典雅，匠心独具。

柱头铺作：称之柱头铺作，其实不与柱子同轴，外转五铺作单抄单下昂计心造，里转六铺作出三抄，正心华栱两侧出45° 斜栱，内侧出华栱两跳，为五铺作二抄，第二跳之上设挑杆与上架铺作华栱相接，共同承托平梁。外侧出华栱一跳，为四铺作单抄，上承抹角梁。

补间铺作：外转五铺作单抄单下昂计心造，里转五铺作出双抄、一跳偷心，第二跳之耍头向后延伸制成挑杆与襻间铺作相接，共同承托平梁。

转角铺作：正侧面同补间铺作，唯45° 方向外转耍头伸出成由昂，上施宝瓶承角梁，里转出一跳华栱，外转角昂后尾延伸搭在抹角梁之上承四椽栿（井口梁）。

抱厦斗栱，仅于额枋部位柱头和补间设异形坐斗和异形栱，前檐设垂柱，柱间施雀替。

戏台梁架以四椽栿、平梁水平相交形成井口式骨架，栿间设铺作隔承。抱厦为清末修缮时增建，卷棚四架梁结构（后部檐椽搭在戏台大额枋上）未与戏台梁栿发生榫卯结构关系，东西两缝梁头后尾与后部阑、普出头处均置于墙上。前柱头之上设额枋，之上设坐斗和异形栱，柱间施雀替。

屋顶木基层由椽子和木望板组成。前后檐及两山不设飞椽，椽出均为120厘米，圆椽乱搭头。

屋面灰筒板瓦铺设，琉璃剪边。

王曲东岳庙戏台用材规整，加工工艺考究，较元代寺观建筑的自然材料风格有较大区别。就其艺术价值而言，外形古朴秀美，挺拔舒展，内部斗栱不但承受屋面荷载，也装饰了戏台内部空间。它为研究元代建造类别和戏曲发展提供了重要实物资料。

翼城曹公四圣宫戏台

四圣宫位于翼城县西阎镇曹公村北500米。四圣宫由三座并列的一进院落组成，由西向东分别为僧舍院、四圣宫院、关帝庙院，全院共有大小建筑、碑刻、经幢、影壁31座（通）。坐北向南，占地面积2338.19平方米。据庙内《重修尧舜禹汤之庙记》碑记

翼城曹公四圣宫戏台

翼城曹公四圣宫戏台斗栱

翼城曹公四圣宫戏台藻井

载，创建于元至正年间（1341—1368）。据《关帝庙碑记》载，关帝庙院创建于清嘉庆十五年（1810），明嘉靖三十八年（1559）、清乾隆十七年（1752）曾重修四圣宫，民国七年（1918）、1999年、2005年重修。现存舞楼、大殿为元代建筑，其他为清代建筑。四圣宫院中轴线有舞楼、正殿，轴线两侧有旁门、廊房、厢房、耳房。舞楼坐南向北，石砌台基高1.5米，平面近方形，面阔、进深各为一间，单檐歇山顶。檐下五铺作斗栱20朵，台基上后檐砌墙，两山墙壁仅后部一段，约为墙宽的三分之一，前面大部分和前檐一样对外敞露，可供观众三面看戏。大殿面阔五间，进深四椽，单檐悬山顶，梁架为四椽栿通达前后檐用二柱，前后檐下五铺作斗栱共12朵。2006年被国务院评为全国文物保护单位。

高平炎帝中庙戏台

高平炎帝中庙戏台在高平市区东北15千米中庙村，属神农镇。炎帝神农信仰在晋东南地区有着悠久的历史传承，特别是高平市的羊头山相传是“神农尝五谷之所”，后人在山上建庙祭祀，山下各村也随之纷纷立庙祀之，主要用于乡民祈雨和报谢仪式。最初把羊头山庙、庄里庙、东关庙分称为上、中、下三庙。后随着羊头山庙不存，庄里庙的炎帝陵列入祀典，又将庄里庙、下台村庙、东关庙分别称为上、中、下三庙。2000年，高平市为进一步弘扬炎帝文化，推动文化事业大发展，改原团池乡为神农镇，下台村也改名为中庙村。

庙宇创建年代无考，现庙中存有元代至正二十一年（1352年）《创建神农太子祠并子孙殿记》、明万历十二年（1584年）《奉献献台记》、清康熙九年（1670年）《重修炎帝庙并各祠殿记》等石碑。可知其创建年代不晚于元，明、清以后又多次重修。

庙宇分为三进院，外院有新建戏台，文昌楼旧址，经山门进入中院，两侧钟鼓楼，迎面为一座古戏台，后人改作献亭。经过古戏台进入内院，正北为正殿，左右侧殿，东西有配殿等。据有关专家分析，中院和内院为古庙宇的主体建筑，后因戏台规模小，当地民众在庙南新建了戏台，形成外院，原来的旧戏台改作献亭。

冯俊杰《山西神庙剧场考》提出了同样观点，并认为中庙戏台“是一座始建于金代的戏台”。文中对这座古戏台的建筑特色给予详细描述并证实了自己的断代判断。文中说：“舞亭黄色琉璃脊，筒瓦，鸱吻完好，宝珠残破，垂戗脊兽及仙人俱已毁灭，山花悬鱼、惹草也已毁坏。它的面阔只有5.5米，进深5.15米，平面接近正方形。台基宽6.4米，侧宽8.6米，正面高0.5米，背面高1.3米。四根粗壮的圆木柱，素平础，支撑着整个大屋顶。柱高近3米，下径47厘米，上径40厘米，有收刹，也有柱侧面。正面两根细木柱，是后人所加的辅柱，软门、板门则是今人所补。屋内为藻井。从整体形制和某些细部特征判断，应是金代建筑，元明有所修补。”文中还说：“舞亭形制古朴典雅”“斗栱用材虽然不算宏大，立面高度却达90厘米，介于柱高约三分之一至四分之一之间，举折较高，仍有金元气象。”

外院的戏台创建年代不晚于清康熙间，据外院山门横额上的明天启二年“炎帝中庙”石刻，及康熙九年（1670年）《重修炎帝庙并各祀殿碑记》中记载“并舞楼相继补葺”之事，可大致判定其年代在明末至清初。外院戏台原为悬山顶面阔五间，十年前拆除，近年重建后已成为现代化的乡村大舞台。

高平炎帝中庙戏台

明代戏台

Ming Dai XiTai

河津樊村关帝庙戏台

樊村关帝庙戏台位于河津市区南 10 千米的樊村镇东街。原关帝庙建筑多已不存，始建年代无考，现仅余戏台一座。据戏台脊枋墨书题记“明洪武二十四年九月十八日阖村建”，可知其创建于 1391 年，是山西省内乃至全国目前发现最早的明代戏台。

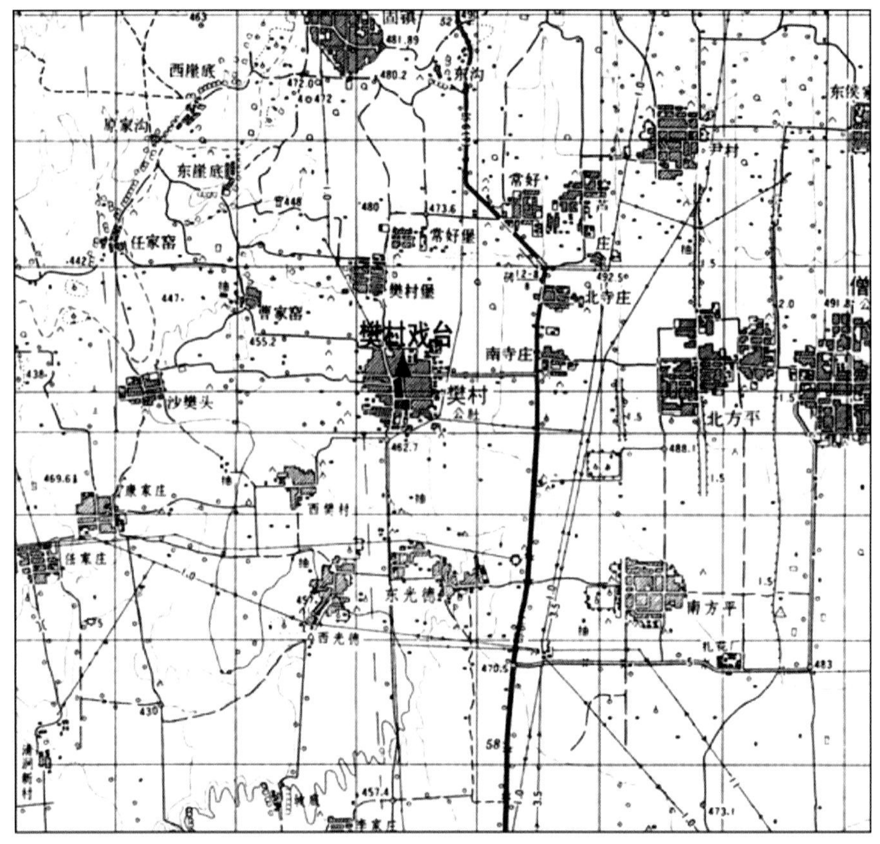

樊村戏台地理位置图

戏台坐南朝北，单檐歇山顶，面阔 11.6 米，明间宽 3.85 米。原面阔为三间，进深三间，清代重修时在正面增设了两根辅柱，所以今人多以为五间。原有台基，高 1.5 米，通面宽 15 米，进深 13.5 米，后人在这里建菜市场垫平了院子，台基原貌已不明显。

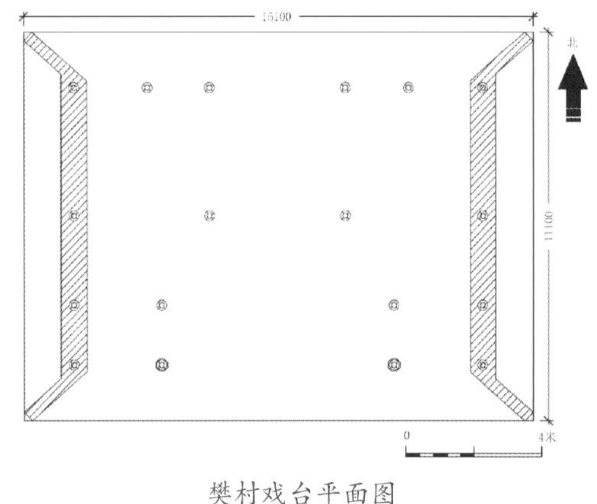

樊村戏台平面图

樊村戏台后檐

樊村戏台山墙

樊村戏台斗栱

樊村戏台梁架

樊村戏台梁架

梁架结构为四椽栿后乳栿，通檐用三柱，前檐设檐柱四根。两檐柱向两侧偏移，使明间较为宽敞。檐柱上承阑额、普拍枋。前檐置三踩单昂平身科斗栱五攒。两山及后檐筑砖墙，为一面观式戏台，现后檐砖墙已拆除，外观上类似过厅。台内后金柱将戏台分为前、后台，前台为表演区，后台为化妆区。前后两侧设有八字形音壁。

据戏曲文物专家考证，戏台顶的筒瓦、绿琉璃脊、大吻尾卷曲向中央等样式，尚为元代风格。其创建年代虽据元代只不过几十年，但是与元代戏台相比变化却很明显。首先是开间增大，明间开阔，平面呈长方形，同时分割前、后台，增加八字形音壁，开启了明、清戏台的演变、完善的序幕。

樊村戏台斗栱

沁水西关玉皇庙戏台

沁水西关玉皇庙戏台

沁水西关玉皇庙戏台位于沁水老县城西侧。玉皇庙俗称西关庙，又称玉帝庙，因东耳殿供奉关羽，故也称关帝庙。创建年代失载，从建筑遗构来看，尚存元代风格。庙宇为单进院，山门在“文革”期间拓建马路时拆除，现存正殿、献亭和东西配殿，正殿对面为戏台。庙宇规模不大，布局严谨，现为晋城市重点文物保护单位。

戏台为单檐歇山顶，台基高 1.15 米，宽 8.4 米，侧宽 8 米。平面为正方形，风格接近元代戏台。但根据庙中所存清乾隆《重修舞楼记》记载：“大明正德七年建舞楼。”以及“乾隆二十八年重修舞楼”等内容，可知这是一座明代戏台，创建于 1432 年，1763 年重修。

现存戏台梁架为殿堂式五架梁结构，正背两檐各设补间斗栱五朵，两侧各设补间斗栱三朵，其下设大额枋。四角立石柱，后檐增加内柱两根，两侧山墙距台口 4.65 米处设木制辅柱一根。台口为三面观式，为元代戏台向明代戏台过渡时期的典型作品。

介休市后土庙戏台

介休后土庙在介休市区庙底街。庙宇创建年代无考，据碑文记载，宋、元、明、清历代皆曾重建和修缮。现存建筑多为明及清代嘉庆、道光间累世重修后的遗存。

介休市后土庙戏台斗栱

介休市后土庙戏台斗栱

介休市后土庙戏台滴珠板

介休市后土庙戏台顶内部结构

后土庙为祭祀后土而建造的庙宇，坐北向南，共五进院落。中轴线依次为照壁、山门（金刚殿）、过殿、献亭、三清楼及背后戏台、后土行宫大殿，两侧有钟鼓楼、东西配殿、左右朵殿等。各殿宇建筑以精湛的琉璃构件装饰而闻名于世，殿顶的黄、绿两色琉璃瓦和各色的莲花脊饰、脊刹、鸱吻、人物琳琅满目，美不胜收，被誉为“明清琉璃艺术的宝库”。

介休市后土庙戏台音壁琉璃

戏台背依三清殿，面向后土行宫大殿，据庙中所存《重修献楼碑记》记载，戏台建于明正德十四年（1519 年）。台面高 2.6 米，台口高 3.2 米，整体面阔三间，宽 12.7 米，进深两间 5.1 米。其中明间宽 6.5 米，伸出 2 米。后部为扮戏房，面阔三间，宽 12.7 米，其中明间 6.5 米，进深 1 间 4.4 米。戏台两侧设琉璃八字型音壁。音壁为重檐，下檐及

介休市后土庙戏台

介休市后土庙戏台音壁

音壁为砖石结构，中部镶嵌黄绿色琉璃麒麟；上檐为木结构，悬山顶，上覆黄绿琉璃瓦，斗栱计四攒，前后各出三跳共七踩。整体造型玲珑秀丽，金碧辉煌，结构奇特，为戏台音壁建筑中所罕有。

稷山南阳法王庙戏台

稷山南阳法王庙戏台

稷山南阳法王庙戏台在稷山县城西 2 千米的南阳村。法王庙位于南阳村西隅，坐西向东，中轴线原有建筑依次为牌楼、山门、戏台、献殿、香亭、正殿。两侧为廊庑、配殿、朵殿等。现仅存山门、戏台、正殿、朵殿，并经过重修，唯戏台大致保持了明代风格，为山西省重点文物保护单位。

稷山南阳法王庙乐楼梁架

法王庙戏台建成于明代成化十一年（1475 年）。据现存《法王庙创修舞庭记》记载，戏台“兴工于成化辛卯之仲春，落成于成化乙未之季夏”，前后施工五年方告竣。碑记中对戏台建筑之美也给予宏观描述：“规模雄壮，制作工巧，廉隅整饬，或无上焉。”

稷山南阳法王庙乐楼背面檐下斗栱

戏台为重檐十字歇山顶，檐下斗栱五铺作，双下昂计心造，结构精巧手法洗练。面阔三间，周围回廊。台口原为单开间，后在前廊增设两根平柱，两侧廊下为化妆间，与戏台相通。台基高约 1 米，宽与侧宽皆为 15 米。台面宽 7.28 米，进深 9.95 米，没有明显的前后台之分，仍保留了元代戏台古制。台顶铺设黄绿琉璃脊饰和筒瓦，色彩艳丽。戏台内顶为藻井，除大梁为清代乾隆年间更换过以外，其他大多数木构件仍为明代遗存。

现在每年农历二月十五日的传统庙会上，还多在这座古戏台上举行丰富的戏剧演出。

翼城樊店关王庙戏台

翼城樊店关王庙戏台在翼城县城西 25 千米的南唐乡樊店村中。关王庙坐北朝南，创建年代无考，现仅存正殿和戏台。

戏台与正殿相对，两者距离约 25 米，庙院宽约 40 米，可容纳上千人观看。戏台与山门的位置关系也较特殊，戏台居于中轴线位置，而山门设在东、西两侧。因为通常庙宇的山门都在中轴线上，所以这种建筑布局相对少见。

樊店戏台造型美观，为前后台分离式结构。前台为卷棚歇山顶，后台为硬山顶，翼角翘起，屋脊秀美，屋顶筒瓦、垂兽、戗兽和墙头砖雕装饰都增添了建筑的华丽和儒雅。戏台为一面观式，面阔三间，宽 9.4 米，明间 4.1 米，进深 8.8 米，其中前台为 4.45 米，后台 4.35 米。台基高约 1 米。台上三排柱列整齐，前檐四柱，台内两中柱间立柱两根，装置中隔板，上镶嵌横匾，书“神听和平”，两侧为上、下场门。前台为表演区，两侧次间装美人靠木质栏杆，是为乐床。两边乐床下台基内各埋一列音缸，并于台基立面相应处各嵌有镂雕石音穴，以增强演出的音响效果。

现存檩枋题记尤为珍贵，一条为“大明弘治十八年五月十三日创建百福骈臻”；另一条为“大清道光十一年四月十二日重造千祥云集”。可知这座戏台创建于 1505 年，曾于 1831 年重修，从结构上看，清代重修时经过了一定改动，特别是雀替、隔扇、台前望柱勾栏等应是清代增添。

阳城下交成汤庙戏台

阳城下交成汤庙戏台

阳城下交成汤庙戏台位于阳城县城西南 10 千米的河北镇下交村。成汤庙建于金代大安年间（1209—1211 年），元、明、清历代曾经重修、增建，并逐步形成现今规模。庙宇坐北朝南，前后两进院。进入山门为前院，左右各为小屋三间，正面为三间厦屋，左右各开一小门。进入小门为第二进院，正北为大殿，正南为戏台，院中为献殿。大殿为明代建筑。献殿角柱上镌刻“本社张珪自愿施柱一条大安三年岁次辛未石人杨珪”，当创建于金代。有人认为，这座献殿应是金代的戏台改造而成。2006 年被列入全国重点文物保护单位。

戏台在第二进院的南端，背后为第一进院的正面厦屋，两侧耳房下层是二道小门。戏台为单檐歇山顶，一面观式。表演台通面宽三间 8.3 米，其中明间 3.4 米，进深 4.2 米，面积 35 平方米。扮戏房面宽与表演台相同，进深 2.8 米，面积 20 平方米。台基高 1.35 米，台口高 3.4 米，总高约 9 米。另外背后的厦屋及两侧耳房均可通舞台，也可作为扮戏房、住宿和后台服务使用。所以，明代碑记把这座戏台的结构总结为“一高二低四转角并出厦三间”。

阳城下交成汤庙戏台内顶部

据庙中所存正德十年（1515 年）《重

修正殿廊庑之记》记载，这座戏台为本地读书人原应轸所主持创建。原应轸，号神山，为人刚正耿介，风度庄肃，通晓《易经》，曾官庐州经府。1515 年，他在家居期间，与族叔原宗志、族兄原应瑞修葺庙宇，“首建舞台一所”，“材饰极其壮丽”。这段史料也说明了成汤庙戏台的确切创建年代。

新绛阳王稷益庙戏台

新绛阳王稷益庙戏台位于新绛县城西南 15 千米的阳王镇阳王村中。稷益庙旧称“东岳稷益庙”，以供奉东岳大帝后稷和伯益而得名。创建年代已不可考，庙中所存明代碑记中记载，“元至元间重修正殿”；另有碑侧镌刻：“大元至元五年此社村原任河东铁冶都提举司富国冶管勾张良佐施铁香炉一座。”可知元代已经重修，创建年代更早。

庙宇坐北向南，原有山门、戏台、献殿、正殿及左右翌室、钟鼓楼、两廊，共约60余间，现仅存正殿和戏台。正殿内现存明代壁画130多平方米，内容多为后稷和伯益的传说故事，反映了古代的农业生产、世俗生活的场景，极为珍贵。

戏台坐南向北，面对正殿，创建于明正德年间。据现存明嘉靖二年（1523 年）《重修东岳稷益庙碑》记载：“东岳稷益庙也，罔知肇自何代。元至元间重修。正德间复增山门三楹，献庭五楹，舞庭五楹。”戏台台基高 0.9 米，为单檐歇山顶，灰脊筒瓦，前后四架椽，两排柱，面阔三间暗五间。通宽 19.5 米，通进深 7.28 米。明间为表演区，宽 11.4 米，两旁是乐池。次间为化妆间。台上旧有隔扇分前后台，现隔扇已不存。台上木柱粗大，角柱侧角，生起明显，高 4.05 米。所有构件质朴无华，多为明代旧物。

新绛阳王稷益庙戏台

新绛阳王稷益庙戏台梁板题记

新绛阳王稷益庙戏台梁架

新绛阳王稷益庙戏台斗栱

新绛阳王稷益庙戏台宝莲状柱础

据统计，稷益庙戏台是目前发现规模最大的明代戏台，2001 年，已被列为全国重点文物保护单位。

运城三路里三关庙戏台

运城三路里三官庙戏台在运城市区东北35千米的三路里村，属盐湖区三路里镇。三官庙原为道家供奉天官、地官、水官三官大帝的神庙，相传天官为尧，地官为舜，水官为禹。庙宇建在三路里村大街中心，为全村标志性建筑，庙中石碑称：“正殿巍巍，乐楼融美，以为一村之威仪也。”据残存的元代石刻和明代万历二十七年《重修三官庙记》石碑记载，庙宇创建于元代，明代重修，但现在仅存戏台一座，其余建筑已经被拆除了。

戏台创建年代无考。根据脊枋墨书题记，“大明正德十五年马敬重修至崇祯十年马

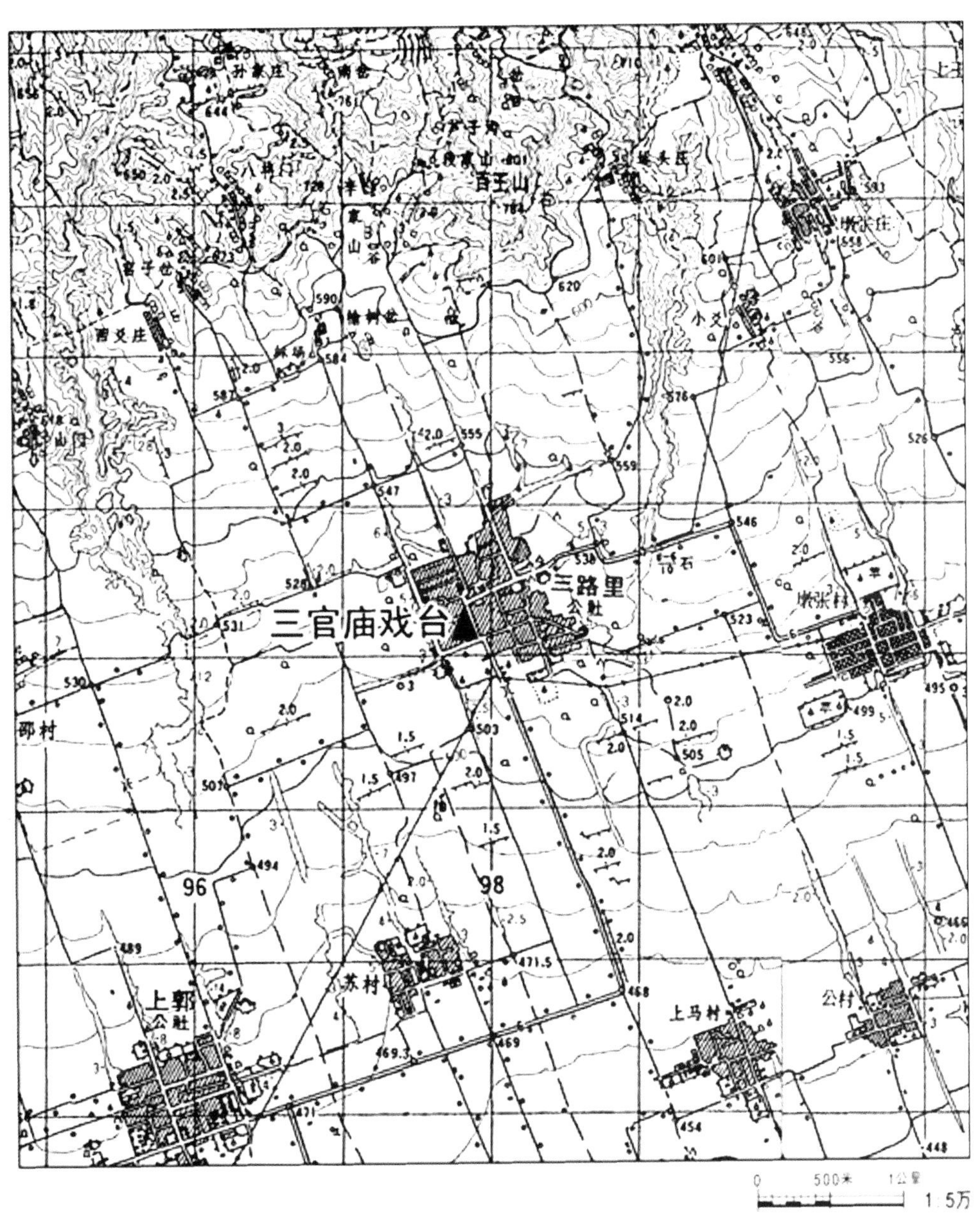

三官庙戏台地理位置图

三官庙戏台远景

三官庙戏台近景

积庆重修至康熙五年阖社重修至三十八年”等，可知这座戏台建于明正德十五年（1520年）之前，其后正德、崇祯、康熙历代重修。后台石柱上另有铭文“大明嘉靖三十二年六月初四祈保施材功德主”字样，可以确定这座戏台是明代建筑遗存。

三官庙戏台石碑

三官庙戏台梁记1

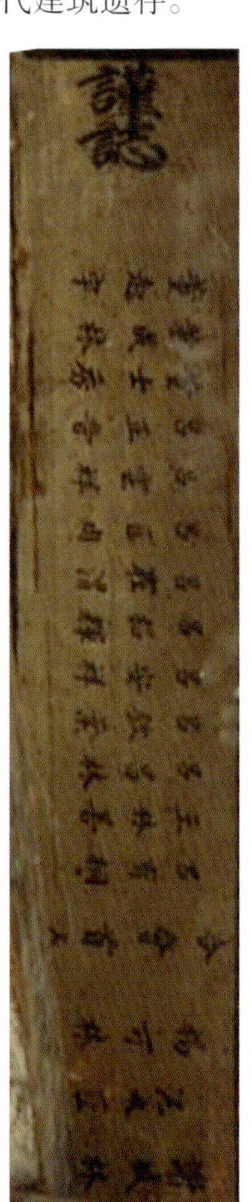
三官庙戏台梁记2

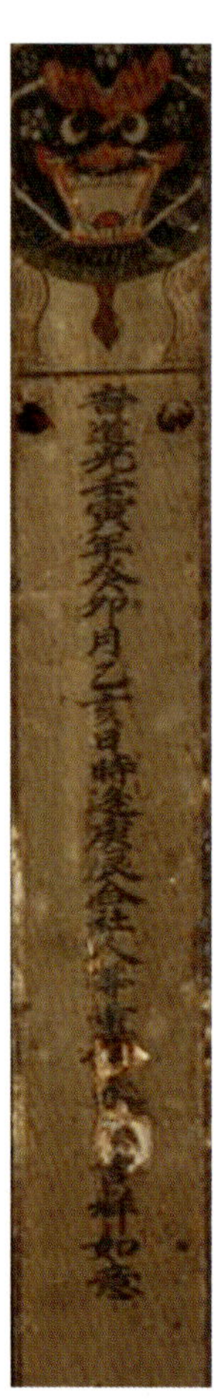
三官庙戏台梁记3

三官庙戏台侧面

戏台坐南朝北，为前后台分离式结构，前台歇山顶，后台硬山顶，两者组合为平面“凸”字形。前台单檐歇山顶，山花向前，屋顶筒瓦。台口有四根石檐柱，两角柱为雕龙石柱，中间两根平柱为方形石柱。角柱上设柱头栱，承托栏额，上载一斗三升，承托撩檐枋，支撑起歇山顶式屋顶。台基高 1.1 米，前台面阔 7.39 米，进深 1.72 米；后台面阔 11.1 米，进深 8.8 米。分前后台，空间

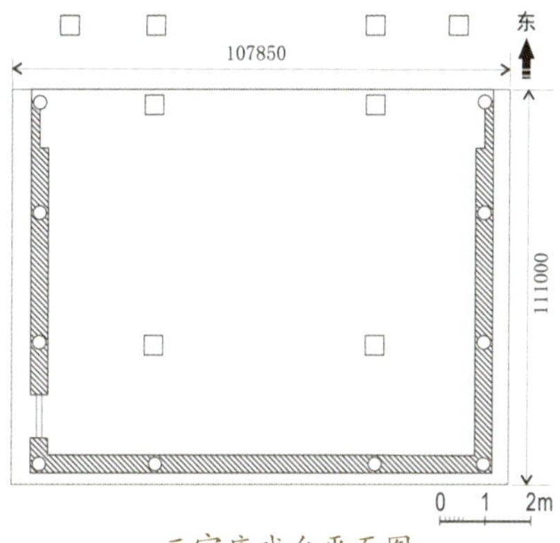

三官庙戏台平面图

三官庙戏台斗栱

三官庙戏台角斗

三官庙戏台梁架 1

三官庙戏台梁架 2

三官庙戏台梁架 3

三官庙戏台梁架 4

三官庙戏台梁架 5

宽敞，中间隔扇和上、下场门皆已拆毁。

后台金柱正面有楹联一对，联云：“妙舞蹁跹，红袖飘影绿树月；艳歌婉转，紫箫声断碧云天。”楹联通俗易懂，对仗工稳，并以“红袖”“绿树”“紫箫”“碧云”四色入联，尽述歌舞声色之美，堪称佳作。

忻州游邀黄堂庙戏台

忻州游邀黄堂庙戏台在忻州市区东10千米游邀村，属忻府区董村镇。村东有土筑民堡称“济民堡”，堡中为佛、儒、道及民间信仰综合一体的寺庙建筑群。

堡内主体建筑为千佛寺，旧有大雄宝殿、千佛殿、天王殿、伽蓝殿、观音堂、关帝庙、黄堂庙、钟鼓楼、戏台等建筑。从千佛寺现存北魏千佛碑分析，寺宇创建不晚于北朝时期。位居寺院东侧的润国济民侯祠俗称为黄堂庙，曾有人以为是华佗庙之讹传。据当地百姓说，黄堂爷是地方祈雨之神，过去周边村庄每逢天旱时都要来庙中抬上黄堂爷神像，敲鼓奏乐，迎神祈祷，以求雨泽。每年入伏前一天，周边村民还要前来送黄堂爷上五峰山避暑，到农历九月十五黄堂爷避暑归来，村民们会请戏班子举行四天演出，迎接黄堂爷回家。据光绪《忻州直隶州志·坛庙》：“润国济民侯祠在游邀村，相传即尹铎。”山西地方民俗学者据此考证，黄堂爷的原型是春秋末期的晋阳宰尹铎，为晋阳城的创建者和管理者，后人奉为雨神。由此分析，黄堂爷是地方民俗信仰中的保护神，他的功能是祈雨而不是祛病，当与华佗无涉。

黄堂庙本名润国济民侯祠，正殿坐北朝南，正南约25米处为戏台。正殿明间匾曰“济民侯”，意为以雨泽济惠国家和人民，这应该是地方群众对黄堂爷所加的尊号。“济民堂”也由此得名。戏台创建于明嘉靖七年（1528年），为悬山顶，灰脊筒瓦。斗栱用材硕大，出檐深远。台基高1.08米，面阔三间，8.37米，其中明间宽4.5米，次间宽1.95米。通进深8.74米。原有区分前后台的隔扇，上、下场门额书“清歌”和“妙舞”，典出自唐代诗人刘希夷的《代白头吟》：“公子王孙芳树下，清歌妙舞落花前。”两侧山墙向前砌有八字形音壁。音壁高2.1米，宽2.3米，顶为悬山式砖雕脊饰。

整体建筑平实简单，结构牢固，是目前发现最早的悬山式戏台。

翼城西贺水村戏台

翼城西贺水村戏台在翼城县城南10千米西贺水村，属武池乡。由于庙宇及碑刻早已不存，庙名也无人能知。现仅存山门和戏台。戏台脊枋题记："大明嘉靖二十四年创建舞楼三间，重建于大清宣统元年岁次己酉九月朔二日辰时竖柱十六日寅时上梁"等，由此可知，这座戏台为明嘉靖二十四年（1545年）创建，清宣统元年（1909年）曾经重修，是一座清代改造过的明代戏台。

戏台为悬山顶，一面观式。面阔三间11.3米，其中明间宽4.1米，次间宽3.1米。进深四椽8米。台基高1.45米。台上三排圆木柱，原有隔扇分前后台。两侧有八字形音壁。清宣统元年对戏台的改造主要是把原来四架椽的跨度改为五架椽，又在旧有檐柱之前增加了一排檐柱，斗栱也重新置换。同时，戏台前面的木构件也进行了精致的雕刻，如中间华栱雕为龙头，耍头雕为龙身，衬方头雕作龙尾，明间大额枋浮雕二龙戏珠，周围有牡丹雕饰，均显示了清代的木作风格。

闻喜吴吕稷王庙戏台

闻喜吴吕稷王庙戏台在闻喜县城西北15千米的吴吕村，稷王山东麓。稷王庙，也称后稷庙，是祭祀传说中的农业始祖后稷的庙宇。单进院落，创建年代不晚于元代，现仅存后稷殿和戏台。占地约1600平方米。大殿坐北朝南，面阔三间，进深四椽，单檐悬山顶，斗栱四铺作单下昂。右门墩石上刻有"至元二十九年五月"题记。戏台位于大殿对面，有明、清重修题记。2006年，已列入第六批全国重点文物保护单位。

据庙中所存碑记载，戏台重修于明嘉靖二十五年（1545年），清乾隆二十九年（1764年）曾南移改建。台基高1.5米为砖砌，石条压沿。戏台为悬山顶，一面观。面阔三间10.6米，进深四椽6.68米。通檐用三柱，前檐施圆形通长额枋，平柱向两侧外移，仍有元代移柱造特征。

长治潞安府城隍庙戏台

潞安府城隍庙在今长治市区东大街西端北侧。整体建筑座北朝南，三进院落，总占地面积 1.1 万平方米，是目前国内保存较为完整、规模较大的一座城隍庙。

潞安府城隍庙建筑群南起东街的九龙壁，中轴线依次为黉门、牌楼、山门、玄鉴楼、戏台、献殿、大殿、寝宫，纵深 400 余米。东、西两侧建筑对称，有钟鼓楼、东西碑廊、耳殿、配殿、廊庑等。总体布局主次分明，错落有致，组群结合，气象端严，完美体现了我国传统建筑的布局风格。

庙宇始建年代已无记载，1984 年，在落架大修正殿时发现了正殿梁架上的墨书题记，为“元至元二十二年”。专家推测，潞州城隍之祀不晚于唐、宋，这座殿堂当是在原庙址基础上重建的。到明洪武十二年（1379 年）又重建寝宫。弘治元年（1488 年）增建玄鉴楼等。其后历代又多有重修增建。2001 年列为第五批全国重点文物保护单位。

玄鉴楼后有乐楼和戏台，面向献殿和大殿。据载，戏台建于明嘉靖三十四年（1555 年），纯木结构，单檐歇山顶。通面宽三间 12.53 米，其中明间 5.4 米，进深 6.27 米。台建于通道之上，是典型的过路台，下层高 2.58 米。左右又各有平房三间。过路台的优点在于：戏台与山门（或大殿）同建于一台基之上，底下同用一个门洞，门楼还可兼作戏台的后台化妆间，不仅节约了土地面积和施工成本，还完美地把两座建筑融为一体，展示出高低错落、变化多姿的建筑艺术效果。

太原晋祠水镜台

晋祠在太原市西南 25 千米，悬瓮山麓，本为纪念奉祀晋国开国诸侯唐叔虞而建。其创建年代已无考，北魏时称“晋王祠”，已载于《魏书·地形志》和《水经注》中。随着历史的变迁，晋祠从祭祖的神庙演变为雩祭的场所。《新唐书·高祖纪》中记载，隋大业十三年（617 年），王威、高君雅等“见兵大集，疑有变，谋因祷雨晋祠，以图高祖”。宋代又建圣母殿为祈雨殿堂，殿中供奉显灵昭济圣母，实际是晋水的水神（后人附会为“邑姜”）。因此，晋祠内出现陈列供品和娱神献艺的台子应该很早就有。据有关人士考证，圣母殿前的金人台（也称莲花台）当为宋代祭神演剧的露台。金代在露台后又建献殿，献殿也有供盏献艺演出娱神的功能。直到明末水镜台建成，才代替了原露台和献殿成为晋祠的中心剧场。

水镜台在金人台前 40 米，正对圣母殿。据说“水镜”一名出自《汉书·韩安国传》，“清水明镜，不可以形逃”，意味水与镜可以反映真实形貌，如同戏反映人生社会一样。

水镜台由明代所建部分和清代补建部分共同组成。明代戏台重檐歇山顶三间，清代在前补建单檐歇山元宝顶三间，形成前台和后台。前台的后檐插进明代戏台上檐之下，成为复合而完整的建筑整体。合成的水镜台为三面观，台基高 1.2 米，宽 18 米，侧宽 17.2 米，平面近正方形。四周回廊，圆木柱，台基四边设石围栏。明代戏台在当心间辟

门，两次间各开一圆窗。上檐斗栱双抄五踩，补间斗栱三攒，要头为蚂蚁头。檐间悬“三晋名泉”匾额。下檐单抄三踩，不施补间铺作，上下转角均出由昂。清代补建的前后六檩五椽，进深 6.2 米，面阔 9.9 米，青砖墁地，表演区域宽阔。檐下额枋、梁头、转角、雀替雕刻华丽为清代建筑装饰工艺的典范。

忻州东张关帝庙戏台

忻州东张关帝庙戏台在忻州市区东南5千米东张村。关帝庙位于村东，庙院坐北朝南，单进院，现存正殿、东西配殿和戏台。

戏台坐南朝北，为前后台组合式建筑，平面呈“凸”字形，三面观。后台为悬山顶，两山墙前向外砌筑八字形音壁。前台为歇山卷棚顶。前后台的后檐与前檐相交楔入，合为一体。

前台台基高约1米，三面原有护栏，今已无存，仅剩望柱两根。前台通面阔三间，5.9米，其中明间3.9米，进深4.2米。后台通面阔三间，7.9米，进深3.3米。台上隔扇仅存框架，上下场门分别额书“瑟韵”、“琴音”。两侧八字音壁为木结构牌楼式，悬山檐顶。两根木柱上横穿额枋，额枋上平施五攒五踩斗栱，两柱间砌墙，朴实无饰。

后台脊枋上有墨书题记三条，一为“大明万历九年四月初一日初建万载当存”；二为“大清乾隆四十六年三月二十九日重移千年不朽”；三为“民国三年五月二十七日重移建”。题记准确记载了戏台的创建年代和后两次移建的年代，两次移建有可能是南移，以增大剧场容量，同时也更换了部分戏台木构件，但总体结构还保留了明代风格。

介休洪山源神庙戏台

洪山源神庙戏台在介休市区东南13千米的洪山。洪山为绵山向东延伸的支脉，古称狐岐山，海拔约900米。山下泉流喷涌，其中以洪山泉最为著名，流量1.2立方米每秒，泉源清澈如玉。旧传有鸑鷟落于狐岐山而甘泉出，故旧称为“鸑鷟泉”。郦道元在《水经注·汾水》中记载：“胜水出于狐岐山，东流入汾。”相传即此。故当地又称洪山泉为“胜水”。清代介休十景之一的“胜水流清”即指此地。

洪山泉的南侧建有源神庙。庙宇创始年代已不可考，据碑记载，宋至道三年（997年）曾重建。明万历十六年（1588年）重修时，将庙宇东移与泉源置于一条中轴线上，使之

介休洪山源神庙

布局更加合理壮观。源神庙坐北朝南，现存山门、戏台、献殿、正殿及两侧的配殿、钟鼓楼等。

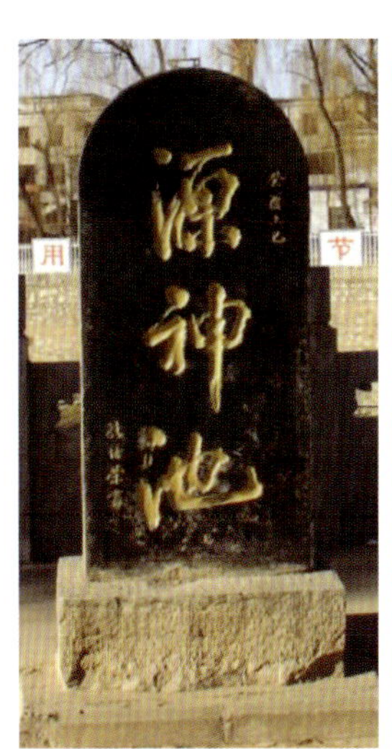

介休源神池碑

戏台在山门之北，两侧为钟鼓楼，台口面向正殿。台基座为一排五眼窑洞建筑，中间一眼为过道，两边四眼为住屋。台顶为勾连搭，前台为悬山起脊，后台为悬山卷棚，屋

介休洪山源神庙戏台顶内部

介休洪山源神庙戏台

介休洪山源神庙戏台内八仙过海图

介休洪山源神庙戏台斗栱

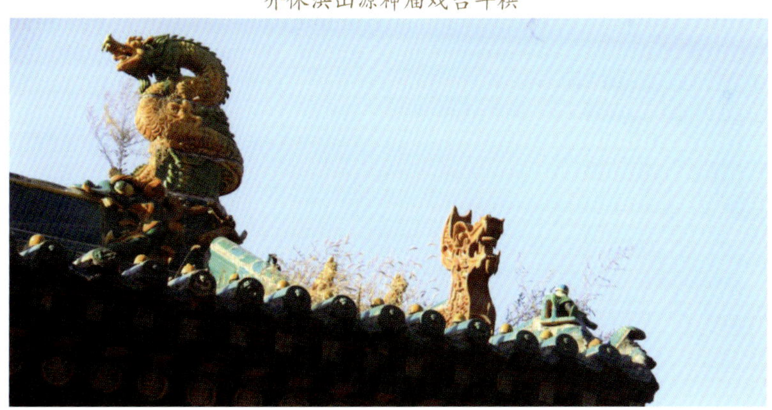

介休洪山源神庙戏台琉璃装饰

脊琉璃装饰美观。前台面宽三间，10.1 米，其中明间 4.1 米，进深为一间，3.5 米。面积约 35 平方米。台面高 3.5 米，四周青石栏板雕工细腻。台口高 3.4 米，总高约 11 米。后台面宽三间，10.1 米，其中明间 4.1 米；进深一间，4.8 米；面积约 48 平方米。现存戏台格局当形成于明代嘉靖十六年（1588 年）庙宇重建时期，清代又有过多次重修。

旧时每年农历的三月初三日，传为源神诞辰。据宋至道三年《源神碑记》记载：届时四乡村民来此焚香祭祀，以酬神恩，同时又有“佳人游玩”“玩水爱山”“寻溪绕涧”“祓除不祥”，形成后来的源神庙会。庙会上除了春游、休闲、贸易、酬神等活动，重要的还有娱神演戏，戏台成为游人最为集中的区域之一。

夏县裴介关帝庙戏台

夏县裴介关帝庙戏台在夏县县城东 10 千米的裴介村。关帝庙位于村中，创建年代失载，明崇祯和清乾隆时期曾经重修。现仅存山门、戏台、献殿、耳房等，为村委会办公所占用。

山门为三座拱形券门组成，中门额镌“关帝庙”三字，东门额“文经”，西门额“武纬”。戏台在山门背面，与山门相依附，呈上下叠加式。因村委会改建成办公室，所以其台口和下层门洞都已砌封，并安装了门窗。戏台为硬山顶，面阔三间，前加廊檐。通面阔 9.29 米，其中明间 4 米，进深四椽，6.76 米，前廊檐为清代所加筑，进深 1.8 米。台两侧各有二层一间耳房，下层为山门的东、西侧门，上层为化妆间，并有小门与戏台相通。

脊枋墨书题记有两条，其一为“明崇祯十六年岁次癸未十二月初七日吉时创建首事人□公□张多祐张自英谨志”；其二为“时大清道光二年岁次壬午六月十二日吉时重建首事人……”。从其梁架、斗栱形制特征分析，这座戏台除了清代增建部分，主体仍属明代建筑。

绛县董封东岳庙戏台

绛县董封东岳庙戏台位于绛县县城东北15千米董封村，属安峪镇。东岳庙坐北向南，原有山门、戏台、献殿、大殿等建筑，现仅剩戏台一座。

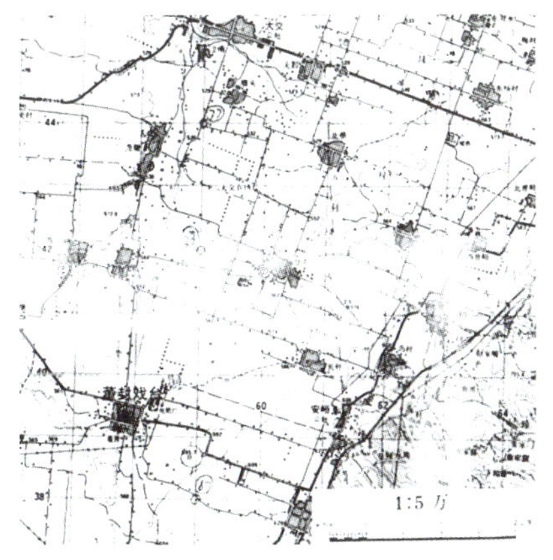

绛县董封东岳庙戏台地理位置图

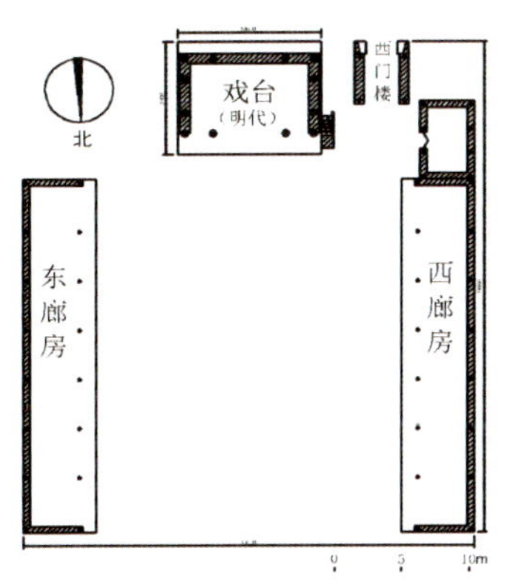

绛县董封东岳庙戏台总平面图

绛县董封东岳庙戏台

绛县董封东岳庙戏台东厢房

绛县董封东岳庙戏台西厢房

绛县董封东岳庙戏台背面

戏台创建于明万历四十年（1612年），砖砌台基，石条压沿，台高1.2米，单檐歇山式，一面观。面阔三间，9.27米，其中明间5.45米；通进深四椽两间，7.6米，后台占进深的三分之一。东西山墙前砌有八字音壁，角柱砌入壁中。台两侧有耳房，有门与后台相通。

绛县董封东岳庙戏台斗栱

绛县董封东岳庙戏台梁架

耳房面宽3.2米，进深4.1米，作为化妆间使用。台前伸出露台，台宽6.6米，深4.3米，是后人所加。2001年重修戏台时，露台被拆除。2006年，被列入全国重点文物保护单位。

河津小停村后土庙戏台

河津小停村后土庙戏台在河津市区南13千米的小停村，属小梁乡。后土庙原有建筑均已不存，现仅存一座戏台。

戏台坐南朝北，为硬山顶，一面观，屋顶筒瓦灰脊。台基高1.38米，面阔三间，8.25米，其中明间4.3米；进深四架椽6.35米，前台进深3.7米。明间额枋宽长，部分伸进次间，次间额枋较窄，与明间额枋相交插。其下为雕花券口和雀替。斗栱为三踩单下昂，平身科明间三攒，次间各一攒。明间为如意斗栱，耍头正中雕作龙头，两侧雕为象头，檐下有一条雕花模板将五攒斗栱耍头相连，整体木雕丰富多彩，为戏台增添了华美鸿侈之风。

戏台脊枋上现存墨书题记为“时大明万历四十八年岁次庚申二月十一日乙未戊辰创建吉祥如意谨志”；金枋上墨书题记为“大清道光二十四年八月二十九日乙未午时之吉重修”；另一条记为“时公元一九六七年十月一日再修并创建东侧楼房一间”。现存建筑的木柱、梁架应为明代创建时的遗构，而斗栱、额枋、雕花券口等是清代重修时增补的。戏台东侧的耳楼为两层，是1967年国庆节创建，但有可能是明代戏台的扮戏房故址。

沁水郭壁崔府君庙戏台

沁水郭壁崔府君庙戏台在沁水县城东南50千米郭壁村，属嘉丰镇。崔府君庙是祭祀唐代崔珏的庙宇，相传他曾任长子县令，有功德于河东地区。安史之乱时曾显圣于唐玄宗，被封为灵圣护国侯，宋代又多次加封，明间俗传他“昼理阳事，夜断阴府”，并奉为地方保护神。沁水郭壁崔府君庙创建于宋代，金、元重修，明嘉靖四十二年（1563年）再次重修殿宇戏台。天启三年（1623年）因沁河洪水侵庙，村民迁址新建为今天格局。

崔府君庙坐北朝南，二进院落。前院为山门戏台，正面为关帝殿，朵殿为地藏殿和五道将军殿。后院正殿为崔府君殿，角殿、子孙殿、龙王殿，东、西厢房，对面是戏台。这样庙中共有两座戏台，前院为关帝殿戏台，后院为崔府君殿戏台。

崔府君殿戏台为明代戏台，据明万历碑记中记载，嘉靖中曾“修葺前后殿宇，东西廊庑，拜堂、舞楼、厨舍悉如旧制”，说明当时舞楼已经存在。现存戏台是天启三年整体搬迁后的遗构。戏台为单檐歇山顶，山花向前。面阔一间，6.1米。进深六架椽，6.2米，平面呈正方形。台基高1.05米，宽9.3米，侧宽6.1米。四角竖立圆木柱，柱上铺设十字交叉绰幕枋，其上是大额枋、平板枋。斗栱单下昂三踩，每面五攒。戏台内为藻井，结构繁华，体现明末大木作梁架的特征。

前院的关帝殿戏台为山门式戏台，创建于清康熙五年（1666年）为悬山顶三间，下层辟为山门，上层是戏台。台高2.7米。通面阔8.1米，其中明间宽2.5米。通进深6.3米。戏台两侧各有一座三层小楼，楼内有门通往戏台，应为演员化妆、住宿的地方。

高平王何五龙庙戏台

高平王何五龙庙戏台位于高平市区西北5千米王何村。五龙庙旧为地方祈雨神庙，创建年代无考。现存庙宇为单进院，主要建筑有山门、戏台、正殿、左右看楼、耳楼等。正殿悬山顶五间，六架椽，脊枋尚存题记“天启五年岁次”等六字。正殿前有月台，为祈雨祭拜之地。月台西侧旧有泉水池，常年不竭，俗传为潜龙之所，今已不存。

五龙庙戏台为山门依附式戏台，上下叠加。底层为砖砌，高3.24米，中间为券洞山门，高1.98米，宽2米。门额石刻“古庆云”三字楷书。“庆云”典出《列子·汤问》：“庆云浮，甘露降”，意谓五色祥云出现，就会天降甘雨，是百姓对五龙神的祷词。门额左侧款书“时天启五年六月吉旦”，明确了戏台的重建年代。上层为戏台，台口朝北，面向正殿。悬山顶三间，通阔7.65米，其中明间宽2.6米。进深五檩四椽，4.83米。台前骑拱门砌有桥式平台，两侧台阶。戏台两侧有二层耳楼，上层有门与戏台相通，是艺人化妆、住宿之处。院内东、西两侧建有二层看楼各九间，通面阔22.9米，为妇女、儿童观剧的地方。

五龙庙戏台是明代山门式戏台的代表作品，且扮戏房、看楼等附属建筑保存完整，对了解明代戏台风貌及社会民俗有较大价值。

大同关帝庙戏台

关帝庙戏台位于大同市城区鼓楼东街东端南侧，关帝庙山门对面。创建年代不详，现存为清代建筑风格。坐南朝北，南北长9.9米，东西宽9.06米，占地面积约90平方米。戏台建于石砌台基上，台基高1.65米。面宽三间，进深四椽，前歇山后硬山勾连搭构架。檐下斗栱五踩单翘单昂。1966年4月被列为市级文物保护单位。

夏县大台关帝庙戏台

大台关帝庙位于夏县尉郭乡大台村中部。坐北朝南，东西长 37 米，南北宽 36 米，占地面积 1332 平方米。创建年代不详，据梁脊板题载明万历八年（1580）重修。2006 年村民将正殿拆毁，在原址上新建正殿，并使用了原有的梁脊板，现存乐楼为明代建筑。乐楼面宽三间，进深二椽，单檐悬山顶，分为上下二层，下为通道，上为乐楼。下层采用砖砌高台基构造，中设过道，由于周邻地表的不断抬高，现过道的下半部已没入地中；上层乐楼面宽三间，进深三椽，单檐硬山顶，前搭牵通檐用四柱。角柱用材硕大，后檐大额枋，柱头斗栱三踩单昂，蚂蚱形耍头，前檐设廊，上置雕花通替，屋顶瓦件皆为素面。1999 年被夏县人民政府列为县级文物保护单位。

宁武二马营广庆寺戏台

宁武二马营广庆寺戏台在宁武县城西南 35 千米二马营村，属东寨镇。广庆寺位于村中，坐北朝南，为单进院。南端为戏台，戏台东侧为山门，山门东侧为钟楼，钟楼内铁钟铭文纪年“嘉庆二十六年”。正面为正殿三间，两侧朵殿及东、西配殿。现存明清石碑两通，记载了广庆寺明建清修的历史。

广庆寺戏台坐南朝北，面对正殿。单檐歇山顶，灰脊筒瓦。通面阔三间，9.35 米，其中明间面阔 5.2 米。进深四椽 6.23 米。台基高 2.36 米。屋内脊槫板有题记“大明成化十四年重修”和“大清道光四年重建”等字样，现仍保留了明代建筑形制。

1981 年在二马营小学占据寺院期间，为不影响教学和群众娱乐活动，将戏台正面砌封，打开后墙为台口，把剧场转向了寺院外，在戏台翼角两侧加砌八字形音壁。戏台西侧有耳房三间，戏台有门与之相通，是演员的化妆休息室。

明代以前的戏台都建在神庙祠宇中，而寺院中出现戏台大都在入清以后，而广庆寺戏台是我国所见第一座明代寺院戏台，对研究佛教文化历史和戏台剧场演变发展历史都有重要价值。

泽州东四义舞乐楼

东四义舞乐楼位于泽州县巴公镇东四义村北。南北长 7.95 米，东西宽 6.55 米，占地面积 50.07 平方米。创建年代不详，现存建筑明代风格。舞乐楼广深各一间，单檐歇山顶，斗栱五踩，青石八棱抹角柱，下设覆盆青石础。

浑源西留龙神庙戏台

西留戏台位于浑源县西留乡西留村中。坐南朝北，东西长 10.68 米，南北宽 8.74 米，占地面积 93 平方米。创建年代不详，现存建筑为明代。一进院布局，现仅存倒座戏台，建在条石砌台基上，高约 1.03 米。戏台面宽三间，进深六椽，七檩勾连搭式构架，后硬山前卷棚顶，前出抱厦。东西两侧台口现存石雕栏板 4 块，雕刻有花鸟、动物、螭龙等吉祥图案。戏台现存清道光三十年（1850）重修龙神庙残碑 1 通。西留戏台于 1982 年被公布为县级文物保护单位。

武乡北良侯戏台

北良侯戏台位于武乡县故城镇北良侯村中。坐西朝东，东西 8.8 米、南北 8.3 米，占地面积 73 平方米。据梁架上题记记载：创建于明崇祯七年（1634），清嘉庆十一年（1806）和清同治十三年（1874）均有重修。现仅存戏台，为清代遗构。戏台由两部分组成，下为石砌台基，上建戏台，面宽三间，进深五椽，六檩构架，单檐卷棚顶，柱头坐斗出麻叶耍头，戏台内设有屏风并绘有彩绘。

武乡吴村戏台

吴村戏台位于武乡县吴村村中，坐北朝南，东西25米，南北10米，占地面积250平方米。创建年代不详，现存为明代遗构。现存戏台，东、西化妆间。戏台面宽三间，进深四椽，五檩无廊构架，单檐硬山顶，明间设有屏风，上写有“百花齐放、推陈出新”的标语。

河曲河北村戏台

河北村戏台位于河曲县巡镇镇河北村中。始建年代不详，现存为明代建筑。坐南朝北，东西长8米，南北宽8米，占地面积64平方米。砖砌台基。面宽三间，进深五椽，卷棚硬山顶，六檩前廊式构架，一斗卷云头，檐下木雕，台内中部明间设木制隔断，匾书“大观”二字。

榆次冯家局戏台

冯家局戏台位于榆次区庄子乡冯家局村西。始建年代不详，现存为明代建筑。占地面积 116.3 平方米。坐南向北，戏台建于 0.9 米高台基上，面宽三间，进深五椽，卷棚硬山顶。后台三面墙封户，前檐采用减柱造。外檐斗栱一斗二升，耍头雕为龙首，正心栱头雕刻花卉。在其东侧建有一拱形石桥。

榆次南河戏台

南河戏台位于榆次区北田乡南河村中。创建年代不详，现存为明代建筑。占地面积 64 平方米。坐南朝北，为过街式戏台。建在 1.4 米高的台基上，分为前台和后台。后台面宽三间，进深六椽，硬山顶；前台采用减柱造，卷棚悬山顶，前檐斗栱三踩单翘，梁头雕作麻叶头，覆盆式柱础。建筑用料弯梁斜材。内墙皮有 1951 年的演出题记。

榆次南张南戏台

南张南戏台，位于榆次区北田镇南张村南，故称“南戏台”。创建年代不详，现存为明代建筑。占地面积 97.2 平方米。坐南朝北，建于 1.5 米高的台基上，为过街式戏台，面宽一间，进深六椽，卷棚顶。前檐斗栱一斗二升交麻叶，覆盆式柱础。前台经改建，向东西两侧各加一间，单坡顶。

榆次张胡戏台

张胡戏台位于榆次区北田镇张胡村南。创建年代不详，现存为明代建筑。占地面积 53 平方米。坐南朝北，建于 0.6 米高的台基上，分为前台、后台。后台面宽三间，进深两椽，原为悬山顶，现改建为硬山顶；前台面宽三间，进深四椽，四架梁对双步梁构架，悬山顶。前檐斗栱一斗二升交麻叶，耍头为麻叶带蚂蚱头。

左权苇则戏台

苇则戏台位于左权县桐峪镇苇则村中心。创建年代不详，据西山墙石碣载，重建于明天顺五年（1461），现存为明代遗构。占地面积 51 平方米，坐南朝北，建于 1 米高的石砌台基上，平面呈“凸”字形，分为前、后台。前台面宽五间，进深二椽，卷棚顶；后台面宽三间，进深四椽，单檐悬山顶。前檐斗栱一斗二升交蚂蚱头。西山墙另存重修石碣 1 方。

翼城北绛戏台

北绛戏台位于翼城县中卫乡北绛自然村中。原庙已毁，现仅存戏台1座，坐南朝北，占地面积160平方米。创建年代不详，据现存建筑形制判断为明代建筑，明、清均有重修。戏台石砌台基，宽13.6米，深11.4米，高0.8米。面宽三间，进深四椽，单檐悬山顶，四椽栿，前后檐下斗栱各7朵，均为四铺作出单昂。台口六柱及檐枋、檐垫板、两侧八字墙为后人重修时添加。台口压檐石上刻有捐献者姓名。

襄汾古县村关帝庙戏台

古县关帝庙戏台位于襄汾县南贾镇古县村中。原为关帝庙附属建筑，创建年代不详，现存为明代建筑。坐南向北，占地面积41.1平方米。戏台建于高1.2米的台基上，面宽三间，进深四椽，五檩无廊式，前檐设通间大普拍枋，梁架间设驼峰6组，灰筒板瓦屋面花脊饰单檐悬山顶。

浮山西张戏台

西张戏台位于浮山县东张乡西张村北。坐南向北，一进院布局，占地面积704.91平方米。据戏台脊板题记，明嘉靖三年（1524）创建，现存戏台为明代建筑。仅存戏台，砖石台基，宽10.75米，深10.34米，高1.1米。面宽三间，进深五椽，硬山卷棚顶，六檩无廊式，檐下装饰性斗栱五攒，顶部铺盖灰筒板瓦。

交城横岭戏台

横岭戏台俗称常乐寺戏台，位于交城县西社镇横岭村中。坐南朝北，平面方形，东西长8.89米，南北宽8.42米，占地面积74.8平方米。创建年代无考，明成化四年（1468）、正德五年（1510）、清康熙三十一年（1692）、乾隆五十四年（1789）进行修缮，20世纪50年代修缮，现存戏台为明代遗构。戏台面宽三间，进深六椽，七架梁式梁架，单檐歇山顶，斗栱一斗二升，柱头卷刹。台口明间采用移柱造，施大额枋，以扩大台口使用面积，左、右建八字砖雕音壁。

方山石虎山戏台遗址

石虎山戏台遗址位于方山县峪口镇兴隆湾村东北约5千米。分布面积745平方米。据石虎山南脚下清凉下院遗址内“增修清凉下院碑”文记载，创建于明成化三年（1467），毁弃年代不详。遗址内现存戏台基址1处、石虎1尊、石青蛙1尊以及部分建筑构件。

盐湖区白峪口城隍庙戏台

白峪口城隍庙戏台位于盐湖区解州镇白峪口村南500米处。创建年代不详，现存主体结构为明代建筑。城隍庙已毁，仅存戏台。戏台坐南朝北，石砌台基高1.5米，东西长8.9米，南北宽7米，占地面积62.3平方米。面宽三间，进深三椽，单檐硬山顶，柱头有砍斜，明间上施大额枋，施一斗三升斗栱，绘有莲花牡丹等彩绘。

新绛县刘家庄戏台

刘家庄戏台位于新绛县横桥乡刘家庄村北部。坐南面北，整体建于东西长10.69米，南北宽7.8米，高1.3米的砖石砌基座上，占地面积83.4平方米。创建年代不详，据形制判断为明代遗构。原为村中大庙内戏台，后整体迁建于此。面宽三间，进深二椽，单檐悬山顶，四檩前廊式构架，明间采用移柱造手法，有效扩大了台内使用空间。檐下平身科一攒，大梁出卷云形头，通间花替木雕二龙拱寿及卷叶花卉图案。柱础为三层鼓式，周雕花卉图案，基座正面嵌有砖雕“力士”图七块，东山墙前部上方留1平方米绘有水墨画。戏台基座西北角立八棱经幢1座，系原刘家庄门楼遗物。

榆次区城隍庙戏台

榆次区城隍庙位于榆次东大街中段，是山西省第一批重点文物保护单位，1996年国务院公布为第四批全国重点文物保护单位，被誉为山西省内保存最完整、规模最大的城隍庙建筑群。

榆次区城隍庙

据庙中碑文记载，城隍庙创建于元至正二十二年（1362年），明正德十年（1516年）增建玄鉴楼，正德十五年（1521年）建戏台及山门、钟鼓楼、照壁。庙宇坐北朝南，三

榆次区城隍庙戏台远照

榆次区城隍庙戏台侧面

榆次区城隍庙戏台

榆次区城隍庙戏台侧面

进院落，中轴线建筑有山门、玄鉴楼、乐楼、戏台、大殿、后殿及两侧钟鼓楼、东西廊房。总面积约 4000 余平方米。

戏台与玄鉴楼为同一建筑整体，皆建于明代。玄鉴楼面阔五间，通高 17 米，楼背面为乐楼戏台，八字音壁。乐楼紧贴玄鉴楼背后，两楼间梁柱连接，面阔亦五间，进深一间，单坡歇山顶，二层楼阁式建筑。戏台面阔 5.35 米，进深 5.9 米。梁架又与乐楼相连，单檐歇山卷棚顶，大额枋上施五踩双昂头栱十八攒。下为砖砌平台，中部为穿堂过道，平时可供玄鉴楼前后穿行，逢节庆演出时，即可铺设木板唱戏，同时，玄鉴楼和乐楼都可以作为后台使用。

另在戏台两侧分别有八字形二柱牌坊式音壁，音壁与乐楼一层角柱相连，沿角柱呈 45° 伸出。音壁为绿色琉璃瓦顶，平板枋上施七踩如意牌楼斗栱九攒。壁中间施绿色琉璃麒麟壁画，旁有明代嘉靖二年（1523 年）题记。

戏台檐下悬有横匾，上书“神听和平”。戏台楹柱上有楹联曰：“善报恶报，循环果报，早报晚报，如何不报；名场利场，无非戏场，上场下场，都在当场。”

戏台对面为寝宫，东、西配殿分列两侧，寝宫与配殿之间又有高大的砖雕影壁相连，与对面戏台、音壁相呼应，形成一座相对闭合的空间，起到极好的演出回音效果。

城隍庙戏台结构优美，用材硕大，琉璃构件坚实光润，色泽映人，共同反映出了明代中叶的建筑风格和艺术水平。

榆次区城隍庙戏台音壁

榆次区城隍庙戏台音壁

榆次区城隍庙戏台斗栱

榆次区城隍庙戏台藻井

清代戏台

Qing Dai XiTai

1 太原市

晋祠钧天乐台

钧天乐台位于太原晋祠的昊天祠对面，创建于清乾隆时期，坐南朝北，面向昊天祠山门，是为娱祠神东岳大帝而建。“钧天”意指天之中央，典出《史记·扁鹊列传》：“我之帝所甚乐，与百神游于钧天。广乐九奏万舞，不类三代之乐，其声动心。”后人以“钧天广乐”指天上的音乐。因其建造年代与晋祠水镜台相比要晚，所以当地群众又称为“新乐台”。

近代学者刘大鹏在《晋祠志》中有这样美妙的描述：“钧天乐台，乾隆中建，土人呼为新乐台，在昊天神祠前。形势与水镜台埒，而规模颇小。背临智渠，铜瓦琲楹，倒印水面，影常逐浪东流。每当演剧，则笙簧丝竹之音，短唱高歌之调，洋洋乎无不铿锵而和谐。”

台基高 1.9 米，毛石砌筑，后台台基比前台稍宽，平面呈凸字形，台基东西两侧有砖砌台阶，供上下戏台。台基上四面设护栏，前台护栏白石雕望柱、栏板，北面栏板有浮雕，中间一块栏板雕双龙戏珠，其余八块栏板雕琴棋书画、四季花卉分布两侧，东西两侧石栏板素面。后台护栏，顶面铺白石石条，下砌花砖，敦实中带玲珑。

屋面形制为一殿一卷歇山顶，筒板瓦屋面，绿琉璃剪边，屋面平面亦呈凸字形，与台基上下呼应。前台为五檩歇山卷棚顶，四架梁、月梁上共承托四檩，前檐斗栱承托挑檐桁，共五檩。而后侧，室内斗栱承托枋木，枋木向东西两侧出头时做假檩头。后台为四檩单檐歇山顶，屋脊俱为琉璃花脊，正脊中置琉璃小楼阁，两山面铃铛排山脊，檩头钉博风板，其下挂悬鱼。

木构架：前台三开间，进深五椽。柱子多有移位，北面中间两根檐柱向两侧移 0.5 攒档，东西两侧原正中一根山柱向后移 1 攒档，南侧正中两根柱向两侧稍移约 0.25 攒档，移柱皆出于实用需要，东西北三面移柱皆为获得三面观的良好看戏效果，其实即便如此也避免不

了柱子对戏台场面的一些遮挡。南侧两柱移柱考虑的是“出将”“入相”两门（演员上下场门）的宽度和中间隔扇的需求，而移柱距离不大。柱上置大额，是戏台建筑的典型手法，又类似晋中地区常用的柱上枋做法，大额下明间龙形雀替，拉结柱与大额，次间有枋木联系两柱，枋木下为倒挂楣子，枋木与大额间置荷叶墩。大额上置斗栱，明间正中为斜栱，其余为平身科和角科斗栱。在凹字形平面的内凹角处，置凹角斗栱。斗栱内外拽不等，外显五踩，内显十一踩，概出于戏台的声学需要，抬高内檐室内空间，斗栱内拽部分直接承托四架梁和金檩；斗栱外拽重昂五踩，昂头雕作卷云，耍头雕作龙头，云龙相生，栱身多镂雕花草，而不全雕透。东西北三面垫栱板多镂空有龙凤纹样，室内南侧垫栱板不雕镂施彩画。斗栱上为四架梁、金檩，四架梁上置瓜柱，两侧辅以角背，瓜柱支撑月梁，月梁上托脊檩，脊檩下无脊垫板，与脊枋间只有荷叶墩，山面斗栱承托踩步金，踩步金压住角梁后尾，省略了草架柱等构件。

彩画集中于大额及以上梁架部分。外檐部分，大额彩画一间为一段，一段内两头坐箍头卡子，中间为锦框，锦框内多绘三英战吕布等戏曲人物故事，色调蓝金为主，金色部分为描金做法，斗栱及栱板的镂雕都随纹样多用香色；挑檐桁彩画均分为若干锦框，内多绘花草，外檐彩画整体呈现出一派富丽华美的景象。内檐彩画，斗栱垫板、大额及倒挂楣子上色彩丰富，以蓝色调为主，而斗栱及其上梁架只用绿色作底，墨线绘旋子图案，下皮皆刷朱红，色调淡雅统一。

钧天乐台一殿一卷歇山建筑是清代歇山戏台建筑中的精品，展现了当时工匠高超的建筑技艺，更蕴含着晋中地区传统建筑的风格，处处展现出晋中特色和地方做法，是我国缤纷的清代建筑中一抹绚丽的色彩。

太原小井峪戏台

小井峪戏台位于万柏林区小井峪街道办事处小井峪社区。创建于清代，民国进行修葺，现存主体结构为清代建筑。坐东朝西，平面呈长方形，南北宽 11.9 米，东西深 10.899 米，占地面积 129.70 平方米。戏台砖石台基，高 1.5 米。面宽三间，进深四椽，前卷棚歇山后硬山顶，五檩无廊式构架，檐下斗栱一斗二升，明间平身科四攒。梁枋上绘有人物、花鸟图案。明间屏门隔板有圆形“寿星与童子”绘画，台两侧置“福”字八字墙。

太原店头戏台

店头戏台位于晋源区晋源街道办事处店头村西。清嘉庆十三年（1808）建戏台。坐西朝东，东西长 10.69 米，南北宽 9.63 米，占地面积 102.94 平方米。底层为石砌窑洞，上层为石木结构殿阁，面宽三间，平顶，前檐均施隔扇门。北侧有清雍正年间（1723——1735）灯山，另存清雍正七年（1729）、嘉庆十九年（1814）重修灯山题记各 1 方。

清徐大常过街戏台

大常过街戏台位于清徐县集义乡大常村中。创建年代不详，现存主体结构为清代建筑。坐南朝北，占地面积121平方米。砖砌台基长12.1米，宽10米，高1米，下设通道，平面呈长方形，面宽三间，进深八椽，卷棚歇山顶勾连搭尖山式悬山顶，檐下斗栱五踩双昂，内置垂莲柱，额枋饰沥粉彩绘。戏台正面西侧八字墙砌仙鹤、祥云砖雕图案，背面东、西两侧八字墙均砌“五福捧寿”砖雕。戏台整体结构独特，保存完整。2000年，太原市人民政府公布寿宁寺为市级文物保护单位，包含大常过街戏台。

清徐东梁泉戏台

东梁泉戏台位于清徐县马峪乡东梁泉村。创建年代不详，现存主体结构为清代建筑。坐西朝东，占地面积81.7平方米。台基宽9.01米，深9.07米，高1.2米。面宽三间，进深九椽，歇山顶勾连搭硬山卷棚顶，柱头科三踩单昂斗栱，明间、转角出45°单昂斗栱。明间柱向次间外移，柱头施通宽大额枋。

清徐东马峪戏台

东马峪戏台位于清徐县马峪乡东马峪村北。据香岩寺碑文记载，清道光二十七年（1847）重修。坐南朝北，占地面积298平方米。月台长15.88米，宽13.05米，高1米。戏台边长9.35米，平面呈方形，面宽三间，进深六椽，前歇山后卷棚硬山顶。八檩式构架，梁架饰彩画，前檐设石柱，明间略宽，柱间施雕龙雀替，斗栱三踩单昂，平身科出45° 斜昂。台口两侧有砖雕“福、寿”八字墙。

清徐韩武村戏台

韩武村戏台位于清徐县孟封镇韩武村西。创建年代不详，现存主体结构为清代建筑。坐西朝东，面宽三间，进深四椽，单檐卷棚悬山顶，柱间置大额枋。柱头斗栱三踩单昂，明间平身科三踩斗栱出斜昂，龙形耍头。明间设龙形雀替。

清徐东于戏台

东于戏台位于清徐县东于镇东于村西。创建年代不详，现存主体结构为清代建筑。坐北朝南，占地面积86平方米。原为真武庙戏台，庙已毁，仅存戏台。台基长11.1米，宽7.2米，高0.6米，面宽三间，进深五椽，单檐卷棚歇山顶，三踩单昂斗栱，两侧设八字墙。戏台西侧有耳房，面宽一间，进深五椽，单檐卷棚歇山顶。西山墙建有壁龛，壁龛外部建有单檐歇山抱厦。

清徐中高白村戏台

中高白村戏台位于清徐县东于镇中高白村东北。创建年代不详，现存主体结构为清代建筑。坐东朝西，东西9.6米，南北8.9米，占地面积86平方米。戏台建于长9.7米，宽8.9米，高1.6米的石砌台基之上，面宽三间，进深七椽，卷棚歇山顶，八檩前廊式，斗栱三踩单昂，前檐柱头施大额枋，柱间雀替透雕琴棋书画等图案。金柱间设六抹隔扇分隔前后台。

清徐温李青过街戏台

温李青过街戏台位于清徐县集义乡温李青村中。创建年代不详，现存主体结构为清代建筑。坐南朝北，占地面积55.6平方米。戏台建于高1米的砖砌台基上，中设过道，面宽三间，进深七椽，卷棚悬山顶勾连搭尖山式硬山顶，檐下斗栱三踩单昂。

阳曲北家庄观音阁戏台

观音阁戏台侧面

观音阁戏台梁架

阳曲北家庄观音阁戏台

北家庄观音阁戏台位于阳曲县大盂镇北家庄村西。创建年代不详，现存主体结构为清代建筑。坐东朝西，南北宽 9.12 米，东西深 9.28 米，占地面积 84.63 平方米。观音阁已毁，仅存戏台。石砌台基，高 1.2 米，面宽三间，进深五椽，单檐悬山卷棚顶，前檐置通间大额枋，檐下斗栱一斗二升交麻叶。内存清光绪九年（1883）重修碑一通。

阳曲北社戏台

北社戏台位于阳曲县高村乡北社村西南。创建年代不详，现存主体结构为清代建筑。坐南朝北，平面呈长方形，东西宽 9.98 米，南北深 9.91 米，占地面积 91.52 平方米。戏台建在高 1.8 米的砖石夯土台基上，面宽三间，进深四椽，前悬山后硬山式卷棚顶，五檩前廊式构架，檐下斗栱一斗二升交麻叶。明间平身科三攒，施木雕雀替，檐柱外移，略显宽敞。

阳曲北温川关王庙戏台

北温川关王庙戏台位于阳曲县杨兴乡北温川村中。创建年代不详，庙早年已毁，现仅存戏台，为清代建筑。坐南朝北，占地面积54平方米。戏台石砌台基，宽7.06米，深7.68米，高0.84米，面宽三间，进深七椽，卷棚顶。梁头雕刻云形图案，额枋上装饰彩绘图案，后檐墙开有两孔圆窗。戏台所处院内散落两通青石碑，分别为明崇祯八年（1635）初建关王庙碑记、清嘉庆二十年（1815）重修碑记，碑文漫漶不清。

阳曲泥屯北龙泉戏台

北龙泉戏台位于阳曲县泥屯镇龙泉村北龙泉自然村中。创建年代不详，现存主体结构为清代建筑。坐南朝北，占地面积57平方米。石砌台基，长8.5米，宽6.7米，高0.95米，面宽三间，进深四椽，单檐悬山顶，柱头科坐斗出异形栱，平身科明间四攒，次间一攒，两侧置砖砌八字墙。

阳曲范家沟三郎庙戏台

范家沟三郎庙戏台位于阳曲县北小店乡神堂沟村范家沟自然村中。创建年代不详，现存主体结构为清代建筑。坐南朝北，东西8.2米，南北7米，占地面积57.4平方米。戏台台基高0.3米，面宽三间，进深五椽，卷棚悬山顶，六檩式构架，斗栱为一斗二升交麻叶。距庙南50米处有清道光十四年（1834）重修碑一通。

阳曲泥屯北龙泉三郎庙戏台

北龙泉三郎庙戏台位于阳曲县泥屯镇龙泉村北龙泉自然村南。创建年代不详，现存主体结构为清代建筑。坐东朝西，占地面积74.7平方米。砖砌台基，中设门洞，其上为木构建筑，面宽三间，进深五椽，前歇山后单檐悬山顶，明间施龙形雀替。戏台西侧存古松一株。

阳曲大直峪戏台

大直峪戏台位于阳曲县黄寨镇大直峪村中。创建年代不详，现存主体结构为清代建筑。坐东朝西，建于宽9.1米，深8.4米，高1.06米的台基之上，占地面积77平方米。面宽三间，进深五椽，硬山卷棚顶。前檐柱采用移柱法，明间柱头之上施大额枋，次间施通间雀替。

阳曲大泉沟奶奶庙戏台

大泉沟奶奶庙戏台位于阳曲县大盂镇大泉沟村西。创建年代不详，现存主体结构为清代建筑。坐南朝北，东西宽10.37米，南北深9.58米，占地面积116.95平方米。戏台面宽三间，进深五椽，前悬山后硬山卷棚顶，六檩前廊式构架，檐下斗栱一斗二升交麻叶，明间宽敞。台西侧存八字墙。

阳曲西龙庄韩寨戏台

韩寨戏台位于阳曲县侯村乡西龙庄村韩寨自然村中。创建年代不详，现存主体结构为清代建筑。坐东朝西，南北10.5米，东西9.89米，占地面积103.85平方米。戏台面宽三间，进深五椽，悬山卷棚顶，六檩无廊式构架，梁架上施有彩绘，装修已改。墙壁上有“农业学大寨”标语。

阳曲泥屯傅家窑戏台

傅家窑戏台位于阳曲县泥屯镇傅家窑村中。原为关帝庙附属建筑，现庙已毁。创建年代不详，现存主体结构为清代建筑。占地面积93.5平方米。坐南朝北，石砌台基，长9.25米，宽10.1米，高0.9米，面宽三间，进深五椽，单檐卷棚悬山顶，前檐明间宽敞，两次间略窄，檐下置垂莲花柱，明间设龙形雀替，两侧设八字墙。

阳曲杨家掌籍营戏台

籍营戏台位于阳曲县杨兴乡杨家掌村籍营自然村南。创建年代不详，现存主体结构为清代建筑。坐南朝北，由戏台和神棚组成，占地面积189平方米。戏台石砌台基，宽8.14米，深7.3米，高1.26米，面宽三间，进深六椽，单檐卷棚顶，台内梁架彩绘云纹等图案。神棚石砌台基，宽8.5米，深4.71米，高0.86米，面宽三间，进深四椽，单檐悬山顶，五檩无廊式构架。装修已改，额枋施贴金彩绘。

阳曲连巅戏台

连巅戏台位于阳曲县杨兴乡贾庄村连巅自然村西北。创建年代不详，现存主体结构为清代建筑。坐西朝东，由戏台和神棚组成，占地面积398平方米。戏台石砌台基，宽8.46米，深7.77米，高1.4米，面宽三间，进深五椽，单檐悬山顶，斗栱为一斗二升交龙头，覆莲柱础。两山墙残存壁画约8平方米，台内隔板彩绘戏曲故事图案。戏台正对建有神棚，石砌台基，宽12.1米，深4.15米，高1.6米，面宽五间，进深四椽，单檐硬山顶，五檩无廊式构架，装修已改。神棚南侧山墙外另筑石墙，内嵌青石碑3通，碑文漫漶不清，内容、纪年不详，早年由村民移于此处。

阳曲东黄龙头戏台

东黄龙头戏台位于阳曲县凌井店乡尧沟村东黄龙头自然村南。创建年代不详，现存主体结构为清代建筑。坐南朝北，占地面积66.4平方米。石砌台基，高1.15米，面宽三间，进深五椽，单檐卷棚硬山顶，斗栱三踩单翘，柱头科及明间平身科出45° 斜栱。前台西侧存八字墙，后墙存清光绪十九年（1893）、民国十三年（1924）戏班在此演出之题记。

阳曲南高庄三教寺戏台

南高庄三教寺戏台位于阳曲县大盂镇南高庄村南堡街。创建年代不详，现存主体结构为清代建筑。坐东朝西，南北宽 9.21 米，东西深 7.93 米，占地面积 73.04 平方米。石砌台基，面宽三间，进深五椽，单檐悬山卷棚顶，六檩前廊式构架。台上有木制花罩屏风，两侧屏门上有“清歌”“妙舞”题字。梁檩上存有木雕云纹、人物、花草图案。

阳曲后交戏台

后交戏台位于阳曲县泥屯镇岔上村后交自然村中。戏台为村内真武庙之戏台，真武庙已于 2000 年塌毁，现仅存戏台。创建年代不详，现存主体结构为清代建筑，占地面积 61 平方米。坐南朝北，石砌台基，长 7.8 米，宽 7.85 米，高 1.2 米，面宽三间，进深三椽，单檐悬山顶，斗栱一斗二升，前台两侧设砖砌八字墙。

阳曲马坡祯王庙戏台

马坡祯王庙戏台位于阳曲县高村乡马坡村中。创建年代不详，现存主体结构为清代建筑。坐南朝北，东西宽 10.65 米，南北深 7.7 米，占地面积 82.01 平方米。庙毁，仅存戏台，建在高 1 米的半圆形石砌台基上，面宽三间，进深五椽，单檐悬山卷棚顶，檐下斗栱一斗二升交麻叶。明间檐柱向两侧外移，显得宽敞。额枋下饰有木雕雀替。

阳曲南高庄文殊寺戏台

南高庄文殊寺戏台位于阳曲县大盂镇南高庄村中。创建年代不详，现存主体结构为清代建筑。坐南朝北，东西宽10.91米，南北深10.47米，占地面积114.26平方米，建在高1.05米的砖砌台基上，面宽三间，进深六椽，前悬山后硬山卷棚顶，七檩前廊式构架，明间较为宽敞。台上中间设有木制屏风隔断，前台两侧有八字墙，后台置拱形小门。

阳曲石槽戏台

石槽戏台位于阳曲县杨兴乡石槽村北。创建年代不详，现存主体结构为清代建筑。坐南朝北，占地面积69平方米。戏台石砌台基，宽9.62米，深8.42米，高1米，面宽三间，进深四椽，卷棚悬山顶。前檐柱承大额枋，斗栱为一斗二升交龙头。前檐明间柱外移，稍显宽敞，西次间檐柱间保存镂雕龙形雀替。前台两侧设八字音壁墙。前、后台间木隔断彩绘人物等图案。后檐墙正中开一圆窗。

阳曲泥屯南龙泉戏台

南龙泉戏台位于阳曲县泥屯镇龙泉村南龙泉自然村中。创建年代不详，现存主体结构为清代建筑。坐南朝北，占地面积 70.5 平方米。石砌台基，长 8.6 米，宽 8.2 米，高 1.42 米。面宽三间，进深五椽，单檐卷棚悬山顶，坐斗出异形栱，梁上彩绘云龙纹图案，前台两侧设砖砌八字墙。

阳曲庞家庄戏台

庞家庄戏台位于阳曲县杨兴乡石槽村庞家庄自然村中。创建年代不详，现存主体结构为清代建筑。坐南朝北，占地面积 54 平方米。戏台石砌台基，宽 7.36 米，深 7.4 米，高约 1.18 米，面宽三间，进深六椽，单檐悬山顶。一斗二升交龙头斗栱，栱件浮雕花卉图案，额枋施

彩绘，明间檐柱外移稍显宽，两次间檐柱间设通雀替。台内梁架彩绘龙形图案。前、后台间木隔断上方彩绘戏曲故事图案，明间走马板题“清吟曲雅”匾额。两山墙有水墨壁画残迹。前台两侧设有八字音壁墙，后檐墙辟两孔圆窗。

阳曲杨兴水头老爷庙戏台

水头老爷庙戏台位于阳曲县杨兴乡杨兴村水头自然村中。创建年代不详，庙早年已毁，仅存戏台，为清代建筑。坐西朝东，占地面积 59 平方米。戏台石砌台基，宽 7.96 米，深 7.74 米，高 1.15 米，面宽三间，进深五椽，悬山卷棚顶。金柱间设木隔断，分前后台。斗栱三踩单昂，

梁头镂雕龙形图案，栱件镂雕花卉、几何形等图案。明间柱外移略显宽敞，次间稍窄，前台两侧设砖砌八字墙。

阳曲泥屯石家庄东头戏台

石家庄东头戏台位于阳曲县泥屯镇石家庄村石家庄东头自然村西南。创建年代不详，现存主体结构为清代建筑。坐西朝东，占地面积 67.8 平方米。石砌台基，长 8.8 米，宽 7.7 米，高 0.7 米，面宽三间，进深四椽，单檐悬山顶，檐下斗栱一斗二升交麻叶，前台两侧设砖墙。

阳曲三官庙戏台

三官庙戏台位于阳曲县凌井店乡湾里村后沟自然村中。创建年代不详，现存主体结构为清代建筑。坐南朝北，占地面积 79 平方米。石砌台基，高 0.9 米，面宽三间，进深六椽，单檐卷棚硬山顶，次间前檐柱为石质，柱头科三踩单昂出 45° 斜栱，明间平身科一攒。

阳曲兴社戏台

兴社戏台位于阳曲县高村乡北社村兴社自然村南。创建年代不详，现存主体结构为清代建筑。坐南朝北，东西宽 11.18 米，南北深 8.4 米，占地面积 409.03 平方米。戏台建在高 1.66 米的砖砌台基上，面宽三间，进深五椽，单檐卷棚顶，六檩前廊式构架，檐下斗栱一斗二升交麻叶，明间饰木雕雀替，前后台设屏风隔断，两侧建有八字墙。戏台之北有神棚，砖砌台基，面宽三间，进深三椽，单檐硬山顶，装修改制。

娄烦常家坡戏台

常家坡戏台位于娄烦县庙湾乡常家坡村内。1958 年修建汾河水库时搬迁于此。戏台主体结构为清代建筑，坐北朝南，坐于长 10.6 米、宽 7.55 米、高 1 米台基之上，面宽三间，进深六椽，卷棚硬山顶，前设廊建筑。明间设大额枋。

娄烦赤土壑戏台

赤土壑戏台位于娄烦县静游镇赤土壑村中。创建年代不详，现存主体结构为清代建筑。坐南朝北，东西长 12.8 米，南北宽 8.5 米，占地面积 109 平方米。戏台台基高 1 米，面宽三间，进深五椽，卷棚硬山顶，六檩前廊式构架。斗栱一斗二升交麻叶，耍头造型各异，明间柱头之上施大额枋。在台口置处有高约 0.3 米石栏板，上刻有花草纹饰。戏台右侧建有过街门楼，门楼已坍塌只留券洞。

娄烦范家村戏台

范家村戏台位于娄烦县娄烦镇范家村北600米。始建年代不详，现存主体结构为清代建筑。坐南朝北，南北8.18米，东西8.12米，占地面积66平方米。1958年因修筑汾河水库从范家村旧村搬迁至此。戏台坐于宽8.12米、深8.18米、高0.8米的台基之上。面宽三间，进深五椽，六檩卷棚硬山顶。斗栱为一斗二升交麻叶，耍头造型各异。明间柱头之上施大额枋，墀头为叠涩砌筑。

娄烦米峪镇村戏台

米峪镇村戏台位于娄烦县米峪镇乡米峪镇村东北430米。创建年代不详，现存主体结构为清代建筑。坐东朝西，南北长9.4米，东西宽8.2米，占地面积77平方米。戏台台基宽9.4米，深8.2米，高1.75米。面宽三间，进深五椽，卷棚歇山顶。斗栱为一斗二升交麻叶，耍头雕有卷云造型，明间柱头之上施大额枋。梁架施有彩绘，山墙内侧施有壁画。

娄烦郭家庄戏台

郭家庄戏台位于娄烦县米峪镇乡郭家庄村西南 50 米。创建年代不详，现存主体结构为清代建筑。坐东朝西，东西长 6.8 米，南北宽 8 米，占地面积为 54.4 平方米。面宽三间，进深六椽，卷棚硬山顶。斗栱为一斗三升，耍头雕有卷云造型，墀头雕有花草、云龙等纹饰。

娄烦河北圣母庙戏台

河北圣母庙戏台位于娄烦县天池店乡河北村东 85 米山梁上。始建年代不详，现存主体结构为清代建筑。坐南朝北，东西长 8.1 米，南北宽 7.9 米，占地面积 64 平方米。戏台建于高约 1 米的台基之上，面宽三间，进深五椽，卷棚硬山顶，六檩前廊式。斗栱为一斗二升交麻叶，明间柱头之上施大额枋。

娄烦王家崖村龙王庙戏台

龙王庙戏台位于娄烦县天池店乡王家崖村内。始建年代不详，现存主体结构为清代建筑。坐南朝北，东西长 17.3 米，南北宽 8.7 米，占地面积 151 平方米。戏台面宽三间，进深五椽，卷棚硬山顶，六檩前廊式。斗栱为一斗二升交麻叶，明间柱头之上施大额枋，墀头雕有花草纹饰。戏台两侧为钟、鼓楼，皆建在两米高的台基之上，面宽一间，进深四椽，单檐悬山顶。

娄烦上静游戏台

上静游戏台位于娄烦县静游镇上静游村内。创建年代不详，现存主体结构为清代建筑。坐东朝西，东西 9 米，南北 7.7 米，占地面积 69 平方米。戏台台基高约 1.1 米，面宽三间，进深六椽，七檩卷棚硬山顶。斗栱为一斗二升交麻叶，耍头造型各异，平身科各一攒，明间柱头之上施大额枋，两侧有八字墙。梁架施有彩绘，山墙内侧施有壁画。

娄烦兴旺庄戏台

兴旺庄戏台位于娄烦县米峪镇乡兴旺庄村南 150 米。创建年代不详，现存主体结构为清代建筑。坐东朝西，面宽三间，进深五椽，卷棚硬山顶，六檩前廊式结构，两侧有八字墙。斗栱为一斗三升，耍头雕有龙、象、卷云等造型。山墙上雕有羊造型，后墙有八角形窗。梁架施有彩绘，山墙内侧存有壁画。2003 年 3 月，娄烦县人民政府公布为县级文物保护单位。

古交岔口戏台

岔口戏台位于古交市岔口乡岔口村。创建年代不详，现存主体结构为清代建筑。坐南朝北，南北 7.6 米，东西 10.9 米，占地面积 82.84 平方米。石砌台明，高 1.1 米，面宽三间，进深五椽，单檐前歇山后硬山卷棚顶。六檩构架。斗栱三踩单昂，平身科每间一攒，出 45° 斜昂。前台敞朗，前后台之间设木制屏风。1989 年 2 月，古交市人民政府公布为市级文物保护单位。

2 大同市

大同云冈石窟戏台

云冈石窟位于大同市区西北 15 千米的武周山南麓，始建于北魏，原名石窟寺。云冈石窟依山而凿，东西绵延一公里，现存主要洞窟 45 个，造像 5 万余尊，是中国佛教艺术的经典之作。

历史上大同石窟皆为佛教寺院，统称大石窟寺，其中又有灵岩寺、华严寺、兜率寺、崇福寺、童子寺等名称。在清代顺治初年修建的山门内还有“大佛寺”的砖雕横匾。但是这一时期，佛教不断被世俗化，大量民间的文化习俗“入侵”寺院，戏台也随着山门的修建在南侧建成。

大同云冈石窟戏台

大同云冈石窟戏台

大同云冈石窟戏台隔扇正中木刻福字

云冈石窟戏台在山门对面约 50 米处，与山门相对，创建于清顺治八年（1651 年）。戏台为前后台连体式，凸出式台口。前台面阔三间，歇山卷棚顶；后台面阔五间，硬山顶，屋脊高于前台，前台加翘角。屋顶覆瓦、鸱吻、脊兽均为青灰构件。台上木柱、石柱础、大额枋质朴简洁，无多修饰，檐下也无斗栱，尤显明快。

前台宽 8.65 米，明间宽 3.6 米，入深 5.95 米，台高 1.05 米，后台深 3.5 米。后台东西山墙分别有圆形望窗，前后台之间有隔扇分开，两侧形成上、下场门。隔扇正中木刻大红“福”字，“福”字的左旁“礻”被艺术化为兔子形状，以应当年“辛卯”干支纪年，颇有趣味。

相传在旧时每年四月初八举行浴佛节庙会，寺中有法会，寺外有戏台班子应聘演出，可以吸引更多信众，保证寺院香火鼎盛。

大同观音堂戏台

观音堂在大同市区西北 8 千米的武周川北岸，其地名为“佛字湾”。观音堂创建于辽重熙六年（1037 年），辽金战争中毁于兵火。明代重建，清初再毁。顺治八年（1651 年）再度重建，其后康、乾、嘉、道、宣历代均有补葺。

观音堂坐北朝南，踞山临河，全寺为两进院。前院为戏台、二门；后院为献殿、正殿及两侧钟鼓楼。正殿内保存有辽代石雕造像、观音菩萨、胁侍明王、金刚、罗汉等作品。正殿后为三真殿，面阔五间，是一座砖券窑洞与木构楼阁相结合的殿阁式建筑，窑内供奉儒、释、道三教圣像，“三真”由此得名。

大同观音堂戏台

大同观音堂戏台

戏台为清顺治八年(1651年)创建，建在观音堂南端的高台上，面对山门、献殿和正殿。高台稍低于内院地平面，东、南、西三面砌有花墙。戏台通阔8.95米，明间宽3.24米，进深7.15米，前台深5.2米，后台深1.95米。东、西山墙各辟圆窗，以达到采光效果。戏台阔三间，三面观式台口，悬山卷棚顶。台上梁架四缝，通檐用三柱。圆柱素平础，柱头不施斗栱，质朴无华，简洁美观。

高台底下辟有东西向的券洞，可容人、马车辆通行。台基前又建琉璃照壁，照壁下部为须弥座台基，上端霞琉璃歇山顶式屋檐，三条黄色琉璃团龙嵌在照壁中部，爪须皆奋，栩栩如生。当为明代遗物。

大同观音堂每年二月十九要举行盛大法会，以纪念观音菩萨成道日，同时也要举办民俗的祈雨仪式。届时受邀请戏班唱戏娱神。过去在戏台内的墙壁上还尚有一些清代戏班子的演出题记，在近年的修缮过程中逐渐消失了。另外在寺西的崖壁上镌有三米见方的巨幅“佛”字，为辽代石刻，此地因名“佛字湾”。

大同皇城戏台

大同皇城戏台原址在大同市城区皇城街的代王府遗址内，故又名“代王府戏台”，因此，过去曾被误认为明代戏台。

戏台创建年代已不可考，从其结构和功能分析，应是清代代王府被毁后才兴起的建筑。据传，清代以来当地民众有向九龙壁祈雨的习俗。从此九龙壁由明代王府的重要建筑开始转变为民俗祭祀活动的场所。祈雨有应则必须娱神谢雨，于是戏台又由此而产生。戏台与九龙壁南北遥相对应，合为大同地方祈雨祭祀和酬神的主要标志性建筑。“文革”

期间，戏台成为一家瓶盖厂的生产加工车间，后来改建为仓库。近年来，又遭受到来自周边炊烟熏烤和电线交织的威胁，戏台建筑日益破败。为了保护历史遗存，展示大同历史文化，2008 年，文物部门将皇城戏台整体搬迁至鼓楼东街关帝庙前的广场上，古戏台又重现当年雄姿。

皇城戏台为前台后台分离式结构，后台为硬山顶，前台为歇山顶，各自都拥有独立的梁架。两种形式结合显得前台美观，后台受前台掩饰采用简单的硬山顶，更加经济节约，也不为人所瞩目。这样的建筑造型更为丰富多姿，功能上也为前台演出和后台化妆服务提供了充分的空间。

戏台下部为青石台基，前台宽 9.6 米，进深 6.1 米，后台进深 3.6 米。前后台之间旧有砖木结构的壁墙分隔，左右设上、下场门，整体搬迁后隔墙已经不存。

新荣区宏赐堡戏台

宏赐堡戏台位于大同市新荣区堡子湾乡宏赐堡村村东，坐南朝北，清代建筑。戏台台基用玄武岩石条围砌，东西 9.1 米，南北 9.8 米，高 0.65 米，占地面积约 89 平方米。台上建筑面宽三间，进深五椽，六檩无廊式构架，卷棚顶。

新荣区侯家堡戏台

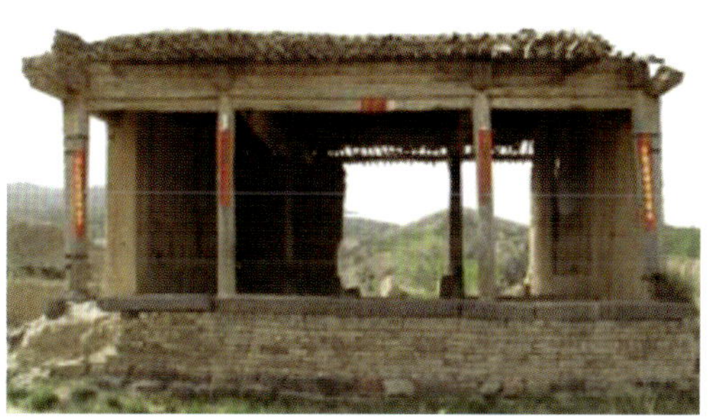

侯家堡戏台位于大同市新荣区花园屯乡姜庄村侯家堡自然村南。戏台坐南向北，清代建筑。台基东西 8.7 米，南北 9.5 米，高约 0.90 米，占地面积约 82 平方米。台上建筑面宽三间，进深五椽，六檩无廊式构架，卷棚顶。

新荣区八墩戏台

八墩戏台位于大同市新荣区破鲁堡乡八墩村中部。坐南朝北，建筑面积 122 平方米，为清代建筑风格。戏台建在长 11.45 米，宽 9 米，高 1.1 米的台基上，面宽三间，进深五椽，六檩无廊式构架，卷棚顶。戏台后部每间用六抹隔扇门四扇将戏台分为前后场，后墙正中辟门，两侧各开小窗，2005 年落架维修。

新荣区祁皇墓村戏台

祁皇墓村戏台位于大同市新荣区堡子湾乡祁皇墓村东500米处。戏台坐北朝南，创建年代不详，现存为清代建筑风格。戏台台基由玄武岩条石围砌，东西8.8米，南北8.8米，占地面积约77.4平方米。台前沿与山坡地面齐平。台上建筑面宽三间，进深五椽，六檩后廊式构架，卷棚顶。前台东西两山墙各有人物壁画一幅，面积约4平方米，现已漫漶不清。

新荣区青花戏台

青花戏台位于大同市新荣区花园屯乡青花村南半坡。戏台坐南朝北，台基用玄武岩条石围砌边际，东西约9.6米，南北约9.9米，高0.70米，占地面积约95平方米，清代建筑。台上建筑面宽三间，进深五椽，六檩无廊式构架，卷棚顶。后脊檩下出隔扇，分隔前后台。隔扇整体较为完整，上部方格隔板，下部雕花门框均存。檐柱用玄武岩鼓式柱础，柱枋间残存有部分雕花雀替。戏台前西北向约30米处有方形石座一个，上有玄武岩蹲狮一个。1981年2月24日被列为县级文物保护单位。

新荣区阎家窑戏台

阎家窑戏台位于大同市新荣区堡子湾乡阎家窑村西部。戏台坐南朝北，台基东西长约8.8米，南北长约8.9米，台高约0.40米，占地面积约78.3平方米。清代建筑。台基上建筑面宽三间，进深五椽，六檩无廊式构架，卷棚顶。第五檩下砌墙，分隔前后台。

新荣区杨里窑戏台

杨里窑戏台位于大同市新荣区堡子湾乡杨里窑新村西南 500 米，旧村村中。坐南朝北，清代建筑。戏台台基东西 10.5 米，南北 8.6 米，高 0.70 米，占地面积 90.3 平方米。台上建筑面宽三间，进深五椽，六檩无廊式构架，卷棚顶。该戏台檐柱柱础采用玄武岩立体狮形造型，构思巧妙，别具风格。

新荣区张指挥营戏台

张指挥营戏台位于大同市新荣区花园屯乡张指挥营村中部，坐南朝北，清代建筑。戏台台基东西约 8.1 米，南北约 8.9 米，高 0.73 米，占地面积约 72 平方米。台上建筑面宽三间，进深三椽，卷棚顶。

广灵白家坟龙王庙戏台

白家坟龙王庙戏台位于广灵县壶泉镇白家坟村中。正殿已毁，仅存戏台。戏台坐南朝北，台基由青石条砌筑，高 1.2 米，东西长 8.6 米，南北宽 8.5 米，占地面积 74 平方米。创建年代不详，现存建筑为清代风格。戏台后墙墨书“大清光绪二十八年到此一游”题记。面宽三间，进深五椽，六檩后廊式，卷棚顶。檐枋间以荷叶墩装饰，通体雀替镂空雕刻动物和花卉图案，鼓形柱础雕“寿”字图案。台内设木制隔断将戏台分为前后台，前台深 6.5 米，后台深 2 米。屏门保存完整。

广灵白庄关帝庙戏台

白庄关帝庙戏台位于广灵县南村镇白庄村中心。庙宇已毁，仅存戏台。戏台坐南朝北，台基石条砌筑，高1米，东西长9.3米，南北宽9米，占地面积84平方米。创建年代不详，现存建筑为清代遗构。面宽三间，进深五椽，六檩后廊式，卷棚顶，青石柱础雕刻“卐”字纹和花草图案。台内原设木制隔断将戏台分为前后台，前台深6米，后台深3米。

广灵北土岭龙王庙戏台

北土岭龙王庙戏台位于广灵县南村镇北土岭村南。庙宇已毁，仅存戏台。坐南朝北，台基石砌，高1米，东西长9.6米，南北宽8.4米，占地面积81平方米。创建年代不详，现存建筑为清代遗构，东山墙上有戏班留下的墨书“光绪二十三年”。面宽三间，进深五椽，六檩后廊式，卷棚顶，檐柱下有青石鼓形柱础4个，上雕柿蒂叶圆环。台内原设木制隔断将戏台分为前后台，前台深5.3米，后台深3.1米。

广灵滴水崖关帝庙戏台

滴水崖关帝庙戏台位于广灵县蕉山乡曹川村滴水崖自然村中。庙宇已毁，仅存戏台。戏台坐南朝北，台基为青石条砌筑，高1.2米，东西长7.6米，南北宽8.2米，占地面积62平方米。创建年代不详，现存建筑为清代遗构。面宽三间，进深四椽，五檩后廊式，卷棚顶。台内原设木制隔断将戏台分为前后台，前台深4米，后台深3.6米。

广灵东加斗关帝庙戏台

东加斗关帝庙戏台位于广灵县加斗乡东加斗村旧堡门前。原为关帝庙附属建筑，现关帝庙已塌毁，仅存戏台。戏台坐南朝北，基础条石砌筑，高 1.5 米，东西长 8.6 米，南北宽 9.4 米，占地面积 81 平方米。创建年代不详，现存建筑为清代遗构。面宽三间，进深五椽，卷棚顶，六檩后廊式。台内原设木制隔断将戏台分为前后台，前台深 5.6 米，后台深 3.8 米。

广灵东石门观音庙戏台

东石门观音庙戏台位于广灵县加斗乡东石门村。原为观音庙附属建筑，现观音庙已塌毁，其范围不明，仅存戏台。坐南朝北，石砌基础，高 1.2 米，东西长 8.1 米，南北宽 8.3 米，占地面积 68 平方米。创建年代不详，现存建筑为清代遗构。面宽三间，进深五椽，六檩后廊式，卷棚顶。内墙两侧均绘壁画，面积约 30 平方米。台内原设木制隔断将戏台分为前后台，前台深 4.6 米，后台深 3.7 米，后墙中部开小门供演员出入。

广灵黄龙龙王庙戏台

黄龙龙王庙戏台位于广灵县梁庄乡黄龙村委会院内。庙宇已毁，仅存戏台。坐南朝北，台基石砌，高1米，东西长8.4米，南北宽88米，占地面积74平方米。创建年代不详，后墙上有戏班墨书“大清光绪十八年”题记。面宽三间，进深五椽，六檩后廊式，卷棚顶，三面看台。台内原设木制隔断将戏台分为前后台，前台深5.6米、后台深3.2米，檐柱下有青石鼓形柱础4个，上雕柿蒂叶圆环。

广灵井洼戏台

井洼戏台位于广灵县梁庄乡井洼村西南。坐北朝南，台基石砌，高0.5米，东西长8.4米，南北宽6.5米，占地面积约55平方米。创建年代不详，现存建筑为清代遗构。面宽三间，进深三椽，四檩后廊式，卷棚顶。三面看台，台内原设木制隔断将戏台分为前后台，前台长4.3米，后台长2.2米，前台檐柱有汉白玉鼓形柱础4个，上雕柿蒂叶圆环。

广灵梁庄东堡关帝庙戏台

梁庄东堡关帝庙戏台位于广灵县梁庄乡梁庄东堡村西。庙宇已毁，仅存戏台。戏台坐南朝北，台基石砌。高1.4米，东西长8.4米，南北宽8.5米，占地面积72平方米。创建年代不详，现存建筑为清代遗构，面宽三间，进深四椽，五檩后廊式，

卷棚顶，台内原设木制隔断将戏台分为前后台，前台深4.8米、后台深3.7米，明间较大，两次间稍小。前台檐柱有青石鼓形柱础4个，分别雕刻狮子滚绣球、琴棋书画和暗八仙等。

广灵林关东庄龙王庙戏台

林关东庄龙王庙戏台位于广灵县南村镇林关东庄村中心。庙宇已毁，仅存戏台。戏台坐南朝北，台基石砌，东西长 9 米，南北宽 9 米，占地面积 81 平方米，创建年代不详，现存建筑为清代遗构。面宽三间，进深四椽，六檩后廊式，卷棚顶，檐枋间以荷叶墩装饰，青石柱础雕兽首衔环。台内原设木制隔断将戏台分为前后台，前台深 6 米，后台深 3 米。

广灵林关西庄关帝庙戏台

林关西庄关帝庙戏台位于广灵县南村镇林关西庄村北。庙宇已毁，仅存戏台。戏台坐东朝西，台基石条砌筑，东西长 8.7 米，南北宽 8 米，占地面积 72 平方米，创建年代不详，现存建筑为清代遗构。面宽三间，进深四椽，五檩后廊式，卷棚顶，三面看台。台内原设木制隔断将戏台分为前后台，前台深 5.9 米，后台深 2.8 米。

广灵木厂龙王庙戏台

木厂龙王庙戏台位于广灵县梁庄乡木厂村西。庙宇已毁，仅存戏台。戏台坐南朝北，台基石砌，高 1.5 米，东西长 8.7 米，南北宽 8.3 米，占地面积 73 平方米，创建年代不详，现存建筑为清代遗构。面宽三间，进深五椽，六檩后廊式，卷棚顶。台内原设木制隔断将戏台分为前后台，前台深 5.8 米，后台深 2.5 米。明间较大，两次间稍小，前台檐柱有汉白玉鼓形柱础四个，上雕柿蒂叶圆环。

广灵南蕉山龙王庙戏台

南蕉山龙王庙戏台位于广灵县蕉山乡南蕉山村中。庙宇已毁，现仅存戏台。戏台坐南朝北，台基砖石砌筑，高 1.4 米，东西长 8.7 米，南北宽 8.8 米，占地面积 77 平方米。创建年代不详，现存建筑为清代遗构，戏台后墙有“清光绪三十三年五月二十三日”题记。面宽三间，进深五椽，卷棚顶。台内原设木制隔断将戏台分为前后台，前台深 5.3 米，后台深 3.5 米。

广灵平城北堡戏台

平城北堡戏台位于广灵县作疃乡平城北堡村西。坐南朝北，台基石条砌筑，高 1.1 米，东西长 9 米，南北宽 8.7 米，占地面积 79 平方米。创建年代不详，现存梁架为清代遗构，后墙有戏班墨书“清光绪二十九年十月”题记。面宽三间，进深五椽，六檩后廊式，卷棚顶，三面看台，青石柱础雕兽首和狮子滚绣球图案。台内原设木制隔断将戏台分为前后台，前台深 5.3 米，后台深 3.4 米。

广灵上林关龙王庙戏台

上林关龙王庙戏台位于广灵县南村镇上林关村东。正殿已毁，仅存戏台。戏台坐南朝北，台基石条砌筑，高1米，东西长8.2米、南北宽8.2米，占地面积67平方米。创建年代不详，现存建筑为清代遗构。面宽三间，进深五椽，六檩后廊式，卷棚顶，青石质柱础雕兽首衔环。台内原设木制隔断将戏台分为前后台，前台深5.6米，后台深2.6米。

广灵尚疃戏台

尚疃戏台位于广灵县壶泉镇尚疃村南。坐南朝北，台基石砌，高1.5米，东西长8.5米，南北宽8.7米，占地面积74平方米。创建年代不详，戏台西山墙有“光绪六年六月十日留阳高人氏□□□读题并书”墨书题记。面宽三间，进深五椽，卷棚顶。台内原设木制隔断将戏台分为前后台，前台深4.7米，后台深4米。

广灵西加斗观音庙戏台

西加斗观音庙戏台位于广灵县加斗乡西加斗村中心。原为观音庙附属建筑，现观音庙已塌毁，仅存戏台。戏台坐南朝北，基础青石条砌筑，高0.8米，东西长9.6米，南北宽9.2米，占地面积88平方米。创建年代不详，现存建筑为清代遗构。面宽三间，进深五椽，六檩后廊式，卷棚顶。台内原设木制隔断将戏台分为前后台，前台深6.3米，后台深2.9米。

广灵西蕉山关帝庙戏台

西蕉山关帝庙戏台位于广灵县蕉山乡西蕉山村中心。庙宇已毁，现仅存戏台。戏台坐南朝北，台基砖石砌筑，东西长 8.7 米，南北宽 9.4 米，占地面积 82 平方米。创建年代不详，现存建筑为清代遗构。面宽三间，进深五椽，卷棚顶。台内设木制隔断将戏台分为前后台，前台深 5.4 米，后台深 4 米。

广灵榆林龙王庙戏台

榆林龙王庙戏台位于广灵县一斗泉乡榆林村旧堡东南。正殿已毁，仅存戏台。坐南朝北，台基石砌，高 1.3 米，东西长 8.7 米，南北宽 8.4 米，占地面积 73 平方米。创建年代不详，现存建筑为清代遗构。面宽三间，进深五椽，六檩后廊式，卷棚顶。青石质鼓形柱础上雕荷花图案，台内原设木制隔断将戏台分为前后台，前台深 5.5 米，后台深 2.9 米。

广灵西石门戏台

西石门戏台位于广灵县加斗乡西石门村。坐南朝北，石砌基础，高 1.4 米，东西长 8.3 米，南北宽 8 米，占地面积 67 平方米。面宽三间，进深五椽，六檩后廊式，卷棚顶。创建年代不详，屋顶正梁有“大清光绪□□□□□壬寅五月初五日立重修”题记，壬寅年即光绪二十八年（1902）。台内设木制隔断将戏台分为前后台，前台深 5.3 米，后台深 2 米。戏台东设化妆间，为同时期建筑，东西长 5 米，南北宽 6.7 米，上建二层阁楼。

广灵翟疃关帝庙戏台

翟疃关帝庙戏台位于广灵县壶泉镇翟疃村南，一进院落布局，东西长 25 米，南北宽 37 米，占地面积约 925 平方米。正殿已毁，仅存戏台。戏台坐南朝北，台基前部砖砌，两侧及后部石砌，高 1.2 米，东西长 8 米，南北宽 9 米，占地面积 72 平方米。

创建年代不详，现存建筑为清代遗构。面宽三间，进深六椽，七檩后廊式，卷棚顶。戏台东西两侧有便门各一座。台内设木制隔断将戏台分为前后台，前台深 5 米，后台深 4 米。

广灵西姚曈龙王庙戏台

西姚曈龙王庙戏台位于广灵县加斗乡西姚曈村。原为龙王庙附属建筑，现龙王庙已塌毁，仅存戏台。坐南朝北，基础石条砌筑，高 1.1 米，东西长 8.5 米，南北宽 9.2 米，占地面积 78 平方米。创建年代不详，现存建筑为清代遗构。面宽三间，进深五椽，六檩后廊式，卷棚顶。台内设木制隔断将戏台分为前后台，前台深 6 米，后台深 3.2 米。

广灵殷家庄关帝庙戏台

殷家庄关帝庙戏台位于广灵县蕉山乡殷家庄村堡门东南。原为关帝庙附属建筑，现关帝庙已塌毁，仅存戏台。坐东朝西，基础石砌，高 1.2 米，东西长 9.3 米，南北宽 8.7 米，占地面积 81 平方米。创建年代不详，现存建筑为清代遗构。面宽三间，进深六椽，七架后檐，卷棚顶。台内原设木制隔断将戏台分为前后台，前台深 5.5 米，后台深 3.8 米。

广灵庄头关帝庙戏台

庄头关帝庙戏台位于广灵县南村镇庄头村东南。正殿已毁，仅存戏台。坐南朝北，台基石条砌筑，东西长 8.8 米，南北宽 9.7 米，占地面积 86 平方米。创建年代不详，现存建筑为清代遗构。面宽三间，进深五椽，六檩后廊式，卷棚顶，青石鼓形柱础雕刻花草图案。台内原设木制隔断将戏台分为前后台，前台深 5.5 米，后台深 4.2 米。

大同南郊区北羊坊戏台

北羊坊戏台位于南郊区古店镇北羊坊村内。始建年代不详，现存建筑为清代遗构。20 世纪 60 年代曾作为生产大队粮仓使用。东西长 9 米，南北宽 8.25 米，占地面积约 75 平方米。戏台坐南朝北，面宽三间，进深五椽，卷棚顶。梁架饰彩，额枋与檐檩间饰荷叶墩，雀替雕花，只存局部。前后台间用木隔扇分隔，上绘神仙图，现存两幅。前台东、西壁各绘壁画一幅，两侧垂楹联，楹联保存不完整，可辨“诸葛一生”“细雨斜风”等字。

大同南郊区榆涧戏台

榆涧戏台位于南郊区云冈镇榆涧村内。戏台创建年代不详，现存建筑为清代遗构。东西 9 米，南北 9.9 米，占地面积约 89 平方米。坐南朝北。面宽三间，进深五椽，卷棚顶。

阳高坊城戏台

坊城戏台位于阳高县友宰镇坊城村，创建年代不详，现存建筑为清代遗构。戏台建于0.66米高的石条砌成的台基上，坐西朝东，占地面积60平方米，面宽三间，进深五椽，六檩前廊，卷棚顶，鼓形柱础石。

阳高管家堡戏台

管家堡戏台位于阳高县罗文皂镇管家堡村。创建年代不详，现存建筑为清代风格。1982年，山墙倒塌重修。建筑占地面积 约83平方米，一进院落布局。戏台建于0.3米高的石砌台基上，坐南朝北，面宽三间，进深五椽，六檩卷棚顶，前檐额枋彩绘，内存壁画，现已漫漶不清。后墙次间上方开外圆内方通风孔两个。

阳高柳林堡戏台

柳林堡戏台位于阳高县罗文皂镇柳林堡村。创建年代不详，现存建筑为清代遗构。建筑占地面积约66平方米，一进院落布局。戏台建于0.5米高的石砌台基上，坐南朝北，面宽三间，进深五椽，卷棚顶。前檐额枋彩绘，内存壁画，现已漫漶不清。覆鼓形柱础石，山墙两侧有砖雕墀头，较精美。戏台东侧有一间耳房已坍塌，大门位于耳房东侧。

阳高孙仁堡戏台

孙仁堡戏台位于阳高县龙泉镇孙仁堡村中。始建于清代，创建年代不详。建筑占地面积约 90 平方米。坐北朝南，戏台建于 1.15 米高的石砌台基上，面宽三间，进深五椽，六檩前廊，卷棚顶。

阳高吴家堡戏台

吴家堡戏台位于阳高县罗文皂镇吴家堡村。创建年代不详，现存建筑为清代遗构。建筑占地面积约 84 平方米。戏台建于 0.6 米高的石砌台基上，坐南朝北，面宽三间，后硬山前歇山式卷棚顶。后墙上方开外圆内方通风孔两个，前檐额枋彩绘，山墙下有脊花。

阳高碾儿屯关帝庙戏台

碾儿屯关帝庙戏台位于阳高县古城镇碾儿屯村中部。创建年代不详，现存建筑为清代遗构。戏台坐南朝北，面宽三间，约 8.3 米，进深五椽，约 7 米，六檩卷棚顶，占地面积约 58 平方米。前檐枋上饰雕花垫木。山墙内侧绘有水陆画和文革时期的画面，西墙上还有最高指示等字样。南面有清代道光年间功德碑一通。

阳高上泉戏台

上泉戏台位于阳高县王官屯镇上泉村东南。创建年代不详，现存建筑为清代遗构，20世纪70年代曾进行过维修。建筑占地面积约110平方米。戏台建于0.6米高的石砌台基上，坐南朝北，面宽三间，进深五椽，六檩前廊，卷棚顶。鼓形柱础石，后墙开外圆内方通风窗孔两个，台上设木制隔断，将戏台分为前、后台。前台廊前置低矮石围栏，正对柱础石围栏上部置石兽。

阳高杨家堡戏台

杨家堡戏台位于阳高县罗文皂镇杨家堡村。创建年代不详，现存建筑为清代遗构。建筑占地面积约82平方米，一进院落布局。戏台建于0.3米高的石砌台基上，坐南朝北，面宽三间，进深五椽，卷棚顶。鼓形柱础石，后墙开一门两窗，山墙两侧有砖雕墀头。

阳高榆林戏台

榆林戏台位于阳高县鳌石乡榆林村北。创建年代不详，现存建筑为清代遗构。坐东朝西，建筑占地面积约68平方米。建于约0.6米高的石砌台基上，戏台面宽约8.9米，进深五椽，六檩卷棚顶。前檐柱下置覆鼓形柱础石。

阳高正边堡戏台

正边堡戏台位于阳高县长城乡正边堡村中。创建年代不详，现存建筑为清代遗构。建筑占地面积约 49 平方米，一进院落布局，现仅存戏台一座。20 世纪 50 年代曾在原址上维修。戏台建于方形台基上，台基下方有约 1.5 米深的涵洞一个。坐南朝北，面宽三间，进深五椽，卷棚顶。鼓形柱础石。

灵丘上红峪戏台

上红峪戏台位于灵丘县赵北乡上红峪村内。始建年代不详，现存建筑为清代风格。20 世纪 80 年代曾进行维修。东西长 8. 5 米，南北宽 7.9 米，占地面积 67.2 平方米。坐南朝北。建于高 0.9 米的台基上，面宽三间，进深五椽，勾连搭单檐卷棚式歇山顶，后檐硬山顶。檐枋上残存部分彩绘。前、后台间用木隔扇隔开，后墙开两个方形小窗，东、西墙内侧北部用红色油漆书写“向大宅（寨）人民学习” “向大宅（寨）人民致敬”。

灵丘高渠沟戏台

高渠沟戏台位于灵丘县武灵镇高渠沟村内。创建年代不详，现存为清代建筑。东西长 8. 5 米，南北宽 7.6 米，占地面积 64.6 平方米。戏台坐南朝北，建在高约 0.7 米的石砌台基上，面宽三间，进深五椽，卷棚顶。东山墙外侧饰有砖雕。

灵丘蒜峪门戏台

蒜峪门戏台位于灵丘县东河南镇蒜峪门村内。始建年代不详，现存建筑为清代遗构，20 世纪 60 年代至 90 年代曾进行维修。东西长 7.35 米，南北宽 7.2 米，占地面积约 53 平方米。戏台坐南朝北。建在高 1.5 米的台基上，面宽三间，进深五椽，卷棚顶。前、后台间原用隔扇隔开，现已毁。墀头砖砌，其余部分石砌。戏台内东、西壁绘壁画，上部用墨线勾勒麒麟图案、下部彩绘四扇屏，中间一扇题字，两边绘花草纹。

灵丘小寨戏台

小寨戏台位于灵丘县东河南镇小寨村东。据碑文记载，创建于清光绪年间（1875——1908），民国时重修。东西长 8.51 米，南北宽 6.72 米，占地面积约 57 平方米。坐南朝北。建在高 0.65 米的台基上，面宽三间，进深五椽，卷棚顶。前檐有坐斗八个，上置龙头形耍头。额枋施彩。墀头砖砌，基座石砌。

灵丘温东堡关帝庙戏台

温东堡关帝庙戏台位于灵丘县石家田乡温东堡村中。始建年代不详，现存为清代建筑，20 世纪 80 年代曾局部维修。关帝庙位于戏台北侧，20 世纪 60 年代塌毁。现存戏台台基东西长 9.55 米，南北宽 7.93 米，高 1.05 米，占地面积 76 平方米。坐南朝北。砖木混合结构。戏台面宽三间，进深五椽，卷棚顶，垂脊饰砖雕图案。角科置龙头耍头，柱头与平身科置云形耍头。

灵丘新庄戏台

新庄戏台位于灵丘县落水河乡新庄村内。始建年代不详，现存建筑为清代遗构。东西宽约 8 米，南北长约 8.1 米，占地面积约 65 平方米。戏台坐南朝北。面宽三间，进深五椽，卷棚顶。台基高约 1.3 米，用河卵石垒砌，四周铺压檐石。西面山墙后部辟拱券式小门。20 世纪 60 年代曾进行过维修，建筑保存状况较差。

灵丘振华峪戏台

振华峪戏台位于灵丘县独峪乡振华峪村内。始建年代不详，现存为清代建筑。东西长 10.04 米，南北宽 7.2 米，占地面积 72.3 平方米。坐南朝北。戏台面宽三间，进深五椽，卷棚顶，台基高约 0.5 米，周围用石块垒砌。

灵丘支家洼戏台

支家洼戏台位于灵丘县武灵镇支家洼村内。始建年代不详，现存为清代建筑。东西长7.8米，南北宽7.5米，占在面积约59平方米。坐南朝北。戏台建在高1.35米的石砌台基上，台基前立面包砖。三面看台。面宽三间，进深五椽，卷棚顶。额枋与檐檩间饰荷叶墩，雀替雕花。梁架结构简单，但壁面上的墨书十分珍贵。西壁南侧墙上墨书“中华民国二十年三月”，内容记述了戏班“班主十二红”和神角“金风、金花、小女、官家”等名字，东墙上墨书“三盛班”。

灵丘庄头戏台

庄头戏台又称“乐楼”，位于灵丘县武灵镇庄头村内。始建年代不详，现存为清代建筑，20世纪50年代曾有修补。戏台东西长7.71米，南北宽7.11米，建筑面积约55平方米。坐南朝北。戏台建于1.67米高的台基上，面宽三间，进深五椽。卷棚顶。檐柱下置圆鼓形柱顶石。戏台用木隔扇分为前后台，现残存东侧门框及门槛。前台东、西两壁绘有水墨画及部分图案，后墙西侧开一小门。

浑源大有号戏台

大有号戏台位于浑源县西坊城镇大有号村中。坐南朝北，东西长9.12米，南北宽7.5米，占地面积68平方米。创建年代不详，现存建筑为清代。一进院布局，现仅存倒座戏台。面宽三间，进深四椽，卷棚顶。

浑源东柏林龙王庙戏台

东柏林龙王庙戏台位于浑源县西留乡东柏林村中。坐南朝北，东西长 8.56 米，南北宽 7.06 米，占地面积 60 平方米。创建年代不详，现存建筑为清代遗构。一进院布局，正殿已毁，现仅存倒座戏台，建在高 0.58 米的毛石砌台基上。面宽三间，进深三椽，卷棚顶。

浑源黄沙口戏台

黄沙口戏台位于浑源县西坊城镇黄沙口村中。坐南朝北，东西长 20.6 米，南北宽 26.24 米，占地面积 540 平方米。创建年代不详，现存建筑为清代。一进院布局，现仅存倒座戏台。面宽三间，进深四椽，卷棚顶。

浑源贾庄戏台

贾庄戏台位于浑源县西留乡贾庄村中。坐南朝北，东西长 9.54 米，南北宽 7.6 米，占地面积 72.5 平方米。创建年代不详，现存建筑为清代。一进院布局，现仅存倒座戏台。戏台面宽三间，进深五椽，六檩勾连搭式构架，后硬山前卷棚顶。后墙开两个虎眼窗。后檐为砖雕仿木结构，雕刻有转角斗栱、补间斗栱、垂花柱、檐枋等，装饰花草、螭龙等吉祥图案。

浑源荆庄戏台

荆庄戏台位于浑源县东坊城乡荆庄村中。坐南朝北，东西长 11.02 米，南北宽 8.78 米，占地面积 97 平方米。创建年代不详，现存建筑为清代。一进院布局，现仅存倒座戏台一座。面宽三间，进深七椽，勾连搭式构架，后硬山前卷棚顶，前出抱厦。“文革”时期将戏台内改建，刻有标语“为人民服务”“忠”等。

浑源小银厂神庙戏台

小银厂神庙戏台位于浑源县官儿乡小银厂村中。坐南朝北，东西长 8.84 米，南北宽 6.72 米，占地面积 59 平方米。创建年代不详，现存建筑为清代遗构。一进院布局，正殿已毁，现仅存倒座戏台。戏台面宽三间，进深四椽，卷棚顶。屋顶和墙体局部坍塌。

浑源下牛还戏台

下牛还戏台位于浑源县王庄堡镇下牛还村西。寺庙已毁，现仅存戏台一座。坐西朝东，东西长6.99米，南北宽8.2米，占地面积57.3平方米。创建年代不详，现存建筑为清代。台基为毛石砌筑，高约1米。戏台面宽三间，进深四椽，卷棚顶，后坡短且陡峭峻，前坡长而缓。戏台后墙内侧现存有清宣统三年（1911）题记。

浑源上牛还戏台

上牛还戏台位于浑源县王庄堡镇上牛还村中。寺庙已毁，现仅存戏台一座。坐南朝北，东西长8.32米，南北宽6.84米，占地面积57平方米。创建年代不详，现存建筑为清代。台基为毛石砌筑，高约0.73米。戏台面宽三间，进深四椽，卷棚顶，后坡短且陡峭峻，前坡长而缓。

浑源羊投崖戏台

羊投崖戏台位于浑源县千佛岭乡羊投崖村中。坐南朝北，东西长10.32米，南北宽9.22米，占地面积95平方米。创建年代不详，现存建筑为清代。一进院布局，正殿已毁，现仅存倒座戏台。面宽三间，进深六椽，卷棚顶。

浑源深涧戏台

深涧戏台位于浑源县驼峰乡深涧村南。坐南朝北，东西长 8.2 米，南北宽 6.84 米，占地面积 56 平方米。创建年代不详，现存建筑为清代。一进院布局，现仅存倒座戏台，建在高 0.8 米的石砌台基上。面宽三间，进深三椽，卷棚顶。

浑源驼峰戏台

驼峰戏台位于浑源县驼峰乡驼峰村中。坐南朝北，东西长 9.28 米，南北宽 7.71 米，占地面积 72 平方米。创建年代不详，现存建筑为清代。一进院布局，现仅存倒座戏台。面宽三间，进深六椽，后硬山前卷棚顶。

大同县南息龙王庙戏台

南息龙王庙戏台位于大同县吉家庄乡南息村旧村中部。坐南朝北，占地面积 100.7 平方米，为清代建筑风格。龙王庙现已不存。戏台建在长 10 米、宽 9.7 米、高 0.9 米的台基上，面宽三间，进深五椽，后硬山前卷棚顶。后墙正中辟门，前檐柱间设高 0.27 米的石质栏板，上刻缠枝花卉。

大同县小王戏台

小王戏台位于大同县峰峪乡小王村南部，坐东朝西。戏台台基东西10.6米，南北10.6米，总面积112.4平方米，戏台面宽三间，通面宽8.3米，进深四椽，清代建筑风格。原为卷棚顶，现改建。

大同县安留庄关帝庙戏台

安留庄关帝庙戏台位于大同县党留庄乡安留庄村东部。戏台坐南朝北。台基东西8.4米，南北9.2米，占地面积77.3平方米。清代建筑。戏台前沿用玄武岩石条围砌。台基上建筑面宽三间，进深五椽。后硬山前卷棚勾连搭。原庙院为独立院落，现只存戏台。

大同县党留庄龙王庙戏台

党留庄龙王庙戏台位于大同县党留庄乡党留庄村中，坐北朝南。东西约11米，南北9.7米，建筑面积为106平方米。前为歇山顶，后为硬山顶，五架梁出隔扇分隔前后台。隔扇两侧各辟一门。戏台月台用玄武石条包边。

大同县杜庄龙王庙戏台

杜庄龙王庙戏台位于大同县杜庄乡杜庄村中央，坐南朝北。平面呈凸字形，东西10.5米，南北9.3米，面积约98平方米。创建年代不详，现存为清代建筑风格。台高0.7米，面宽三间，屋顶结构分前后两部分，后为硬山顶，前面为歇山式卷棚顶，大梁采用粗壮的弯形材。后台部分保存较完整，前面抱厦顶部残损，檐瓦残缺，但主体木构梁架基本完整。

大同县梁庄龙王庙戏台

梁庄龙王庙戏台位于大同县瓜园乡梁庄村中。现龙王庙其他建筑已损毁不存，戏台为清代建筑风格，坐南朝北，占地面积95平方米。戏台建在南北10米，东西9.5米的台基上，面宽三间，进深五椽，六架梁，卷棚顶。后部用隔扇将戏台分为前后两部分，并辟门相通。

大同县西沙窝关帝庙戏台

西沙窝关帝庙戏台位于大同县瓜园乡西沙窝村西部，坐南朝北，始建年代不详，现存建筑为清代风格。戏台建在南北 9.6 米、东西 9.9 米的台基上，占地面积 95 平方米。面宽三间，进深五椽，六架梁，卷棚顶。后墙高处辟小窗。1958 年曾修缮。

大同县西水地龙王庙戏台

西水地龙王庙戏台位于大同县许堡乡西水地村东北。坐南朝北，始建年代不详。龙王庙已不存，现存戏台占地面积 60.2 平方米，为清代遗构。戏台建在长 7 米、宽 8.6 米的台基上，面宽三间，进深四椽，五架前檐廊，单檐卷棚顶，保存较差。

3 朔州市

朔城区东神头老爷庙戏台

东神头老爷庙戏台位于朔城区神头镇东神头村路北 20 米处。庙宇坐南向北，占地面积 748 平方米。创建年代不详，现仅存戏台为清代遗构。戏台砖砌台基，高 0.8 米，面宽三间，进深五椽，明间额枋承载三椽栿，对后单步梁用四柱。台身分前后台，前台为卷棚悬山顶，后台为硬山顶。前檐施三踩斗栱。1988 年朔县人民政府公布为县级文物保护单位。

朔城区丰予戏台

丰予戏台位于朔城区窑子头乡丰予村中。为龙王庙附属建筑，庙毁存乐楼。创建年代不详，现存为为清代遗构，占地面积 70 平方米。戏台石砌台基，高 0.80 米，面宽三间，进深三椽，卷棚硬山顶，筒板瓦覆盖。

怀仁王皓疃戏台

王皓疃戏台位于怀仁县河头乡王皓疃古城堡中部。坐北朝南，占地面积为 90 平方米。始建年代不详，2001 年予以维修，2008 年又予彩绘，现存主体构架为清代原构。戏台台基石砌，高 1.5 米，面宽、进深均为三间。平面呈凸字形，前台宽 9 米，进深 6 米；后台宽 10 米，进深 3.5 米。前卷棚后悬山顶，筒板瓦覆盖。1988 年 9 月，怀仁县人民政府公布为县级文物保护单位。

阳泉新泉观戏台

阳泉新泉观戏台位于阳泉市区南的大西街，原属平定县小阳泉村地，随着阳泉市城市建设发展，村庄已经改建为城市居民区，新泉观也已融入市区。

新泉观原为道教活动场所，创建年代无考。为单进院，坐北朝南，观中建筑现存山门、正殿、侧殿、东西配殿、钟鼓楼，均为清代建筑。戏台建于观外，坐南朝北，与新泉观隔街相对，同处于一条中轴线上。

戏台前台明间为卷棚顶，次间和后台为半坡悬山顶，多种屋顶形式结合，显得独特而新颖。台高 1.1 米，通阔三间，8.3 米，其中明间 5.5 米，通进深 6.8 米。檐柱为方形凹角砂石柱，平柱高于角柱，明间也高于次间。柱上大额枋、雀替有戏曲人物木雕。斗栱用材较小，平身科明间一攒、三缝，次间不施斗栱。

庙中现存康熙九年（1670 年）《新建乐楼施过钱粮碑》，结合戏台建筑手法，可以判断为清代康熙九年遗构。

阳泉郊区代家庄戏台

代家庄戏台位于阳泉市郊区西南舁乡代家庄村中部。坐南朝北，东西 8.3 米，南北 8.8 米，占地面积 73.4 平方米。现存为清代建筑。面阔三间，进深八檩，卷棚顶，筒板瓦覆盖。三间均施木雕雀替，明间为二龙戏珠，两次间为双凤舞月。戏台于后部砌隔墙一面，将戏台分为前后台，墙中间辟长方形窗，两侧辟门，前台东西山墙有音壁墙，素心壁面，屋顶仿木结构砖雕椽飞。

阳泉郊区上千亩坪戏台

上千亩坪戏台阳泉市郊区荫营镇上千亩坪村。坐南朝北，东西6.35米。南北7.3米，占地面积46.7平方米。据戏台现存石碑记载，创建于清雍正年间（1723——1735）。台基石砌，高0.7米，面宽三间，进深五椽，卷棚顶，筒板瓦覆盖。台口后人封堵，仅中间辟窗一个，东山墙辟门窗各一，均为后人改建。现存清代创建碑一通。

平定大峪戏台

大峪戏台位于平定县冠山镇大峪村东南。坐南朝北，东西9.8米，南北6.97米，占地面积68.3平方米。创建年代不详，1996年维修，现存为清代遗构。戏台台基石砌，高0.4米，分前后台，前台面宽一间，进深五椽，卷棚歇山顶，筒板瓦覆盖。檐下施柱头科和平身科，平身科一朵，均为异形栱。后台面宽三间，进深三椽，歇山顶，筒板瓦覆盖。1992年平定县人民政府公布为县级文物保护单位。

平定卧虎山戏台

卧虎山戏台位于平定县巨城镇连庄村西约200米处。坐东朝西，东西6.5米，南北10.1米，占地面积65平方米。创建与重修年代不详，现存为清代建筑。戏台分为前后台，面宽五间，进深三椽，卷棚顶。后台面宽三间，进深二椽，单坡硬山顶。前台边沿设置青石栏板。

盂县藏山祠戏台

盂县藏山祠戏台在盂县县城北 18 公里的藏山村东部山间。藏山祠本名文子祠，为祭祀春秋时期晋国正卿赵武及传说中的义士程婴等人的庙宇。庙宇后有天然石穴，相传为“赵氏孤儿”故事的“藏孤洞”。后人尊赵武为“藏山灵感大王”，专司人间雨泽，成为当地民众的祈雨之神。祠中尚保留金大定十二年（1172 年）的《神泉里藏山庙记》大碑，可知其悠久的雩祭历史。现存建筑除寝宫为元代所建外，其他多为明嘉靖、万历及清代重修或增建。祠宇坐北向南，依沟间崖壁分布。主体建筑依次为山门、牌楼、戏台、正殿、寝宫，两侧有钟鼓楼，廊房等。祠旁的拜水洞泉水滴沥，是古代群众祈雨的地方。

藏山祠戏台在山门内，与山门连体。台高 0.65 米。面阔三间，8.2 米，其中明间宽 3.15 米。通进深 7 米，前台深 3.15 米，平时戏台可供游人出入经过；演戏时，背后的山门可充作后台，游人可从两边侧门出入。戏台为卷棚顶，前后三架椽，圆木柱两排，大额枋、斗栱、吊柱上均有木雕装饰，整体简洁秀气。明间檐下悬横匾，行书“千秋菊韵”。平柱楹联为：“聊凭可赖评功罪；好借金徽鉴古今。”

戏台的创建年代已不可考，据清康熙五年（1666 年）的碑记中已有相关记载，“朝殿前起乐楼，以为春秋时祈报之所。延及今，兹年虽未久，而石台倾倒，卷棚斜侧，乐楼残破”等等，可知“起乐楼”之事在清康熙五年之前不久。又据清嘉庆四年（1799年）重修碑记记载，这一年曾对鼓楼、正殿、山门、戏台等再次重修，“当修者修，当易者易，俱仪次完整”。清末至今又有几次修葺，但整体仍然保持了清初的风格。

盂县潘家汇村戏台

潘家汇村戏台位于盂县西潘乡潘家汇村村中。坐南朝北，东西8.3米，南北21米，占地面积约174平方米。始建年代不详，现存戏台和神棚，均为清代建筑。戏台台基石砌，面宽三间，进深六椽，卷棚顶 筒板瓦覆盖。七檩通檐用三柱。前檐檐下置斗栱，为一斗二升交麻叶。20世纪80年代至今一直用作磨房。戏台内立有清碑一通。

盂县上庄村关帝庙戏台

上庄村关帝庙戏台位于盂县上社镇上庄村西。坐西朝东，东西7.3米，南北6.2米，占地面积约45.26平方米。始建年代不详，现存为清代建筑。石砌台基，宽6.2米，深7.3米，高1.3米。面宽三间，进深六椽，卷棚顶，灰瓦屋面。前为六檩式构架后为双步梁，通檐用三柱。

盂县寺家坪村戏台

寺家坪戏台位于盂县东梁乡寺家坪村中。坐南朝北，东西 8.7 米，南北 8.4 米，占地面积约 66 平方米。始建年代不详，20 世纪 80 年代翻修屋面，现存为清代遗构。台基石砌，宽 9 米，深 9 米，高 1.2 米，面宽三间，进深六椽，通檐用三柱，七檩卷棚顶，筒板瓦覆盖。前檐檐下置斗栱 7 朵。

盂县铜炉村戏台

铜炉村戏台位于盂县西潘乡铜炉村内。坐南朝北，东西 8.1 米，南北 7.7 米，占地面积约 64 平方米。创建年代不详，20 世纪 80 年代初维修，现存为清代建筑。戏台石砌台基，高 1.2 米。面宽三间，进深六椽，卷棚顶，灰瓦屋面，七檩式构架，后檐门窗已毁。

盂县乌耳庄村关圣大帝庙戏台

乌耳庄村关圣大帝庙戏台位于盂县西烟镇乌耳庄村内。坐北朝南，占地面积约52.14平方米。创建年代不详，关帝庙主要建筑无存，仅存戏台，为清代建筑。台基石砌，宽7.9米，深6.6米，高1.4米。面宽三间，进深七椽，八檩式构架，通檐用三柱，卷棚顶，檐下置一斗二升交麻叶斗栱。内存碑5通。

盂县小湖村文殊寺戏台

小湖村文殊寺戏台位于东梁乡小湖村北。坐南朝北，东西8.2米，南北8.5米，占地面积68.88平方米。始建年代不详，现存为清代遗构。台基青石砌筑，长8.2米，宽8.4米，高1.5米。面宽三间，进深六椽，前为五檩卷棚式，后为双步梁，通檐用三柱，筒板瓦覆盖。前檐檐下置斗栱7朵，为一斗二升交麻叶。戏台内现存清碑3通。

盂县香河村戏台

香河村戏台位于盂县南娄镇香河村内。坐北朝南，平面呈方形，边长7.7米，占地面积约60平方米。创建年代不详，现存为清代建筑。石砌台基，宽7.7米，深7.9米。面宽三间，进深七椽，卷棚顶，筒板瓦屋面。前檐下置异形栱5朵。

盂县辛庄村大庙戏台

辛庄村大庙戏台位于盂县东梁乡辛庄村村北。坐南朝北，平面呈方形，边长8.2米，占地面积67.24平方米。始建年代不详，现存为清代建筑。台基石砌，面宽三间，进深五椽，卷棚顶，灰瓦屋面，六檩式构架。前檐下置异形栱5朵。墙壁上残存“清道光元年（1821）”等戏班题记及戏报。

盂县辛庄村观音庙戏台

辛庄村观音庙戏台位于盂县东梁乡辛庄村内。坐北朝南，平面呈方形，边长8.2米，占地面积约67.24平方米。始建年代不详，现存戏台为清代建筑。台基石砌，长8.2米，宽8.4米，高1.5米.。面宽三间，进深六椽，前为五檩卷棚顶，后为双步梁，通檐用三柱，灰瓦屋面。

盂县羊泉村戏台

羊泉村戏台位于盂县西潘乡羊泉村西约200米。坐南朝北，东西8米，南北7.8米，占地面积约62.4平方米。创建年代不详，现存为清代建筑。戏台台基石砌，宽8米，深7.8米，高0.6米。面宽三间，进深六椽，卷棚顶灰瓦屋面。

盂县张家庄村戏台

张家庄村戏台位于盂县苌池镇张家庄村南约50米。坐南朝北，平面呈方形，边长8.2米，占地面积约67.24平方米。始建年代不详，现存为清代建筑。台基石砌，宽8.2米，深8.2米，高1.4米。面宽三间，进深五椽，悬山顶，六檩式构架，通檐用三柱。

5 长治市

长治郊区安昌土地庙戏台

安昌土地庙戏台位于郊区马厂镇安昌村西。坐东朝西，东西10.5米、南北6米，占地面积63平方米。创建年代不详，现仅存戏台一座，为清代遗构。戏台砖砌台基，面宽三间，进深六椽，梁架为七檩，前悬山后硬山顶，柱头斗栱五踩双翘。

潞城翟店大禹庙戏台

翟店大禹庙位于潞城市翟店镇翟店村东。坐东朝西，一进院落布局，东西长 35 米，南北宽 20 米，占地面积 700 平方米。创建年代不详，现存建筑为清代遗构。中轴线上由西向东依次分布有戏台、献亭及正殿；两侧为北妆楼，南、北厢房，南、北耳殿。正殿建于高 1.2 米的石砌台基之上，面宽三间，进深六椽，七檩前廊式构架，单檐悬山顶，前檐斗栱共七攒，柱头斗栱三踩单昂。戏台有上下两部分组成，下为砖砌台基，明间为入庙门，上建戏台。庙内存碑两通，分别为清嘉庆七年（1802）“增修大禹庙碑记”碑和清道光十八年（1838）“议和神祀碑记”碑。该庙是潞城市保存较好的一处清代建筑。

潞城漫流岭戏台

漫流岭戏台位于潞城市微子镇漫流岭村。坐西朝东，南北 26 米，东西 6.4 米，面积约为 166.4 平方米。始建年代不详，现存戏台及北妆楼，为清代遗构。戏台由上下两部分组成，下为砖木结构，面宽三间，明间为通道；上建戏台面宽三间，进深四椽，梁架六檩式构架，单檐硬山顶，灰瓦屋面，柱头斗栱三踩，装修全无。

武乡安乐庄戏台

安乐庄戏台位于武乡县蟠龙镇安乐庄村中。坐南朝北，东西12米，南北5.25米，占地面积63平方米。创建年代不详，现存为清代遗构。中轴线上现存戏台，两侧有东、西耳殿。戏台面宽三间，进深五椽，六檩构架，单檐硬山顶，柱头科斗栱一斗二升，柱间设木雕雀替。

武乡岸北戏台

岸北戏台位于武乡县故城镇岸北村东。坐西朝东，东西9.2米、南北6.4米，占地面积58.88平方米。创建年代不详，现存为清代建筑。戏台由两部分组成，下为石砌台基，中设通道。上建戏台面宽三间，进深四椽，架梁为五檩无廊式，单檐悬山顶，木制隔扇门窗装修，后墙开有隔扇窗。

武乡北上合戏台

北上合戏台位于武乡县韩北乡北上合村中。坐南朝北，东西8米，南北7米，占地面积56平方米。创建年代不详，现存为清代遗构。戏台由两部分组成，下为高大的台基，台基中部砖券大门，上建戏台，面宽三间，进深六椽，七檩无廊，单檐硬山顶，灰板瓦屋面，装修已改。

武乡成家沟戏台

成家沟戏台位于武乡县丰州镇成家沟村。坐南朝北，东西 8 米，南北 5.5 米，占地面积 44 平方米。创建年代不详，现存戏台为清代遗构。戏台面宽三间，进深四椽，五檩无廊构架，单檐悬山顶，斗栱一斗二升，格子窗装修。

武乡大井戏台

大井戏台位于武乡县洪水镇大井村中。坐南朝北，东西 7 米，南北 5 米，占地面积 35 平方米。创建年代及原布局不详，现存戏台为清代遗构。戏台石砌台基，中辟过道，入口饰有砖砌拱形门，面宽三间，进深六椽，七檩无廊式构架，单檐卷棚顶，平身科设有斗栱，为一斗二升出龙形耍头。

武乡圪老湾戏台

圪老湾戏台位于武乡县上司乡铺上村圪老湾自然村中。坐北朝南，东西7.8米，南北10米，占地面积78平方米。创建年代不详，据梁架题记记载1955年重修，现存戏台为清代遗构。戏台面宽三间，进深六椽，七檩构架，单檐硬山顶，柱头科一斗二升，戏台后墙开有两扇小门。

武乡内义戏台

内义戏台位于武乡县分水岭乡内义村中。坐南朝北，东西7.6米，南北6米，占地面积45.6平方米。创建年代不详，现存戏台为清代遗构。戏台两部分组成，下为石砌台基，台基中部辟石券流水洞，高0.8米，长6米。上建戏台，面宽三间，进深四椽，五檩无廊式构架，单檐悬山顶，柱头科、平身科设有斗栱共七攒，均为一斗二升，戏台内设有隔扇并绘有彩绘。

武乡南坪戏台

南坪戏台位于武乡县墨镫乡南坪村中。坐北朝南，东西19米，南北6米，占地面积114平方米。创建年代不详，现存戏台为清代遗构。戏台建于石砌台基之上，面宽五间，进深四椽，五檩无廊式构架，单檐硬山顶，两梢间设为耳殿。

武乡下司戏台

下司戏台位于武乡县上司乡下司村中。坐南朝北，东西 8.5 米，南北 6.75 米，占地面积 57 平方米。创建年代不详，现存为清代建筑。戏台由两部分组成，上为戏台，下为石砌台基。现存戏台，面宽三间，进深六椽，七檩无廊式构架，单檐硬山顶，柱头科、平身科均设有斗栱。戏台内部设有屏风。

武乡枣烟戏台

枣烟戏台位于武乡县大有乡枣烟村中。坐南朝北，东西 19.25 米，南北 6.5 米，占地面积 125.12 平方米。创建年代不详，现存为清代遗构。现存戏台，东、西耳殿各三间。戏台面宽三间，进深四椽，五檩无廊，单檐硬山顶，装修毁坏无存。1973 年，在戏台的柱础上线刻“五角星”，并在斗栱上刻了“三面红旗”。

武乡郑裕戏台

郑裕戏台位于武乡县上司乡郑裕村中，坐南朝北，东西 7.9 米，南北 11.3 米，占地面积 89.27 平方米。创建年代不详，现仅存戏台为清代遗构。戏台面宽三间，进深六椽，七檩构架，单檐硬山顶。明间设有龙形斗栱，次间设象形斗栱。

壶关神郊真泽宫戏台

壶关神郊真泽宫戏台在壶关县城东南45千米神郊村，属树掌乡。真泽宫位于村东，坐北向南。相传二仙为本地乐氏之二女，唐贞元间“成仙而去”。北宋崇宁四年(1105年)，宋徽宗敕封二女为冲惠真人和冲淑真人，赐“真泽庙”为额。后世二仙被民众信奉为“祷无不应”的女师、水神，二仙信仰遍及晋东南及河南省太行山区。真泽宫在二仙的故里，是众多二仙神庙的本庙，规模也最大。庙宇创建于唐，兴起于宋，明代从神郊河对面山麓迁建于此。庙宇为三进院，中轴线为前院山门、戏台、正殿、中院寝宫、后院圣公圣母殿，东西两侧有配殿、看楼、梳妆楼、钟鼓楼、簪花楼等，各相对称，整肃端严。

真泽宫戏台仍为山门式戏台，但是为较罕见的三连台形制。其山门由中、左、右三座门组成，中门高，左右门稍低，各宽三间。每门上都建有戏台，朝北面对正殿。中台高3.3米，通面阔10.3米，其中明间宽3.4米。通进深7.5米，其中前台深4.25米。左右两台高3.3米。通面阔7米，其中明间宽2.75米。通进深4.85米。三台间都有小门互通。戏台前东西两侧建有二层看楼，通面阔九间，24.7米，廊深1.1米，可容纳数百人观剧。

真泽宫于明万历元年(1573年)迁建于今址，当时建立了三门，有可能已经出现戏台，但庙中所存碑文中无相关记载。根据清雍正碑文出现戏楼、三门、台楼“年深日久”等文字，可知戏台创建年代不晚于清雍正间。其后在乾隆、嘉庆、道光、咸丰、光绪及民国历次修葺中均可能加以修补、彩绘，但仍保留了清初格局特点。

壶关集店东岳庙戏台

壶关集店东岳庙戏台在壶关县城北3千米的集店村东。庙宇坐北向南，原为两进院，现仅存内院。外院只剩戏台，内院有正殿三间和两侧朵殿各三间。据庙中明代碑记记载，东岳庙本称天齐仁圣帝庙，创建年代无考，在元代的延祐四年（1317年）和至正六年（1349年）曾经重修。明万历元年（1573年）曾建戏台三楹。清乾隆二十八年（1763年）庙遭火毁。四十四年，始动工修复。四十五年，重建戏台，又在外院加建戏房五间、马棚三楹，以供演出人员住宿安置。

东岳庙戏台坐南朝北，遥对正殿。台高1.82米。面阔五间，15.6米。其中明间宽4.15米，次间各宽2.7米，两梢间为化妆间，各宽2.36米。明间与次间通深6.9米，后台进深2米，中间隔扇尚存框架。戏台檐柱为青石柱，雕刻精美。平柱镌刻楹联为："收天下春，奇正无非者个；演古来事，贤杰都在其中。"次间边柱镌刻楹联为："旧代衣冠从新演出；今人面目仿古妆成。"角柱镌刻楹联为："荣辱穷通宛然经济；嬉笑怒骂俱是文章。"戏台前檐为重檐歇山顶，后檐为硬山顶，两稍间硬山顶略低，造型美观。因年久失修，顶部正脊、垂脊、戗脊的琉璃饰件均已毁坏无存，但仍保留了清乾隆时期的建筑遗韵。

壶关鳌子街戏台

鳌子街戏台位于壶关县店上镇鳌街村中。坐北朝南。东西 19.9 米，南北 5.5 米，占地面积 109.45 平方米。创建年代不详，现存为清代建筑。现仅存戏台和东、西妆楼。戏台建于高 1.1 米石砌台基之上，面宽三间，进深四椽，单檐硬山顶，五檩梁架结构。屋顶近年维修。

壶关百佛图戏台

百佛图戏台位于壶关县百尺镇百佛图村中。坐南向北。东西宽 18.4 米，南北长 6.9 米，占地面积 127 平方米。创建年代不详，现存戏台及两侧妆楼，均为清代建筑。戏台建在高 1.96 米的石砌台基之上，面宽三间，进深五椽，六檩梁架结构，单檐硬山顶，檐下设三踩单翘斗栱。

壶关郭家驼戏台

郭家驼戏台位于壶关县石坡乡郭家驼村西。坐西朝东。东西 7 米，南北 14.6 米，占地面积 102 平方米。创建年代不详，现仅存戏台为清代建筑，建于高 1.8 米的石砌台基之上，面阔五间，进深五椽，六檩梁架结构，檐下设异形栱交耍头，单檐硬山顶，明、次间为演台，两梢间为化妆室；南梢间下辟一砖券洞。

壶关河口戏楼

河口戏楼位于壶关县常平镇经济开发区河口村南。坐南朝北。现存有戏楼及东、西妆楼，东西宽 20.95 米，南北长 7.08 米，占地面积 148.326 平方米。创建年代不详，现存为清代建筑。戏楼建在 1.75 米高的青石台基上，面宽三间，进深四椽，五檩梁架结构，柱头科三踩单翘；单檐硬山顶，琉璃脊饰，鸱吻全失；戏楼前台四根青石方檐柱上，均楷书阴刻楹联。妆楼面宽两间，进深四椽，五檩梁架结构，单檐硬山顶。

壶关琚家庄戏台

琚家庄戏台位于壶关县店上镇琚家庄村西北。坐南向北。东西 12 米，南北 7 米，占地面积 84 平方米。创建年代不详，仅存戏台一座，为清代建筑。戏台背俯深沟，建在高 1.6 米，宽 7 米，长 12 米青石台基之上，面宽三间、进深六椽，单檐硬山顶，七檩梁架结构，前檐设异形栱交龙头耍头，前檐柱础丢失。

壶关黎岭戏台

黎岭戏台位于壶关县晋庄镇黎岭村东。坐东朝西。东西5.12米，南北13.25米，占地面积67.84平方米。创建年代不详，现存戏台与南、北夹屋为清代建筑。戏台建于高0.3米的石砌台基之上，面宽三间，进深四椽，单檐悬山顶，五檩梁架结构，前檐柱头斗栱三踩单下昂，昂嘴锯短。南、北夹屋前檐墙新建。

壶关梁家戏台

梁家戏台位于壶关县树掌镇梁家村东。坐东朝西。单体建筑，东西5米，南北9米，占地面积45平方米。创建年代不详，现存为清代建筑。戏台为两层，下层为磨房，上层为戏台。台口高2.15米，面宽三间，进深四椽，单檐硬山顶，五檩梁架结构，柱头科装饰性斗栱，明间设六抹头方格隔扇门，两次间设格子窗，墀头砖雕三踩单翘仿木斗栱。

壶关盘驼底戏台

盘驼底戏台位于壶关县龙泉镇盘驼底村东。坐北朝南。东西宽10米，南北深6.5米，占地面积65平方米。创建年代不详，现存为清代建筑。该戏台建于高1.3米的石砌台基之上，面宽三间，进深四椽，五檩梁架结构，单檐悬山顶，琉璃剪边施琉璃脊兽，斗栱三踩单翘，已重新揭瓦翻修。

壶关沙滩戏台

沙滩戏台位于壶关县桥上乡沙滩村中。坐南朝北。东西 15.5 米，南北 6 米，占地面积约 93 平方米。创建年代不详，现仅存戏台与东妆楼，为清代建筑。中轴线上仅存戏台，面宽三间，进深四椽，单檐悬山顶，五檩梁架结构，柱头科装饰性斗栱。

壶关闲阳河戏台

闲阳河戏台位于壶关县百尺镇闲阳河村中。坐南朝北。东西长 8 米，南北宽 7.2 米，占地面积 58 平方米。创建年代不详，现存为清代建筑。戏台建于高 0.9 米的石砌台基之上，面宽三间，进深六椽，单檐硬山顶，七檩梁架结构，前檐设坐斗出耍头。

壶关辛庄奶奶庙戏台

辛庄奶奶庙戏台位于壶关县黄山乡辛庄村南。坐北朝南。东西宽10米，南北长6.2米，占地面积62平方米。创建年代不详，现存为清代建筑。该戏台建于高1.3米的石砌台基之上，面宽三间，进深四椽，单檐悬山顶，五檩前廊式构架，斗栱为异形栱交耍头。

壶关郑家掌戏台

郑家掌戏台位于壶关县黄山乡郑家掌村西。坐南朝北。东西10米，南北6米，占地面积60平方米。为清代建筑。现仅存戏台，建于高0.95米石砌台基之上，面宽三间，进深四椽，五檩梁架结构，单檐硬山顶，柱头设异形栱交耍头；西内墙镶嵌清乾隆创建碣一方。

壶关神后戏台

神后戏台位于壶关县黄山乡神后村中。坐南朝北。东西7.34米，南北6.36米，占地面积46.68平方米。创建年代不详，现存为清代建筑。戏台建于高0.7米的石砌台基之上，面宽三间、进深四椽，单檐硬山顶，五檩梁架结构。

平顺奥治关帝庙戏台

奥治关帝庙戏台位于平顺县阳高乡奥治村村北。坐南朝北，东西长12.44米，南北宽13.33米，占地面积127.6平方米。创建年代不详，现仅存戏台、东西夹殿和影壁，均为清代遗构。戏台分为二层，一层为山门过道，设对开板门；二层为戏台，面宽三间，进深四椽，五檩梁架，单檐硬山顶，柱头科为异形栱，平身科每间1攒。山门前5米处正中为影壁，宽3米，厚0.35米，高2.8米，整体由砖砌筑，正中存有砖雕图案，被泥抹平，檐部置砖雕三踩斗栱。

平顺北耽车奶奶庙戏台

北耽车奶奶庙戏台位于平顺县北耽车乡北耽车村村中。坐南朝北，东西长10.64米，南北宽7.5米，占地面积80平方米。创建年代不详，2002年重修，现存建筑为清代遗构。戏台建于高1.5米高的石质台基之上，面宽三间，进深六椽，七檩构架，单檐硬山顶，前插翼角。柱头科三踩单翘，平身科明间两攒，次间各一攒。

平顺东五马圣母庙戏台

东五马圣母庙戏台位于平顺县苗庄镇东五马村北。坐南朝北，东西长25.84米，南北宽5.47米，占地面积141.3平方米。创建年代不详，现存戏台及东、西耳殿，均为清代遗构。戏台由二部分组成，一层为山门过道，明间设对开板门；二层为戏台，面宽三间，进深四椽，五檩梁架，单檐硬山顶。柱头科一斗二升交麻叶，平身科每间一攒。

平顺龙家村戏台

龙家村戏台位于平顺县西沟乡龙家村村西。坐南朝北，东西长 10.24 米，南北宽 4.1 米，占地面积 42 平方米。创建年代不详，原为本村古庙的附属建筑，由于年代久远，庙名失传，现仅存戏台（下为山门）和西耳房，为清代遗构。戏台由两层组成，一层为山门过道，设对开板门；二层为戏台，面宽三间，进深四椽，五檩梁架，单檐硬山顶，柱头置异形拱。

平顺西安善戏台

西安善戏台位于平顺县苗庄镇西安善村中。坐北朝南，东西长 7.61 米，南北宽 4.78 米，占地面积 36.4 平方米。创建年代不详，现存建筑为清代遗构。戏台建于高 1.55 米的石质台基上，面宽三间，进深七椽，八檩构架，单檐硬山顶，前插翼角，柱头科三踩单翘，平身科明间两攒，次间各一攒。

平顺阳高戏台

阳高戏台位于平顺县阳高乡阳高村村西北。坐南朝北，东西 14.2 米，南北 6.4 米，占地面积 91.2 平方米。创建年代不详，现存为清代遗构。戏台建于高 0.05 米的石质台基之上，台基下为庙门，设对开板门；上为倒座戏台，面宽五间，进深四椽，五檩梁架，单檐硬山顶。柱头科三踩单翘，平身科每间一攒。殿内梁架有彩绘，已漫漶不清。

平顺豆口圣原庙戏台

豆口圣原庙戏台位于平顺县石城镇豆口村北。坐北朝南，东西 32.1 米，南北 25.5 米，占地面积 353.6 平方米。创建年代不详，现存建筑为清代遗构。正殿及两侧厢房、夹殿于 1970 年被烧毁，现仅存戏台（下为山门）、东、西妆楼、东、西耳殿、月台。戏台两部分组成，下为山门，面宽三间，明间辟板门，次间砖石砌墙，明间方向设门，南向设行廊。上为倒坐戏台，面宽三间，进深四椽，五檩梁架。单檐硬山顶，柱头科三踩单翘，翘作昂形，平身科每间一攒。正殿前月台建于元至元二年（1336），长 3 米，宽 2.5 米，高 1.5 米。基坐为仰莲，中间设束腰，浮雕团龙、花卉图案，上为覆莲。台面两角各雕一神兽。

长子鲍赛戏台

鲍赛戏台位于长子县色头镇鲍赛村。坐南朝北，东西长 9.8 米，南北宽 8.5 米，占地面积 83.3 平方米。创建年代不详，现存建筑为清代遗构。戏台建于长 9.5 米、宽 8.4 米、高 0.9 米的砖石台基之上。面宽三间，进深六椽，单檐悬山顶，七檩前廊式梁架。前檐下砌墙，斗栱被封住。

长子陈西沟戏台

陈西沟戏台位于长子县南漳镇陈西沟村。坐南朝北，一进院落布局，东西长 26.2 米，南北宽 6.5 米，占地面积 170.3 平方米。创建年代不详，现存戏台为清代遗构。戏台建于砖石台基之上，长 11.2 米，宽 6.5 米，高 1.3 米。面宽三间，进深四椽，单檐悬山顶，五檩梁架。柱头科一斗二升，明、次间各设平身科一攒。

长子董村戏台

董村戏台位于长子县宋村乡董村中。坐南朝北，一进院落布局，东西长 16.7 米，南北宽 7.2 米，占地面积 120.2 平方米。创建年代不详，现存建筑为清代遗构。现存戏台、东妆楼。戏台建于砖石台基之上，面宽三间，进深四椽，单檐硬山顶，五檩梁架，前檐斗栱三踩单昂。

长子方山沟戏台

方山沟戏台位于长子县石哲镇方山沟村中。坐北朝南，东西长 9.7 米，南北宽 8.2 米，占地面积 79.5 平方米。创建年代不详，现存为清代遗构。戏台建于高 0.6 米的砖砌台基之上，面宽三间，进深六椽，七檩梁架，单檐悬山顶。

长子高家戏台

高家戏台位于长子县南陈乡高家村中。坐南朝北，东西长 15.4 米，南北宽 6.5 米，占地面积 100.1 平方米。创建于光绪五年（1879），现存建筑均为清代遗构。现存戏台及东、西妆楼。戏台建于砖石台基之上，长 7.4 米，宽 6.5 米，高 1.1 米。面宽三间，进深四椽，单檐硬山顶，五檩梁架。戏台前部被后人用土墙封堵。

长子柳叶沟戏台

柳叶沟戏台位于长子县色头镇柳叶沟村。坐西朝东，东西长 5.7 米，南北宽 14.4 米，占地面积 82 平方米。创世年代不详，现存建筑为清代遗构。现仅存戏台及北妆楼。戏台建于砖石台基之上，长 9.5 米，宽 5.7 米，高 0.8 米。面宽三间，进深四椽，单檐硬山顶，五檩梁架，柱头科一斗交麻叶。

长子庞庄戏台

庞庄戏台位于长子县南陈乡庞庄村西。坐南朝北，东西长 15 米，南北宽 6.5 米，占地面积 97.5 平方米。创建年代不详，现存建筑为清代遗构。现仅存戏台及东、西妆楼。戏台建于砖石台基之上，长 8.6 米，宽 6.5 米，高 2 米。面宽三间，进深四椽，五檩梁架，檐柱为砂石质。柱头科一斗二升，明、次间各施平身科一攒。

长子善村戏台

善村戏台位于长子县南陈乡善村中。坐东朝西，东西长10.55米，南北宽6.1米，占地面积64.3平方米。创建年代不详，现存建筑为清代遗构。戏台建于砖石台基之上，长9.2米，宽6.1米，高1.7米。面宽三间，进深四椽，单檐悬山顶，五檩梁架。前檐柱头科一斗二升，明、次间各设平身科一攒。

长子田家沟戏台

田家沟戏台位于长子县石哲镇田家沟村中。坐西朝东，东西长15.2米，南北宽5.55米，面积约为84平方米。创建年代不详，现存为清代遗构。中轴线仅存戏台，两侧存东、西妆楼。戏台面宽三间，进深四椽，五檩前廊式梁架。前檐柱为圆形石柱，斗栱三踩单栱。存清光绪十三年（1887）三月“创修神亭舞楼碑记”碑一通。

长子王家庄奶奶庙戏台

王家庄奶奶庙戏台位于长子县鲍店镇王家庄村西北。坐南朝北，东西长9.4米，南北宽4.6米，占地面积43.2平方米。创建年代不详，现仅存戏台为清代遗构。戏台面宽三间，进深四椽，单檐硬山顶，五檩梁架。柱头科一斗交麻叶，明、次间各设平身科一攒，装修已不存。

长子溪峪戏台

溪峪戏台位于长子县南陈乡溪峪村中。坐南朝北，东西长 13.5 米，南北宽 6.2 米，占地面积 83.7 平方米。创建年代不详，现存建筑为清代遗构，现存戏台和东、西妆楼。戏台建于石砌台基之上，长 8.4 米，宽 6.2 米，高 2 米。面宽三间，进深四椽，单檐硬山顶，五檩无廊梁架。柱头科三踩单翘，明间施两攒平身科，两次间各施平身科一攒，出 45° 斜栱。

长子下庄戏台

下庄戏台位于长子县石哲镇下庄村东。坐西朝东，东西长 5.7 米，南北宽 14.6 米，占地面积 83.2 平方米。创建年代不详，现存建筑为清代遗构。中轴线现存戏台，两侧存南、北妆楼。戏台台基为砖石砌筑，长 8.6 米、宽 5.7 米、高 0.9 米。面宽三间，进深六椽，单檐硬山顶。柱头科一斗二升交麻叶，明、次间各设平身科一攒。石质檐柱，柱下有雕工精美的石猴柱础。

长子小关东戏台

小关东戏台位于长子县宋村乡小关村西北。坐南朝北，东西长 10.1 米，南北宽 6.8 米，占地面积 68.6 平方米。创建年代不详，现存建筑为清代遗构。戏台建于砖石台基之上，长 10.1 米，宽 6.8 米，高 0.78 米。面宽三间，进深四椽，单檐硬山顶，五檩梁架。

长子小关西戏台

小关西戏台位于长子县宋村乡小关村西北。坐南朝北，东西长 10.1 米，南北宽 6.8 米，占地面积 68.6 平方米。创建年代不详，现仅存戏台，为清代遗构。戏台建于砖石台基之上，长 10.1 米，宽 6.8 米，高 0.78 米。面宽三间，进深四椽，单檐硬山顶，五檩前廊式梁架。后人于前檐部新建土墙，封住了斗栱。

长子邢家庄戏台

邢家庄戏台位于长子县石哲镇邢家庄村南。坐南朝北，东西长 20.3 米，南北宽 6.1 米，占地面积 123.8 平方米。创建年代不详，现存戏台和东、西妆楼为清代遗构。戏台建于高 0.7 米的砖石台基之上，面宽三间，进深六椽，单檐硬山顶，七檩梁架。柱头科三踩单昂，明间施平身科两攒，两次间各施平身科一攒，出 45° 斜栱。

长子阳鲁戏台

阳鲁戏台位于长子县南陈乡阳鲁村西。坐东朝西，东西长 5.7 米，南北宽 8.9 米，占地面积 50.7 平方米。创建年代不详，现仅存戏台为清代遗构。砂石台基长 8.9 米，宽 5.7 米，高 2.2 米。面宽一间，进深四椽，单檐悬山顶，五檩梁架。前檐柱头科一斗二升，明、次间均施平身科一攒。

长治县北坡戏台

北坡戏台位于长治县南宋乡北坡村南。坐南朝北，东西长 8.72 米，南北宽 6.54 米，占地面积 57 平方米。创建年代不详，现存为清代建筑。戏台建于高 0.25 米的石砌台基上，面宽三间，进深五椽，单檐悬山顶。六檩梁架结构，三踩单下昂斗栱。

长治县曹家堰戏台

曹家堰戏台位于长治县贾掌镇曹家堰村南。坐西朝东，东西长 6 米，南北宽 20 米，占地面积 120 平方米。创建年代不详，仅存戏台和南、北妆楼为清代建筑。戏台建于高 0.55 米的石砌台基上，面宽三间，进深四椽，单檐悬山顶，五檩梁架结构。

长治县东沟戏台

东沟戏台位于长治县南宋乡东沟村东南。坐南朝北，东西长 8.6 米，南北宽 6 米，占地面积 51.6 平方米。创建年代不详，现存为清代建筑。戏台建在高 1.6 米，宽 6 米，长 10.3 米的砂石台基上，面宽三间，进深六椽，单檐悬山顶。七檩无廊式构架，柱头科装饰性斗栱。

长治县东贾戏台

东贾戏台位于长治县苏店镇东贾村中。坐北朝南，东西长 10.6 米，南北宽 10.52 米，占地面积 112 平方米。创建年代不详，现存为清代建筑。戏台建于高 1 米砖砌台基上，面宽三间，进深七椽，屋顶单檐悬山顶。八檩梁架结构，三踩单下昂斗栱。

长治县郭堡戏台

郭堡戏台位于长治县韩店镇郭堡村南。坐南朝北，东西长 10.1 米，南北宽 6.1 米，占地面积 61.61 平方米。创建年代不详，现存为清代建筑。该戏台建于高 1.60 米的砖砌基座上，面宽三间，进深四椽，单檐悬山顶。五檩梁架结构，柱头科为装饰性斗栱。

长治县柳林庄戏台

柳林庄戏台位于长治县韩店镇柳林村东南。坐南朝北，东西长 10 米，南北宽 7.5 米，占地面积 75 平方米。创建年代不详，现存为清代建筑。戏台建于高 1.45 米的砖砌基座上，面宽三间，进深六椽，单檐悬山顶。七檩梁架结构，柱头科一斗二升。

长治县庙后戏台

庙后戏台位于长治县苏店镇庙后村中。坐东朝西，东西长 5 米，南北宽 6.5 米，占地面积 32.5 平方米。创建年代不详，现存为清代建筑。戏台建于高 1.4 米的石砌台基上，面宽三间，进深四椽，单檐悬山顶，五檩构架，柱头科为装饰性斗栱。

长治县南楼底戏台

南楼底戏台位于长治县八义镇南楼底村委会院内。坐南朝北，东西长 10.06 米，南北宽 6.34 米，占地面积 63.8 平方米。创建年代不详，现存为清代建筑。戏台建于高 1.35 米的石砌台基之上，面宽三间，进深六椽，单檐悬山顶。七檩无廊式构架，三踩单翘斗栱。

长治县石后堡戏台

石后堡戏台位于长治县八义镇石后堡村东南。坐西朝东，东西长 6.5 米，南北宽 9.1 米，占地面积 59.2 平方米。创建年代不详，现存为清代建筑。戏台面宽三间，进深四椽，单檐悬山顶，五檩无廊式构架。前檐墙体后砌，致使斗栱情况不明。

黎城东庄戏台

东庄戏台位于黎城县东阳关镇东庄村南部。创建年代不详，现存为清代遗构。坐北朝南，东西 8.6 米，南北 7.35 米，占地面积 63.21 平方米。戏台建于 1.2 米高青石台基上，面宽三间，进深七檩，单檐硬山顶。柱头科一斗二升，平身科一攒。正殿前檐额枋下有狮子戏绣球、凤凰牡丹等精致木雕。

黎城城南戏台

城南戏台位于黎城县黎侯镇城南村中。坐北朝南，东西 9.2 米，南北 6 米，占地面积 55.2 平方米。创建年代不详，现存建筑为清代遗构。戏台石砌基座，面宽三间，进深五椽，单檐硬山顶，灰板瓦屋面。六檩式构架，檐下设斗栱一斗二升。墙体青砖砌筑，前檐下增砌墙体，原置隔扇缺失。

黎城东长垣戏台

东长垣戏台位于黎城县东阳关镇东长垣村中。坐北朝南，东西 10 米，南北 6.5 米，占地面积 65 平方米。创建年代不详，据戏台内碑文载：清咸丰六年（1856）重修，现存建筑为清代遗构。戏台建于石砌基座之上，中设过道，上建戏台。面宽三间，进深六椽，单檐悬山顶，筒板瓦屋面。七檩无廊式，檐下斗栱一斗二升。墙体青砖砌筑，内置隔扇缺失，保存有清重修碑一通。

黎城范家庄关帝庙戏台

范家庄关帝庙戏台位于黎城县程家山乡范家庄村中。坐南朝北，单体建筑，东西 8.38 米，南北 6.31 米，占地面积 53 平方米。创建年代不详，现存建筑为清代遗构。面宽三间，进深六椽，二层单檐硬山顶，灰筒板瓦屋面。梁架结构为七檩无廊式，斗栱一斗二升。

黎城坑西关帝庙戏台

坑西关帝庙戏台位于黎城县黎侯镇坑西村村东南。坐南朝北，东西 15.52 米，南北 6.57 米，占地面积 101.96 平方米。创建年代不详，现存山门（倒座戏台）及东西妆楼，均为清代遗构。戏台由上下两层组成，下层为基座，中设过道，上层戏台，面宽三间，进深五椽，单檐硬山顶，板瓦屋面。梁架结构为六檩无廊式，前檐斗栱三踩单昂。

黎城孔家峧戏台

孔家峧戏台位于黎城县洪井乡孔家峧村村东。坐北朝南，单体建筑，东西 10.5 米，南北 8.05 米，占地面积 84.525 平方米。创建年代不详，现存建筑为清代遗构。建于石砌基座之上，面宽三间，进深六椽，单檐硬山顶，板瓦屋面。梁架结构为七檩无廊式，前檐斗栱一斗二升。

屯留芳草沟戏台

芳草沟戏台位于屯留县张店镇西河沟村芳草沟自然村中。坐北朝南，东西长 9.2 米，南北宽 4.8 米，占地面积 44.16 平方米。创建年代不详，现存为清代遗构。戏台建于高 1.5 米砂石台基之上，面宽三间，进深四椽，为悬山顶。现坍塌过半，装修毁坏无存。

屯留和峪戏台

和峪戏台位于屯留县麟绛镇和峪村中。坐南朝北，东西宽 6.5 米，南北长 10.5 米，占地面积 68.25 平方米。创建年代不详，现存建筑为清代遗构。戏台建于高 1.2 米的砖砌台基之上，面宽三间，进深四椽，五檩梁架，单檐硬山顶，灰板瓦屋面施琉璃脊兽。柱头斗栱三踩单翘。现前墙重砌，装修已改，台口装有插板。

屯留后董庄戏台

后董庄戏台位于屯留县余吾镇董家庄村后董庄自然村南。坐西朝东，南北长 9.2 米，东西宽 6.4 米，占地面积 58.8 平方米。创建年代不详，脊檩有清道光二十一年（1841）重修题记，现存建筑为清代遗构。戏台建于高 0.40 米石砌台基之上，面宽三间，进深四椽，五檩梁架，单檐硬山顶。檐下斗栱七攒，均为一斗二升，梁架有金龙彩绘。

屯留交川戏台

交川戏台位于屯留县余吾镇交川村南。坐南朝北，东西宽6.2米，南北长14.6米，占地面积90.52平方米。创建年代不详，现存建筑为清代遗构。现中轴线上仅存戏台，两侧仅存东妆楼。戏台建于高0.80米石砌台基之上，面宽三间，进深四椽，五檩梁架，单檐硬山顶。檐下斗栱七攒，柱头斗栱一斗二升，装修已改。

屯留牛角川戏台

牛角川戏台位于屯留县西贾乡牛角川村中。坐西朝东，南北长10米，东西宽6.6米，占地面积66平方米。创建年代不详，现存为清代遗构。戏台砂石台基高1.3米，面宽三间，进深四椽，五檩梁架，单檐硬山顶。前檐设斗栱七攒，均为三踩单下昂，雕花雀替。台口有插板，万字纹压台石。脊檩题记不清。梁架彩绘金龙。两侧山墙残存壁画8平方米。

屯留秦家沟戏台

秦家沟戏台位于屯留县丰宜镇秦家沟村南。坐南朝北，东西长10.3米，南北宽6.5米，占地面积66.9平方米。创建年代不详，现存建筑为清代遗构。戏台砂石台基，面宽三间，进深六椽，七檩梁架，单檐硬山顶，装修毁坏无存。檐下斗栱七攒。台口有砂石插槽。台内山墙有清同治（1862——1874）、民国等戏班墨书题记多处，存壁画8平方米。

屯留三交戏台

三交戏台位于屯留县吾元镇三交村坐东朝西，东西宽6.4米，南北长10米，占地面积64平方米。创建年代不详，现存建筑为清代遗构。戏台建于高1.1米砂石台基之上，面宽三间，进深五椽，单檐悬山顶。台口土坯封闭，装修已改。戏台梁架有清代重修题记，已模糊不清。

屯留石泉戏台

石泉戏台位于屯留县丰宜镇石泉村南。坐北朝南，东西长17.4米，南北宽3.9米，占地面积67.86平方米。创建年代不详，现存建筑为清代遗构。现存戏台及两侧妆楼。戏台为石砌台基，中券过洞。面宽三间，进深四椽，五檩梁架，单檐硬山顶，檐下斗栱七攒均为一斗二升。现装修毁坏无存，台口有插板石槽。

屯留吴寨戏台

吴寨戏台位于屯留县丰宜镇吴寨村东。坐南朝北，东西长9.4米，南北宽7.2米，占地面积67平方米。创建年代不详，随檩枋有1957年重修题记，现存建筑为清代遗构。戏台建于高0.89米砂石台基之上，面宽三间，进深五椽，六檩梁架，单檐硬山顶。灰板瓦屋面施琉璃脊兽。檐下斗栱七攒，均为一斗二升，装修毁坏无存。梁架彩绘。

襄垣冯家庄戏台

冯家庄戏台位于襄垣县夏店镇冯家庄村中。坐北朝南，东西长19.4米，南北宽6.05米，占地面积117平方米。创建年代不详，现存为清代遗构。现存戏台、东、西妆楼。戏台为砖木结构，位于1.8米高的砖砌台基上，面宽三间，进深六椽，单檐硬山顶，七檩式构架。

襄垣韩家沟戏台

韩家沟戏台位于襄垣县夏店镇韩家沟村北。坐北朝南，东西长26.91米，南北宽9.33米，占地面积251.07平方米。创建年代不详，现存建筑为清代遗构。中轴线上为戏台，两侧有东、西妆楼。戏台东西长13.5米，南北宽9.33米，台口高1.25米，面宽三间，进深六椽，七檩构架，单檐硬山顶。现装修毁坏无存。

襄垣郝村戏台

郝村戏台位于长治市襄垣县下良镇郝村南50米。坐南朝北，原布局不详，东西长10.2米，南北宽5.9米，占地面积为60平方米。创建年代不详，现存建筑为清代遗构，现仅存戏台。戏台建于1.5米高的砖砌台基之上，面宽三间，进深五椽，卷棚顶，六檩式构架，砖木结构。明间开间大，保存较差。

沁源水峪戏台

水峪戏台位于沁源县聪子峪乡水峪村北。坐南朝北，东西长 7 米，南北宽 7 米，占地分布面积 49 平方米。创建年代不详，现存为清代遗存。现仅存戏台一座建于高 1.2 米石砌台基之上，面宽三间，进深六椽，五檩式构架，单檐硬山顶。檐部斗栱四攒，均为一斗二升，装修已改。

沁源正义戏台

正义戏台位于沁源县李元镇正义村中。坐南朝北，东西 9.2 米，南北 5 米，占地面积 46 平方米。创建年代及原布局不详，现仅存戏台，为清代遗构。戏台建于高约 1 米的砂石质台基上，面宽五间，进深四椽，单檐悬山顶，五檩式构架。

沁源豆壁戏台

豆壁戏台位于沁源县王陶乡豆壁村中。坐南朝北，东西 10 米，南北 28 米，占地面积 280 平方米。现存建筑为清代遗构。中轴线上现存有北房、戏台，西侧有房屋。戏台为青砖垒砌的台基，高约 1 米，面宽三间，进深六椽，七檩式构架，单檐硬山顶。柱头斗栱三踩单翘，明间施镂空木雕花卉雀替，青石柱础，圆形木制檐柱。西房墙体嵌民国十六年（1927）的“重修戏台门墩碑记”碣一方。

沁源马森戏台

马森戏台位于沁源县李元镇马森村中。坐南朝北，单体建筑。东西7.6米，南北5米，占地面积38平方米。创建年代不详，现存为清代遗构。由上下两部分组成，下层为石砌基座，中辟拱券门洞，洞高2.5米，拱形门洞周边有砖雕装饰；上建阁楼，面宽三间，进深四椽，五檩式构架，单檐硬山顶，前檐设坐斗，装修不存。

6 晋城市

晋城五门戏台

五门戏台位于城区西上庄街道办事处五门村北。坐南朝北，东西长7.3米，南北宽5.2米，占地面积38平方米。创建年代不详，现存建筑为清代风格。戏台面宽三间，进深四椽，五檩梁架，单檐硬山顶，合瓦屋面。

高平伯方戏台

伯方戏台位于高平市寺庄镇伯方村中。坐西朝东，占地面积109平方米。创建年代不详，现存建筑为清代风格。仅存戏台及北妆楼，戏台面宽三间，进深六椽，单檐悬山顶。

高平晁山戏台

晁山古戏台位于高平市石末乡晁山村中。坐北朝南，占地面积 57 平方米。创建年代不详，现存建筑为清代风格。戏台面宽三间，进深四椽，单檐硬山顶。东侧有耳殿。

高平陈区戏台

陈区戏台位于高平市陈区镇陈区村南。坐南朝北，占地面积 132 平方米。创建年代不详，现存建筑为清代风格。戏台面宽五间，进深四椽，单檐悬山顶，柱头斗栱三踩单昂。

高平池院戏台

池院戏台位于高平市神农镇池院村中。坐南朝北，占地面积 93 平方米。创建年代不详，现存建筑为清代风格。戏台面宽五间，进深四椽，单檐悬山顶。

高平大沟北戏台

大沟北戏台位于高平市三甲镇西栗庄村大沟北自然村中。坐西朝东，占地面积 49 平方米。创建年代不详，现存建筑为清代风格。戏台面宽三间，进深四椽，单檐悬山顶，柱头施斗栱。

高平东沙院戏台

东沙院戏台位于高平市神农镇东沙院村中。坐南朝北，占地面积 599 平方米。创建年代不详，现存建筑为清代风格。中轴线上建有戏台、两侧为看楼、东妆楼。戏台面宽三间，进深四椽，单檐悬山顶。柱头施斗栱，雀替雕有花卉、动物等。

高平东山戏台

东山戏台位于高平市东城街道办事处东山村中。坐南朝北，占地面积 75 平方米。创建年代不详，现存建筑为清代风格。中轴线上现仅存戏台，两侧为西妆楼。戏台面宽三间，进深四椽，单檐悬山顶，柱头斗栱三踩。

高平东周戏台

东周戏台位于高平市马村镇东周村中。坐南朝北，占地面积 102 平方米。创建年代不详，现存建筑为清代风格。中轴线上建有戏台，两侧为妆楼，其中西妆楼不存。戏台面宽三间，进深四椽，单檐悬山顶，柱头施斗栱。

高平董寨戏台

董寨戏台位于高平市米山镇董寨村东。坐西朝东，占地面积 104 平方米。创建年代不详，现存建筑为清代风格。中轴线上建有戏台，两侧为妆楼。戏台面宽三间，进深四椽，单檐悬山顶。

高平釜山戏台

釜山戏台位于高平市寺庄镇釜山村南。坐南朝北，占地面积 210 平方米。创建年代不详，现存建筑为清代风格。戏台面宽三间，进深六椽，单檐悬山顶，柱头斗栱三踩单昂。

高平部家庄戏台

部家庄戏台位于高平市寺庄镇部家庄村中。坐南朝北，占地面积 100 平方米。据戏台梁架题记记载，建于清光绪二十年（1894）。现存戏台及妆楼，戏台面宽三间，进深六椽，单檐悬山顶。戏台上存有木制彩绘隔扇。

高平官庄玉皇庙戏台

官庄玉皇庙戏台位于高平市河西镇官庄村北。坐南朝北，占地面积 126 平方米。创建年代不详，现存建筑为清代风格。中轴线上建有戏台，两侧为妆楼。戏台面宽三间，进深四椽，单檐悬山顶，柱头斗栱三踩，无昂。

高平郭村戏台

郭村戏台位于高平市米山镇郭村村中。坐南朝北，占地面积 93 平方米。创建年代不详，2005 年维修，现存建筑为清代风格。中轴线上建有戏台，两侧为妆楼。戏台面宽三间，进深四椽，单檐悬山顶，五檩前廊式构架，柱头斗栱三踩单昂。

高平河底三大士庙戏台

河底三大士庙戏台位于高平市野川镇河底村中。坐北朝南，占地面积 65 平方米。创建年代不详，2007 年重修，现存建筑为清代风格。戏台面宽三间，进深五椽，单檐硬山顶，六檩前廊式构架。戏台上存有屏风一扇。

高平槐树庄戏台

槐树庄戏台位于高平市三甲镇槐树庄村中。坐东朝西，占地面积 315 平方米。创建年代不详，现存建筑为清代风格。中轴线上建戏台，两侧为妆楼、看楼。戏台面宽三间，进深六椽，单檐悬山顶。

高平姬家村戏台

姬家戏台位于高平市三甲镇姬家村中。坐西朝东，占地面积45平方米。创建年代不详，现存建筑为清代风格。仅存戏台，面宽三间，进深四椽，单檐悬山顶。

高平琚庄戏台

琚庄戏台位于高平市南城街道办事处琚庄村中。坐南朝北，占地面积69平方米。创建年代不详，现存为清代风格。戏台面宽三间，进深六椽，单檐悬山顶。

高平岭头东庙戏台

岭头东庙戏台位于高平市米山镇岭头村中。坐南朝北，占地面积94平方米。创建年代不详，同治二年（1863）重修。中轴线上建有戏台，两侧为妆楼。戏台面宽三间，进深四椽，单檐悬山顶，五檩前廊式构架。

高平刘庄戏台

刘庄戏台位于高平市河西镇刘庄村西。坐西朝东，占地面积106平方米。创建年代不详，现存戏台及北耳房，为清代风格。戏台面宽三间，进深四椽，单檐悬山顶。戏台上现存清代施地碣一方，民国创修耳楼碣一方。

高平箭头三嵕庙戏台

箭头三嵕庙戏台位于高平市寺庄镇箭头村西。坐南朝北，占地面积103平方米。创建年代不详，现存戏台及西妆楼为清代风格。戏台面宽三间，进深四椽，单檐悬山顶。

高平箭头戏台

箭头戏台位于高平市寺庄镇箭头村中。坐南朝北，占地面积120平方米。创建年代不详，现存戏台及西妆楼，为清代风格。戏台面宽三间，进深四椽，单檐悬山顶。

高平焦河戏台

焦河戏台位于高平市河西镇焦河村中。坐南朝北，占地面积75平方米。创建年代不详，现存建筑为清代风格。仅存戏台及西妆楼，戏台面宽三间，进深四椽，单檐悬山顶。

高平南岭玉皇庙戏台

南岭玉皇庙戏台位于高平市河西镇南岭村中。坐南朝北，占地面积91平方米。创建年代不详，现存建筑为清代风格。中轴线上建有戏台，两侧为妆楼。戏台面宽三间，进深四椽，单檐悬山顶。

高平南坪三教堂戏台

南坪三教堂戏台位于高平市北诗镇南坪村中。坐南朝北，占地面积 78 平方米。创建年代不详，现存建筑为清代风格。戏台面宽三间，进深四椽，单檐悬山顶，五檩前廊式构架，柱头斗栱三踩单昂。

高平王何南村戏台

王何南村戏台位于高平市北城街道办事处王何南村村中。坐南朝北，占地面积 57 平方米。创建年代不详，现存建筑为清代风格。戏台面宽三间，进深五椽，单檐悬山顶，六檩前廊式构架。

高平望云戏台

望云戏台位于高平市寺庄镇望云村中。坐北朝南，占地面积 70 平方米。创建年代不详，现存建筑为清代风格。仅存戏台及东耳房。戏台面宽三间，进深六椽，单檐硬山顶。

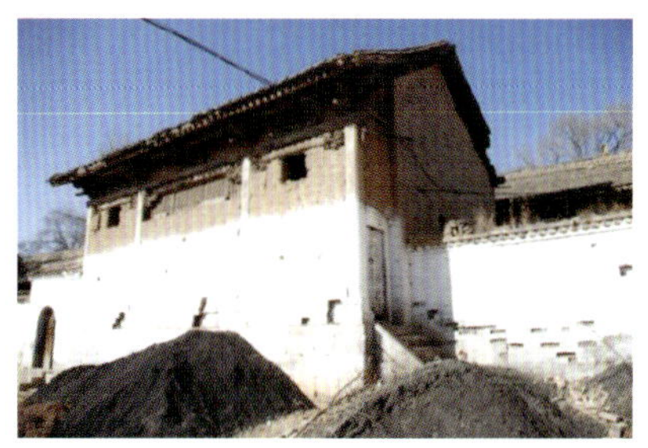

高平吴村戏台

吴村戏台位于高平市米山镇吴村村中。坐北朝南，占地面积65平方米。创建年代不详，现存建筑为清代风格。戏台面宽三间，进深四椽，单檐悬山顶，柱头斗栱三踩单昂，柱间雀替雕刻精美。

高平西南庄戏台

西南庄戏台位于高平市南城街道办事处西南庄村中。坐南朝北，占地面积83平方米。创建年代不详，现存建筑为清代风格。中轴线上建有戏台，两侧仅存东妆楼。戏台面宽三间，进深四椽，单檐悬山顶。

高平野沟戏台

野沟戏台位于高平市北诗镇野沟村南。坐南朝北，占地面积77平方米。创建年代不详，现存建筑为清代风格。中轴线上建有戏台，西侧存西妆楼。戏台面宽三间，进深四椽，单檐悬山顶，五檩前廊式构架，柱头斗栱三踩单昂。

高平宰李玉皇庙戏台

宰李玉皇庙戏台位于高平市河西镇宰李村中。坐南朝北，占地面积118平方米。创建年代不详，现存建筑为清代风格。中轴线上建有戏台，两侧为妆楼。戏台面宽三间，进深四椽，单檐悬山顶。

高平寨平戏台

寨平戏台位于高平市石末乡寨平村中。坐南朝北，占地面积 112 平方米。创建年代不详，现存建筑为清代风格。中轴线上建有戏台，两侧为妆楼，戏台面宽三间，进深四椽，单檐悬山顶。

泽州西峪李卫公庙戏台

泽州西峪李卫公庙戏台位于晋城市区西南 6 千米西峪村，属南村镇。李卫公庙在村北，是祭祀唐代开国功臣李靖的庙宇。李靖曾受封卫国公，民间传说他有行雨解旱之灵应，故建庙以祀。庙宇坐北向南，单进院，由山门、戏台、献殿、正殿、看楼、厢房等组成。从庙中所存《创建拜殿记》记载，献殿创建于清顺治十四年（1657 年）。又据康熙五十二年（1713 年）的《重修卫公庙记》中所载，“倘后之君子嗣有遗事，踵其工而修葺之，两庑厢房、山门舞楼一改造而重新焉”之句分析，康熙年间戏台已经破败，亟待“重新”，说明这座戏台创建于清初或清初之前，而现存戏台当是康熙年间之后的重修遗构。

李卫公庙戏台为山门式戏台，分上、下两层，下层为山门，上层为戏台。台高近 3 米。面阔三间，8.05 米，其中明间宽 2.95 米。进深 3.38 米。台口有栏杆防护，台上隔扇已不存。为悬山顶，筒瓦，琉璃脊饰。戏台对面的献殿可设置观剧席位，两侧看楼各为七间，通阔 15.5 米，可容纳女众；台前空地铺设青砖，亦可容纳数百名观众。

泽州保伏村三官庙舞楼

保伏三官庙位于泽州县高都镇保伏村东。坐北朝南，二进院落。南北长 61.77 米，东西宽 20.51 米，占地面积 1266.90 平方米。创建年代不详，现存建筑为清代风格。中轴线上由南至北依次有山门（舞楼）、中殿、正殿，两侧依次有妆楼、看楼、东西厢房、耳殿。正殿石砌台基，面宽三间，进深五椽，前出廊，单檐悬山顶，琉璃筒瓦布面，门窗新制。

泽州陟椒三教堂戏台

泽州陟椒三教堂戏台位于晋城市区西南 30 千米的陟椒村，属泽州县李寨乡。三教堂位于陟椒村南，以供奉儒、释、道三教的始祖孔子、释迦牟尼、老子而得名。庙宇为单进院，坐北朝南。正北为正殿、献殿及两侧朵殿建在高台基上，台基下两侧为看楼，南面建戏台面对正殿，均为清代建筑。现列入晋城市重点文物保护单位。

据庙中所存乾隆《重修三教堂碑记序》中记载：明嘉靖十五年（1536 年），“创建三教堂一区”。清康熙四十八年（1709 年），“重修为一院，缘祭祀献戏之不便”，于乾隆十九年（1754 年）“接补下院舞楼上下十四间，东西看楼上下十二间”。乾隆三十八年（1773）年，“舞楼台心加屏摺十二，彩画森丽”。从中可知，三教堂创建于明嘉靖十五年，清康熙间重修。乾隆十九年方创建戏台，三十八年又对戏台加以完善、彩绘，装修前后台的隔扇。道光元年（1821 年），再次对三教堂进行了维修，经过 10

年施工全部告竣。今戏台脊枋有题记：“时大清道光四年岁次甲申七月壬戌朔越二十一日”，证明了戏台重修完工的时间。

三教堂戏台为山门式戏台，道光间重修时才将山门砌封，在东墙另开山门，相传因为风水的原因。戏台面宽三间，10.2 米，其中明间宽 3.67 米。通进深 6.1 米。台高 2.8 米。三面观式台口，台口设护栏。单檐歇山顶，筒瓦琉璃剪边，黄绿琉璃脊饰。额枋、雀替、斗栱施以浮雕、图案。内顶施天花，正中为八卦藻井，工艺精湛，华丽美观。

泽州辛壁成汤庙戏台

泽州辛壁成汤庙戏台在晋城市区西北 19 千米辛壁村，属泽州县东沟乡。成汤庙位于辛壁村中，坐北朝南，单进院。主要建筑有山门、戏台、正殿、钟鼓楼、东西看楼等。据庙中碑文记载，成汤庙创建于金大定二十一年（118 年）。明弘治四年（1491 年），当地群众创建戏台“礼乐楼”三楹。清嘉庆十四年（1809 年），对庙宇重新改建，将礼乐楼戏台“南退数尺”加以重建，形成现存的山门戏台。

山门式戏台背后出厦，进深仅两架椽，单檐歇山顶。而戏台面阔三间，上下两层，悬山顶高出山门，远看高低如重檐，巍然壮观。戏台下层为山门通道，上层为戏台，台高 3.05 米。通面阔 7.85 米，其中明间宽 3.2 米。通进深 5.84 米，其中前台深 2.6 米。戏台两侧与钟楼之间有夹屋，也分上下层，上层各有门与戏台、钟鼓楼相通，可作为演员的化妆间。东西两侧有二层看楼，各为七间，通阔 15.97 米，可容纳众多观众看戏。

泽州川底舞楼

川底舞楼位于泽州县川底乡川底村中。坐南朝北。东西宽 16.4 米，南北长 5.6 米，

占地面积92平方米。创建年代不详，据舞楼梁架题记记载，清嘉庆二十四年（1819）重修，现存建筑为清代风格。中轴线上为舞楼，两侧为妆楼。舞楼面宽三间，进深四椽，单檐悬山顶。东西妆楼为两层，均为两间。

泽州大井舞楼

大井舞楼位于泽州县李寨乡大井村中。坐北朝南，东西宽15.1米，南北长5.4米，占地面积82平方米。创建年代不详，据舞楼墙壁镶碣记载，清道光三年（1823）曾有修葺，现存建筑为清代风格。中轴线上为舞楼，两侧为妆楼。舞楼面宽三间，进深四椽，单檐悬山顶。

泽州官庄舞楼

官庄舞楼位于泽州县巴公镇官庄村东。坐东朝西，南北长6.4米，东西宽8.5米，占地面积55平方米。创建年代不详，清乾隆三十二年（1767）增修，现存建筑清代风格。舞楼高三层，一层为砖砌券洞，二层戏台，三层观音阁。面宽三间，进深四椽，单檐硬山顶，五檩无廊式。

沁水杏峪玉皇庙戏台

杏峪玉皇庙位于沁水县龙港镇杏峪村西北50米处。坐北朝南，一进院落布局，占地面积446平方米。创建年代不详，现存建筑为清代风格。中轴线由南至北建戏台、献殿（塌毁）、正殿，两侧为厢房、配殿、耳殿，山门辟于院落东南。戏台石砌台基，面宽三间，进深五椽，单檐硬山顶。

沁水大端舞楼

大端舞楼位于沁水县柿庄镇大端村中。坐北朝南，占地面积316平方米。创建年代不详，现存建筑为清代风格。舞楼石砌台基，面宽五间，进深四椽，柱头科一斗三升，单檐硬山顶。梢间为妆楼。西侧有看楼。

沁水丁家村舞楼

丁家村舞楼位于沁水县柿庄镇丁家村中。坐东朝西，占地面积45平方米。创建年代不详，现存建筑为清代风格。舞楼石砌台基，面宽三间，进深四椽，单檐悬山顶。

沁水窦庄舞楼

窦庄舞楼位于沁水县嘉峰镇窦庄村中。坐东朝西，占地面积105平方米。创建年代不详，现存建筑为清代风格。原为村西北角忠烈祠中的舞楼，解放前，忠烈祠被毁，舞楼及两侧妆楼在村民的积极保护下，由忠烈祠拆迁于现在的小学校园。舞楼建于石砌台基之上，面宽三间，进深四椽，单檐悬山顶，柱头斗栱一斗二升交麻叶，平身科斗栱三组。

沁水郭南舞楼

郭南舞楼位于沁水县嘉峰镇郭南村。坐南朝北，占地面积 125 平方米。原为该村大庙的一部分，其他建筑改建，仅存舞楼，为清代风格。舞楼建于石砌台基之上，面宽三间，进深六椽，单檐硬山顶。

沁水胡底贾寨戏台

贾寨戏台位于沁水县胡底乡贾寨村中。坐西朝东，占地面积 72.8 平方米。始建年代不详，现存建筑为清代风格。戏台石砌台基，面宽三间，进深四椽，单檐悬山顶，石质檐柱四根，柱头斗栱三踩单翘。两侧为妆楼。

沁水枣林舞楼

枣林舞楼位于沁水县郑村镇夏荷村枣林自然村中。坐南朝北，南北长4.5米，东西宽13.9米，占地面积63平方米。创建年代无考，现存建筑为清代风格。舞楼底层正中为砖石券洞，二层为舞台，面宽三间，进深四椽，单檐悬山顶。柱头斗栱三踩单翘，平身科。舞楼两侧为妆楼。

沁水中潘河戏台

中潘河戏台位于沁水县嘉峰镇潘河村中潘河自然村中。坐南朝北，南北长6.8米，东西宽20米，占地面积136平方米。始建年代不详，现存建筑为清代风格。戏台石砌台基，面宽三间，进深六椽，单檐悬山顶。前施方形石柱，柱头斗栱三踩单翘，明间施平身科一攒，出有斜栱。两侧为妆楼。

沁水中沃泉舞楼

中沃泉舞楼位于沁水县土沃乡中沃泉村中。坐南朝北，占地面积44平方米。创建年代不详，现存建筑为清代风格。舞楼石砌台基，面宽三间，进深四椽，单檐硬山顶，仰瓦屋面。

阳城上伏成汤庙戏台

阳城上伏成汤庙戏台在阳城县城东15千米上伏村，属润城镇。成汤庙位于村中，坐北向南，现存山门、钟鼓楼、戏台、正殿及东配殿等建筑。庙宇创建年代无考，据庙中碑记载，“元正二十三年癸卯重修”。原称“大庙”，庙中“旧所谓里社，以祀诸神者。”清乾隆五十七年（1792年），村西的成汤庙被沁河洪水冲毁，才将成汤像迁至大庙中供奉。又于嘉庆二十一年（1816年）至道光二年（1822年）重修正殿五楹，正式改为成汤庙。

成汤庙戏台创建年代应早于清初，据庙中康熙五年（1666年）的《上伏里大庙兴选记》中提到当时庙中“惟以杂剧为岁事”的习俗，说明当时应有戏台，而现存的戏台应是嘉庆、道光年间重修的作品。

戏台形式属山门式戏台，特殊之处在于，正门门洞没有从戏台底层直通前台，而是在戏台后拐向左、右两侧的门洞。这样的结构不仅保留了传统的左、中、右三门布局的外部特点，也避免了戏台下进出人流对剧场的干扰。戏台基高1.42米，通面阔三间，8.7米，其中明间宽4.5米。通进深5.35米，其中前台进深4米，后台进深1.35米。台上柱为八角青石柱，方凳础，台前柱础间有石护栏。歇山顶。大额枋、雀替雕刻华丽。戏台两侧的耳房是钟鼓楼的第二层，与后台相通，可作为化妆间、休息室。

戏台前柱悬两幅楹联，平柱联云：“南浦水潺湲，风动流波方妙舞；东山春淡冶，鸟调吟舌和清歌。”角柱联云：“音徽河阳，炉峰留云，官桥驻目；歌传殿角，豳风五律，春鼓协声。”两联将地方风物与戏剧歌舞融为一体，颇可玩味。

阳城郭峪汤帝庙戏台

阳城郭峪汤帝庙戏台在阳城县城东20千米郭峪村，属北留镇。汤帝庙俗称“大庙”，位于村西部。庙宇创建于元至正年间，明代嘉靖间毁，万历重修，清顺治八年（1651年）再次撤旧重建。现存庙宇基本保留了清初原貌，为单进院，有山门、戏台、钟鼓楼、正殿、配殿及东西看楼等建筑。

汤帝庙戏台为上下叠加式山门戏台，前面为山门，重檐歇山顶，上层三间，底层五间。背面为戏台，歇山顶单开间，两侧附建伴奏台，同为歇山顶单开间。清顺治九年（1652年）的《郭谷镇重修大庙记》碑文记载了这座戏台的创建经过：“旧无正门，无戏楼，肇为三门，而戏楼在其上。”戏台高2.7米，面阔5.53米，进深5.75米。台中设隔扇分上、下场门。台前二角柱为圆木通柱，下垫石方凳础，上及屋顶。柱上斗栱五踩双昂，平身科三攒，木构件质朴无华，有明代特征。角柱悬楹联一副：“演圣朝奇闻，兴废输赢可鉴；唱古今人物，是非曲直当资。”

东、西两侧伴奏台面阔2.02米，进深1.64米，底层是山门的两侧门。台口面向观众，使观众能更好地聆听并观看文武场乐队的表演。

戏台前东、西两侧建看楼各五间，悬山顶，琉璃脊饰，通阔10.97米。其中明间宽2.55米，次间宽2.16米，进深4.5米，可容纳百余名观众。清顺治九年《郭谷镇重修大庙记》描述这两座看楼：“台下东楼上下十间，西如之。上以使观会者，下以待宾客，及居泛扫之人，其中几凳毕具。”

郭峪村戏台是山西清代戏台中最早的一座，虽然在风格上继承了明代较质朴的特征外，但较明代戏台在整体形制和配套设施等方面都有所完善提高。

阳城崦山白龙庙舞楼

阳城崦山白龙庙戏台在阳城县城北 13 千米的崦山，属町店镇的刘家腰、凌家沟等村共同管理。历史上的白龙庙以庙中的修德龙池和八卦神池成为阳城县百姓的祈雨圣地。据庙中所存金代泰和二年（1202 年）的《复建显圣王灵应碑》记载，从唐代武则天时期到五代、宋初，崦山白龙旱祷辄应，屡次现身救灾，被敕封应圣侯、显圣王、普济王等。碑文还说唐代的年号“神龙”也是因为天下亢旱，崦山白龙显应而改元。这些说法未必确切，但却反映了白龙庙悠久的历史和广泛的文化影响。

庙宇建在崦山上，坐北朝南，为三进院。主要建筑有山门、二道门、戏台、献殿、正殿、东西耳房、看楼等。白龙庙的元代碑记中已经有“重移修舞楼”的记载，到清道光二十一年（1841 年），重修庙宇时又“并高舞台，以肃瞻仰”，这时才把戏台改建到山门之上，形成今天的山门式戏台形制。戏台在二道山门背后，下层为山门过道，上层为悬山顶演出台。台高 2.9 米。通阔三间，7.7 米，其中明间宽 3.1 米。通进深五檩四椽 5 米。前后台间旧有隔扇已不存。后台两侧山墙各辟小门通往化妆间。脊枋题记有“时大清道光二十一年协力重修舞楼之间”等字样。戏台正对献殿、正殿，两侧是看楼，悬山顶，上下两层，主要是为妇孺观众提供看戏之所。

阳城中庄汤帝庙戏台

中庄汤帝庙位于阳城县润城镇中庄村中。坐北朝南，一进院落，南北长 35.2 米，东西宽 43.9 米，占地面积 1545 平方米。创建年代不详，据现存碑记记载，清顺治八年（1651）、乾隆二十四年（1759）补修，现存建筑为明清风格。中轴线上由南而北建有舞台、拜亭、正殿，两侧有山门、钟鼓楼、看楼、配殿、耳殿。山门两座，均为门廊式，东门门匾书："惠兹万物"，西门门匾书："粒我蚕民"，门内迎面均建有砖雕影壁，壁心嵌碑。正殿面宽五间，进深四椽，五檩前廊式构架，单檐悬山顶，上覆灰筒瓦，琉璃剪边，木质檐柱，青石雕鼓形加覆莲柱础，柱头斗栱五踩双昂，平身科每间一攒。每间均施隔扇门。拜亭青石台基，面宽三间，进深四椽，单檐歇山顶。柱头斗栱三踩单昂，平身科明间出有斜栱。庙内存明清碑碣十四通。1982 年，中庄汤帝庙被阳城县人民政府公布为县级文物保护单位。

阳城杜甲龙王庙舞台

杜甲龙王庙舞台位于阳城县横河镇杜甲村桑园河庄。坐南朝北，东西长 7.3 米，南北宽 5 米，占地面积 37 平方米。创建年代不详，现存建筑为清代风格。舞台建于石砌台基之上，面宽三间，进深四椽，单檐悬山顶。庙内存清碑六通。

阳城河头关帝庙舞台

河头关帝庙舞台位于阳城县润城镇河头村中。坐南朝北，占地面积58平方米。据花梁题记记载，创建于清乾隆四十年（1775）。砂石台基，面宽三间，进深四椽，单檐悬山顶，顶覆灰板瓦，黄釉琉璃龙纹脊饰。木质檐柱，柱头斗栱三踩单昂，平身科各置一攒。舞台前存两通碑。

阳城柳泉成汤庙舞台

柳泉成汤庙舞台位于阳城县东治镇柳泉村中。坐南朝北，占地面积95平方米。据现存碑文记载，创建于清嘉庆十二年（1807）。舞台建于1.45米高的青石台基上，前檐东侧设台阶，面宽三间，进深四椽，单檐悬山顶，顶覆灰板瓦。方形抹角青石檐柱，横枋上有花卉纹木雕雀替、垫板。舞台前存清代碑两通，民国碑一通。舞台左右各建有妆楼。

阳城上孔寨前戏台

上孔寨前戏台位于阳城县凤城镇上孔村东北古寨前。坐南朝北，南北长15.21米，东西宽12.85米，占地面积196平方米。创建年代不详，现存建筑为清代风格。舞台砂石台基高1.1米，面宽三间，进深四椽，单檐悬山顶，顶覆灰板瓦。方形抹角石柱，柱头斗栱三踩单翘，明间出斜栱，龙形耍头。舞台西侧有妆楼、看楼各一座。

阳城尹家沟河神戏台

尹家沟河神戏台位于阳城县凤城镇尹家沟村东，村中小河南岸。坐南朝北，占地面积43平方米。创建年代不详，现存建筑为清代风格。戏台石砌台基，面宽三间，进深四椽，单檐硬山顶，顶覆灰板瓦。台内正中建有“八”字墙以分隔前后台，墙两侧各开拱门，门额分别书：“镜花”“水月”。该戏台为单体建筑，面河建造，据村民讲，是过去专为河神唱戏而建。

陵川西溪真泽宫戏台

西溪二仙庙又名真泽宫，位于陵川县崇文镇岭常村西约1千米处。坐北朝南，二进院落，东西宽42.2米，南北长70米，占地面积2954平方米。创建年代不详，据庙内现存碑碣记载，金大定五年（1165）、元定宗二年（1247）、明洪武十五年（1382）均有修葺。现存正殿、东西梳妆楼为金代风格，其他建筑为明清风格。中轴线上有舞楼（山门）、献殿、中殿、正殿，两侧有妆楼、廊房、梳妆楼、配殿、耳殿。山门面宽三间，进深六椽，单檐悬山顶。献亭面宽三间，进深四椽。中殿面宽三间，进深六椽，单檐歇山顶，斗栱五踩双翘。庙内存碑十一通，碣十五方。2001年，西溪二仙庙被国务院列为第五批全国重点文物保护单位。

陵川北路河村水镜台

北路河村水镜台位于陵川县平城镇北路河村北。坐南朝北。东西宽 14.6 米，南北长 5 米，占地面积 73 平方米。据水镜台上镶碣记载，创建于清乾隆三十八年（1773），道光二十年（1840）重修，现存建筑为清代风格。水镜台面宽三间，进深四椽，五檩前出廊，单檐悬山顶。墀头雕刻人物故事。

陵川曹庄村舞台

曹庄村舞台位于陵川县崇文镇曹庄村中。坐北朝南，东西宽 14 米，南北长 5.8 米，占地面积 81 平方米。创建年代不详，据舞台梁架记载，民国十四年（1925）重修，现存建筑为清代风格。舞台面宽三间，进深四椽，单檐硬山顶。东西妆楼各一间。墀头为戏曲人物砖雕。

陵川东掌村玉皇庙舞台

东掌村玉皇庙舞台位于陵川县杨村镇东掌村东。坐南朝北，南北长 5.4 米，东西宽 19.7 米，占地面积 106 平方米。创建年代不详，现存建筑为清代风格。中轴线上为舞台，两侧为妆楼。舞楼面宽三间，进深七椽，卷棚顶。

陵川圪坨村舞楼

圪坨村舞楼位于陵川县西河底镇圪坨村西南。坐南朝北，一进院落。东西长 18.2 米，南北宽 10.3 米，占地面积 188 平方米。创建年代不详，现存建筑为清代风格。中轴线上为舞楼，两侧为妆楼，看楼，东看楼不存。舞楼面宽三间，进深四椽，单檐悬山顶。

陵川井坡村舞台

井坡村舞台位于陵川县崇文镇井坡村中。坐南朝北，东西宽 13 米，南北长 5.4 米，占地面积 70 平方米。据舞台梁架题记记载，创建于清宣统三年（1911），现存建筑为清代风格。舞台面宽三间，进深四椽，单檐悬山顶。东西妆楼各一间。

陵川南马村馆院戏台

南马村馆院戏台位于陵川县附城镇南马村。坐南朝北，南北长 9.6 米，东西宽 10.1 米，占地面积为 97 平方米。创建年代不详，现存建筑为清代风格。舞台面宽三间，进深六椽，单檐悬山顶，后出抱厦。檐下斗栱柱头科三踩单翘，平身科三踩单翘，出 45° 斜栱。

陵川上背村舞台

上背村舞台位于陵川县潞城镇上背村中。坐西朝东，单体建筑，南北宽 5.9 米，东西长 7.9 米，占地面积 47 平方米。创建年代不详，现存建筑为清代风格。舞台面宽三间，进深四椽，单檐悬山顶。

陵川太和村南庙舞台

太和村南庙舞台位于陵川县杨村镇太和村南。坐北朝南，单体建筑，东西宽 7 米，南北长 5.8 米，占地面积 41 平方米。创建年代不详，现存建筑为清代风格。舞台面宽三间，进深四椽，单檐硬山顶。

陵川田庄村舞台

田庄村舞台位于陵川县附城镇田庄村西。坐西朝东，东西长 32.3 米，南北宽 9.8 米，占地面积 316 平方米。创建年代不详，现存建筑为清代风格。中轴线上为舞楼，两侧为妆楼。舞台面宽三间，进深五椽，单檐悬山顶，前檐斗栱为龙形。两侧妆楼各四间。舞台木雕精美，天花上彩绘有吉祥图案。

陵川营里村舞台

营里村舞台位于陵川县崇文镇营里村中。坐南朝北，东西长 18.3 米，南北宽 6.1 米，占地面积 112 平方米。创建年代不详，现存建筑为清代风格。舞台面宽三间，进深四椽，单檐硬山顶。东西妆楼各一间，两层。

7 忻州市

忻府区东楼戏台

东楼戏台位于忻府区东楼乡东楼村东南部。据戏台题记载，建于清康熙四十三年（1704）。坐南向北，占地面积 72 平方米。面宽三间，进深四椽，斗栱一斗二升交麻叶，单檐悬山顶。

忻府区高铺戏台

高铺戏台位于忻府区豆罗镇高铺村南。据戏台题记，建于清嘉庆年间（1796——1820）。坐南向北，占地面积 155 平方米。面宽三间，进深四椽，斗栱一斗二升交麻叶，单檐悬山顶。

忻府区关城戏台

关城戏台位于忻府区豆罗镇关城村南。现存为清代建筑。坐南向北，占地面积 103.4 平方米。戏台基座高 2 米，面宽三间，进深四椽，灰瓦布顶，悬山顶，装饰性斗栱。台正面横梁上木雕“八仙”“花鸟”。

忻府区焦家庄戏台

焦家庄戏台位于忻府区长征街办事处焦家庄村南。坐南向北，东西长 10 米，南北宽 9 米，占地面积 90 平方米。据戏台脊檩题记，建于清光绪年间（1875——1908）。面宽三间，进深四椽，三踩单昂斗栱，悬山顶。前檐柱间骑马雀替，高 2 米，宽 1.2 米。

忻府区南高戏台

南高戏台位于忻府区奇村镇南高村中。据脊檩题记载，建于清同治三年（1864）。坐南向北，占地面积 129 平方米。面宽三间，进深四椽，单檐悬山顶，四檩后廊式架构，斗栱一斗二升交龙头。台内中部设隔扇，两侧各设一小门。后墙两次间设拱券式窗，台前部两侧筑八字影壁。1985 年 4 月 10 日，原忻州市人民政府（县级市）公布为市级文物保护单位。

忻府区南太平戏台

南太平戏台位于忻府区播明镇南太平村中。建于清同治七年（1871），现存为清代建筑。坐北向南，占地面积 96 平方米。戏台面宽三间，进深五椽，卷棚顶，装饰性斗栱，八檩后廊式构架，檐柱间设透雕雀替，八字墙。

忻府区碾沟戏台

碾沟戏台位于忻府区三交镇碾沟村中。创建年代不详，现存为清代建筑。坐东向西，占地面积 70 平方米。面宽三间，进深四椽，斗栱一斗二升交麻叶，悬山顶。

忻府区肖家山戏台

肖家山戏台位于忻府区董村镇肖家山村中。据戏台题记载，建于清光绪三十一年（1905）。坐南向北，占地面积96平方米。面宽三间，进深五椽，斗栱一斗二升交麻叶头，六檩后廊式构架，檐柱间设雀替，卷棚顶。

忻府区新路戏台

新路戏台位于忻府区解原乡新路村中。建于清乾隆四十六年（1781），原为关帝庙建筑，现庙已毁，仅存戏台。坐南向北，占地面积80平方米。面宽三间，进深四椽，装饰性斗栱，悬山顶，两侧有八字墙。

忻府区晏村戏台

晏村戏台位于忻府区兰村乡晏村中。据戏台题记载，建于清代。坐东向西，占地面积215平方米。面宽三间，进深四椽，斗栱一斗二升交麻叶，单檐悬山顶。

忻府区大南陌戏台

大南陌戏台位于忻府区阳坡乡大南陌村中。创建年代不详，现存为清代建筑。坐南向北，占地面积88平方米。戏台面宽三间，进深五椽，斗栱一斗二升交麻叶，悬山顶。

原平白石南戏台

白石南戏台位于原平市苏龙口镇白石村南。始建年代不详，据梁架题记，清康熙十三年（1674）重修，现存建筑为清代风格。坐西朝东，东西长5.8米，南北宽8.1米，占地面积47平方米。戏台石台基，面宽三间，进深四椽，单檐硬山顶。

原平白石戏台

白石戏台位于原平市苏龙口镇白石村中。据梁架题记，清代乾隆十三年（1748）重修，现存建筑为清代风格。坐东朝西，东西长7.3米，南北宽10.6米，占地面积77.4平方米。面宽三间，进深四椽，石质台基，后檐设廊，单檐前歇山顶后硬山顶。

原平班政铺戏台

班政铺戏台位于原平市沿沟乡班政铺村中。创建年代不详，据梁架题记，清咸丰元年（1851）重修，现存建筑为清代风格。坐南朝北，占地面积82平方米。戏台建于1.3米高的石砌台基上，面宽三间，进深六椽，单檐前歇山后硬山顶，七檩后廊式构架。前檐为装饰性斗栱，平身科每间一攒。戏台内中设木制隔扇，前台敞朗。1985年，原平县人民政府公布为县级文物保护单位。

原平北河底一村戏台

北河底一村戏台位于原平市东社镇北河底一村中。创建年代不详，据梁架题记，民国二十二年（1933）重修，现存建筑为清代风格。坐南朝北，东西长 9.4 米，南北宽 7 米，占地面积 66 平方米。戏台石砌台基，面宽三间，进深四椽，单檐前悬山顶，后硬山顶，顶部为卷棚顶，五檩后廊式构架。斗栱柱头、平身科每间一攒。左右有砖雕八字看墙。

原平薛家庄戏台

薛家庄戏台位于原平市东社镇薛家庄村中。创建于清康熙五十六年（1717），清乾隆三十九年（1774）、同治六年（1867）均重修，现存建筑为清代风格。坐南朝北，东西长 8.3 米，南北宽 6 米，占地面积 50 平方米。戏台石砌台基，面宽三间，进深五椽，六檩后带廊构架，单檐卷棚顶，青瓦脊筒饰顶。

原平北庄头戏台

北庄头戏台位于原平市东社镇北庄头村中。据梁架题记，始建于清乾隆十三年（1748），清嘉庆十年（1805）、光绪九年（1883）重修。坐南朝北，东西长 7.2 米，南北宽 7 米，占地面积 50 平方米。戏台面宽三间，进深六椽，单檐硬山顶。

原平储士戏台

储士戏台位于原平市苏龙口镇储士村中。始建年代不详，内壁上有清光绪二十六年（1900）戏班的题字，现存建筑为清代风格。坐南朝北，东西长 9.4 米，南北宽 6.3 米，占地面积 59 平方米。戏台石台基，面宽三间，进深四椽，五檩后廊式构架，前歇山顶，后硬山顶。

原平串道戏台

串道戏台位于原平市阎庄镇串道村中。创建年代不详，清末曾维修，现存建筑为清代风格。坐南朝北，东西长 7.7 米，南北宽 6.6 米，占地面积 51 平方米。石砌台基，面宽三间，进深四椽，单檐悬山顶。前檐设装饰性斗栱，平身科每间一攒。

原平大乐沟戏台

大乐沟戏台位于原平市崞阳镇大乐沟村中。据梁架题记，创建于清咸丰三年（1853），民国期间曾有修缮，现存建筑为清代风格。坐南朝北，占地面积36平方米。戏台面宽三间，进深四椽，五檩无廊式构架，单檐硬山顶。

原平东阎庄东戏台

东阎庄东戏台位于原平市东社镇东阎庄村中。创建年代不详，据梁架题记，清乾隆四十八年（1783）重修，现存建筑为清代风格。坐南朝北，东西长9.1米，南北宽9.4米，占地面积86平方米。戏台石砌台基，面宽三间，进深五椽，单檐硬山顶，六檩后廊式构架。前檐饰装饰性斗栱。

原平东阎庄戏台

东阎庄戏台位于原平市东社镇东阎庄村中。创建年代不详，据梁架题记，清嘉庆十五年（1810）重修，现存建筑为清代风格。坐西朝东，东西长8.6米，南北宽7.2米，占地面积62平方米。戏台石砌台基，面宽三间，进深五椽，单檐硬山顶，采用移柱法，明间较阔。

原平都庄戏台

都庄戏台位于原平市东社镇都庄村。创建于清康熙二十四年（1685），清道光二十一年（1841）重修，现存建筑为清代风格。坐南朝北，东西长 7.2 米，南北宽 6 米，占地面积 43 平方米。戏台砖砌台基，面宽三间，进深五椽，六檩后廊式构架，单檐卷棚硬山顶，青瓦脊筒饰顶。

原平墩底窑戏台

墩底窑戏台位于原平市沿沟乡墩底窑村中。创建年代不详，据梁架题记，清光绪三十三年（1907）重修，现存建筑为清代风格。坐南朝北，东西长 8.1 米，南北宽 6.3 米，占地面积 53 平方米。戏台石砌台基，面宽三间，进深四椽，单檐硬山顶，五檩无廊式构架。

原平沟里戏台

沟里戏台位于原平市东社镇沟里村中。创建年代不详，现存建筑为清代风格。坐南朝北，东西长 9 米，南北宽 6 米，占地面积 54 平方米。戏台石质台基，面宽三间，进深五椽，单檐卷棚硬山顶。

原平合村戏台

合村戏台位于原平市东社镇合村中。据梁架题记，始建于清乾隆五十三年（1788），1957年重修。现存建筑为清代风格。坐南朝北，东西长7.3米，南北宽7米，占地面积51平方米。一进院布局，中轴线建有戏台、神厅。戏台石质台基，面宽三间，进深五椽，单檐硬山顶，六檩后廊式构架，戏台隔断上方悬有“鸣放楼”牌匾，明间雀替有双凤木雕。

原平刘家庄戏台

刘家庄戏台位于原平市苏龙口镇刘家庄村中。据梁架题记，建于清光绪三年（1877）。坐南朝北，东西长10米，南北宽21米，占地面积210平方米。中轴线建有戏台、神厅。面宽三间，进深四椽，三踩斗栱，平身科每间一攒，单檐硬山顶。

原平马家庄戏台

马家庄戏台位于原平市段家堡乡马家庄村中。创建年代不详，现存建筑为清代风格。坐南朝北，东西长 8.1 米，南北宽 6.8 米，占地面积 53 平方米。戏台石砌台基，面宽三间，进深四椽，平身科为装饰性斗栱，五檩后廊式构架，单檐硬山顶。

原平南头戏台

南头戏台位于原平市中阳乡南头村中。创建年代不详，据碑记载，民国十四年（1925）重修，现存建筑为清代风格。坐南朝北，东西长 7.1 米，南北宽 5.2 米，占地面积 37 方米。戏台石砌台基，面宽三间，进深四椽。柱头斗栱、平身科每间一攒。五檩后廊式构架，单檐硬山顶。

原平南旺东戏台

南旺东戏台位于原平市东社镇南旺村中。据梁架记载，始建于清康熙三十二年（1673），清乾隆元年（1736）、嘉庆二十年（1815）、光绪二十九年（1903）均有修葺。坐南朝北，东西长 6.6 米，南北宽 6.7 米，占地面积 44 平方米。戏台面宽三间，进深四椽，单檐悬山顶。

原平南旺戏台

南旺戏台位于原平市东社镇南旺村中。据梁架记载，始建于清康熙二十二年（1683），乾隆元年（1736）、嘉庆二十年（1815）、光绪二十九年（1903）均有修葺。坐南朝北，东西长6.9米，南北宽8米，占地面积55.2平方米。戏台面宽三间，进深六椽，单檐歇山顶。装饰性斗栱，明间平身科斗栱四攒。

原平上默都戏台

上默都戏台位于原平市大牛店镇上默都村中。建于清光绪二年（1876）。坐东朝西，东西长6.1米，南北宽8.4米，占地面积51.2平方米。石台基，面宽三间，进深五椽，单檐硬山顶。石质栏杆，望柱上雕有小狮。

原平上庄二村戏台

上庄二村戏台位于原平市东社镇上庄二村中，创建年代不详。为满足村民观看样板戏的需要，于1966年重修。现存建筑为清代风格，坐南朝北，东西长12.5米，南北宽8.6米，占地面积108平方米。戏台石砌台基，覆盆式柱础，面宽三间，进深五椽，内置五间，大开间布置，后廊式构架，前为歇山顶，后为悬山顶，脊筒饰顶。戏台内两侧墙壁上有“文革”时期标语 “大跃进万紫千红，总路线光芒万丈”。

原平天晃戏台

天晃戏台位于原平市崞阳镇天晃村中。据碑记载，建于清同治六年（1867）。坐南朝北，东西长 8.6 米，南北宽 25 米，占地面积 215 平方米。一进院布局，中轴线建有神棚、戏台。戏台面宽三间，进深四椽，单檐硬山顶。前檐设五踩斗栱，平身科每间一攒。

原平王北窑戏台

王北窑戏台位于原平市东社镇王北窑村中。坐南朝北，东西长 10.4 米，南北宽 25.7 米，占地面积 267 平方米。据梁架题记，建于清乾隆十八年（1753），现存建筑为清代风格。一进院布局，中轴线分布有戏台、神厅，两侧有配殿。戏台砖砌台基，面宽三间，进深四椽，五檩后廊式构架，装饰性斗栱，单檐硬山顶。

原平王东社戏台

王东社戏台位于原平市东社镇王东社村中。创建年代不详，据梁架题记，清康熙二十六年（1687）、清乾隆二十六（1761）、道光二十九年（1849）均有重修，现存建筑为清代风格。坐南朝北，东西长 7.7 米，南北宽 8.2 米，占地面积 63.1 平方米。戏台石砌台基，面宽三间，进深七椽，七檩后廊式构架，单檐悬山卷棚顶，垂脊饰顶。

原平王南窑戏台

王南窑戏台位于原平市东社镇王南窑村中。据梁架题记，创建于清乾隆十九年（1754），清嘉庆、同治年重修，现存建筑为清代风格。坐南朝北，东西长 6.9 米，南北宽 5.9 米，占地面积 41 平方米。戏台石砌台基，面宽三间，进深五椽，平身科每间一攒，五檩后廊式构架，单檐卷棚顶，前为悬山顶，后为硬山顶，左右各有青砖筑成的八字看墙。

原平西松彰戏台

西松彰戏台位于原平市苏龙口镇西松彰村中。始建年代不详，据梁架题记，清光绪二十四年（1898）重修，现存建筑为清代风格。坐西朝东，东西长 6.2 米，南北宽 8.2 米，占地面积 51 平方米。戏台面宽三间，进深四椽，单檐硬山顶。

原平西营戏台

西营戏台位于原平市大牛店镇西营村中。创建年代不详，现存建筑为清代风格。坐东朝西，东西长 25 米，南北宽 10 米，占地面积 250 平方米。一进院布局，中轴线建有戏台、神棚。戏台面宽三间，进深四椽，五檩后带廊构架，单檐悬山顶，前檐设装饰性斗栱。

原平下木章戏台

下木章戏台位于原平市中阳乡下木章村中。据梁架题记，始建于清嘉庆十一年（1806）。坐西朝东，东西长 6.4 米，南北宽 8.4 米，占地面积 53.8 平方米。戏台石质台基，面宽三间，进深四椽，后檐设廊，单檐悬山顶。

原平香烟戏台

香烟戏台位于原平市崞阳镇香烟村中。创建年代不详，现存建筑为清代风格。坐南朝北，东西长 8 米，南北宽 6.3 米，占地面积 50 平方米。戏台石砌台基，面宽三间，进深四椽，单檐悬山顶，五踩斗栱，平身科每间一攒。戏台墙壁上有民国八年（1919）七月山西大同府李锁恒演出的题记。

原平辛章戏台

辛章戏台位于原平市中阳乡辛章村中。始建年代不详，现存建筑为清代风格。坐西朝东，东西长 7 米，南北宽 10 米，占地面积 70 平方米。戏台石砌台基，面宽三间，进深五椽，前歇山顶，后硬山顶。

原平新庄戏台

新庄戏台位于原平市沿沟乡新庄村。创修年代不详，现存为清代风格。坐南朝北，东西长8.1米，南北宽6.5米，占地面积53平方米。戏台石砌台基，面宽三间，进深四椽，五檩后带廊构架，单檐硬山顶。

原平兴隆寨戏台

兴隆寨戏台位于原平市沿沟乡兴隆寨村中。据梁架题记，始建于清光绪七年（1881），现存建筑为清代风格。坐南朝北，东西长8.7米，南北宽6.9米，占地面积60平方米。戏台石砌台基，面宽三间，进深四椽，单檐前悬山顶，后硬山顶，五檩无廊式构架，梁架施彩绘。

原平尹家洼戏台

尹家洼戏台位于原平市沿沟乡尹家洼村中。创建年代不详，现存建筑为清代风格。坐南朝北，东西长8.1米，南北宽6.5米，占地面积53平方米。戏台石砌台基，面宽三间，进深四椽，单檐硬山顶，五檩后廊式构架。戏台墙壁题记清光绪二十八年（1902）双胜班在此演出。

原平峪里戏台

峪里戏台位于原平市东社镇峪里村中。据梁架题记，始建于清顺治八年（1651），康熙二十二年（1683）毁于地震，康熙二十五年（1686）重修。坐南朝北，东西长 7.4 米，南北宽 7 米，占地面积 51 平方米。面宽三间，进深五椽，单檐卷棚顶。前檐柱为石质，草书对联 “警世化民处处要从台上现，演今扮古人人请作镜中观。”

原平中庄戏台

中庄戏台位于原平市中阳乡中庄村。始建年代不详，戏台内壁上有清光绪二十五年（1899）、宣统三年（1911）王顺国等戏班演出的记载，现存建筑为清代风格。坐西朝东，东西长 6 米，南北宽 7.3 米，占地面积 43.8 平方米。面宽三间，进深四椽，单檐硬山顶，明间雀替有二龙戏珠木雕，梁架有彩绘。

原平朱东社戏台

朱东社戏台位于原平市东社镇朱东社村中。创建年代不详，据梁架记载，清乾隆三十七年（1772）、道光元年（1821）、民国五年（1916）曾经重修，现存建筑为清代风格。坐西朝东，东西长 6 米，南北宽 6.9 米，占地面积 41 平方米。戏台石砌台基，面宽三间，进深四椽，单檐前悬山顶，后硬山顶。对面有神棚，面宽三间，进深四椽，前带廊构架，单檐硬山顶。

原平令狐戏台

令狐村戏台位于原平市苏龙口镇令狐村中，建于清同治七年（1868）。坐南朝北，东西长6.8米，南北宽5.5米，占地面积37.4平方米。戏台石砌台基，面宽三间，进深四椽，单檐硬山顶。

定襄大南庄关帝庙连二戏台

定襄县大南庄关帝庙连二戏台在定襄县城西北10千米大南庄，属受禄乡。大南庄有一首民谣："连二戏台子三座庙，四根旗杆五条道。东六昌，西五道，中间坐着老君庙。"民谣是描述村里庙宇分布的情况，第一句"连二台子三座庙"则反映了关帝庙连二戏台的旧貌。原来在连二戏台对面共排列着三座大殿，中间为关帝庙，西侧为观音庙，东侧为龙王庙。过去每逢祭祀关公时在左边台口演戏，祭祀龙王时右边台口演戏，有条件时两个戏班子在两台同时竞演，引得周边各县乡民前来观看。经过长期战争岁月和风雨侵袭，三座庙宇已经不存，现仅剩这座连二戏台了。

连二戏台是一座单体建筑，悬山卷棚顶共六间，正中间有板壁分隔，将戏台平均分为两座，每台三间。据传原台高约1.5米，后因台前积土只剩0.5米。台基宽16.78米，边长11.17米，占地约188平方米。戏台通阔13.66米，明间阔3.7米。通进深7.1米，前台深4.5米。前后之间旧有隔扇。台上圆木柱四排，檐柱栱七根，第四根柱兼及两台。柱头平板枋下施大额板，每台两次间又于大额枋下施一由额，用以加强梁柱间的平衡力。柱头科斗口跳，要头麻叶云。平身科明间三攒，次间两攒。明间雕花雀替已不存。

台口石栏板高31厘米，每块宽1.13米，嵌在11根石望柱间。石望柱上的石兽雕刻已毁于"文革"中，现存9柱，上有阴刻戏剧对联四副。左台两副一为："知音者当场领略；会心人住地逍遥。"一为："欲放叔□生条□；□□优孟□衣冠。"右台两幅一为："妙舞翩跹明月上；艳歌婉转碧云留。"一为："红袖舞来花□□；紫笙吹彻月当筵。"两台

居中栏板分别镌扇形横匾，上书“吟风”和“啸月”。

居中的石望柱上刻“同治元年季夏谷旦”，可以佐证戏台的建造年代是1862年。后台墙壁上还留下了清代戏班的诸多题记，其中最早的有“同治二年正月十二日仁义班王万海在此班提笔人五台县松岩口村”等。另外还有光绪、民国戏班题记，也可证实戏台演出的大概历史。

定襄李家庄戏台

李家庄戏台位于定襄县河边镇李家庄村中。据梁架题记载，建于清光绪元年（1875）。坐南向北，东西长10米，南北宽7.9米，占地面积79平方米。石砌台基，台基宽10米，深7.9米，高0.75米。面宽三间，进深五椽，卷棚硬山顶，六檩梁架结构。

定襄管家营戏台

管家营戏台位于定襄县神山乡管家营村中。创建年代不详，现存为清代建筑。坐南向北，东西长8米，南北宽8米，占地面积64平方米。石砌台基，台基宽8米，深8米，高0.6米。面宽三间，进深五椽，卷棚硬山顶。

定襄后高蒋戏台

后高蒋戏台位于定襄县蒋村乡后高蒋村中。据梁架题记载建于清咸丰九年（1859）。坐西向东，东西长 8.8 米，南北宽 8.7 米，占地面积约 77 平方米。石砌台基，台基宽 8.7 米，深 8.8 米，高约 1 米。面宽三间，进深七椽，单檐卷棚悬山顶，八檩梁架结构。

定襄寇村戏台

寇村戏台位于定襄县南王乡寇村中。据梁架题记载，建于清道光十八年（1838）。坐南向北，东西长 12.5 米，南北宽 13.1 米，占地面积 164 平方米。戏台石砌台基，宽 12.5 米，深 13.1 米，高 0.8 米。面宽三间，进深五椽，单檐悬山顶，六檩梁架结构。1997 年，定襄县人民政府公布为县级文物保护单位。

定襄南林木戏台

南林木戏台位于定襄县季庄乡南林木村中。创建年代不详，现存为清代建筑。坐南向北，东西长 8.9 米，南北宽 9.3 米，占地面积约 83 平方米。台基宽 8.9 米，深 9.3 米，高 0.6 米，面宽三间，进深五椽，卷棚悬山顶。右山墙残存戏曲人物壁画约 4 平方米。

定襄平东社戏台

平东社戏台位于定襄县宏道镇平东社村中。创建年代不详，现存为清代建筑。坐南向北，东西长约 10.3 米，南北宽约 9.5 米，占地面积约 98 平方米。石砌台基，台基宽 10.3 米，深 9.5 米，高 0.5 米。面宽三间，进深六椽，单檐卷棚顶。明间宽大，次间偏窄，明间悬清道光二十七年（1847）牌匾一方。墙体上有解放初期演出剧团题记。

定襄史家岗戏台

史家岗戏台位于定襄县蒋村乡史家岗村中。创建年代不详，现存为清代建筑。坐南向北，东西长 11 米，南北宽 8.3 米，占地面积约 91 平方米。石砌台基，台基宽 10.9 米，深 7.7 米，高 0.9 米。面宽三间，进深五椽，单檐卷棚顶。

定襄西河头戏台

西河头戏台位于定襄县晋昌镇西河头村中。创建年代不详，现存为清代建筑。坐北向南，东西长 10.2 米，南北宽 9.7 米，占地面积约 99 平方米。戏台主体完整，部分石栏为添建。戏台石砌台基，台基宽 10.2 米，深 9.7 米，高 0.9 米。面宽三间，进深五椽，单檐卷棚悬山顶，六檩梁架结构。前台设石栏和望柱，上雕花卉图案。

定襄西庄头戏台

西庄头戏台位于定襄县季庄乡西庄头村中。创建年代不详，现存为清代建筑。坐南向北，东西长 9.4 米，南北宽 9.6 米，占地面积 89 平方米。石砌台基，宽 9.4 米，深 9.5 米，高 0.56 米。面宽三间，进深五椽，卷棚硬山顶。台前设有石栏望柱，望柱上刻有“季春敬立”和梅花图案。

定襄小南邢戏台

小南邢戏台位于定襄县南王乡小南邢村中。据梁架题记载，建于清康熙三十七年（1698）。坐南向北，东西长 13.3 米，南北宽 10.9 米，占地面积约 145 平方米。台基宽 13.3 米，深 10.9 米，高 0.66 米。面宽三间，进深六椽，七檩梁架结构，单檐卷棚悬山顶。

定襄官庄戏台

官庄戏台位于定襄县南王乡官庄村中。据梁架题记载，建于清光绪三年（1877）。坐南向北，东西长 10.8 米，南北宽 9.8 米，占地面积约 106 平方米。戏台为石砌台基，台基宽 10.8 米，深 9.8 米，高 0.6 米。面宽三间，进深五椽，卷棚悬山顶，六檩梁架结构。

定襄后营戏台

后营戏台位于定襄县季庄乡后营村中。始建年代不详，现存为清代建筑。坐南向北，东西宽 9.1 米，南北长 8.8 米，占地面积 80 平方米。石砌台基，宽 9.1 米，深 8.8 米，高 0.3 米。面宽三间，进深六椽，卷棚硬山顶。后台墙体上有大量戏班题记，最早时间为清同治四年（1865）。

五台东建安戏台

东建安戏台位于五台县建安乡东建安村南。始创年代不详，现存建筑为清代。坐南向北，占地面积 62 平方米。青石台基高 1 米。面宽三间，进深五椽，卷棚硬山顶。前后左右有八字砖看墙。墙上残存清同治八年（1869）壁画 6 平方米。后台墙壁有戏班墨题，“同治八年会元班太原府蒲州西候庆村”“顺意班”“同治五年”“光绪三十一年，忻州班主张天太演出”等字样。

五台东茹戏台

东茹戏台位于五台县茹村乡东茹村中。创建年代不详，现存建筑为清代。坐南向北，占地面积 90 平方米。戏台石砌台基，高 2 米。面宽三间，进深六椽，前檐卷棚歇山顶，后檐硬山顶。明间圈口木雕二龙戏珠，斗栱五踩，双下昂，耍头龙形。砖雕八字看墙。后槽金柱两根。明间走马板匾书“报德楼”。

五台沟南戏台

沟南戏台位于五台县沟南乡沟南村东北。创建年代不详，现存为清代建筑。坐南向北，占地面积 67 平方米。戏台筑于砖石基座上，面宽三间，进深四椽，卷棚硬山顶。斗栱五踩，正心瓜栱呈木雕卷云形。戏台内存 20 世纪 70 年代壁画约 60 平方米，内容为“而今迈步从头越”“雄关漫道真如铁”“春风杨柳万千条，六亿神州尽舜尧”“为有牺牲多壮志，敢叫日月换新天”。

五台河北村戏台

河北村戏台位于五台县耿镇镇河北村西南。现存为清代建筑。坐南朝北，占地面积 66 平方米。面宽三间，进深四椽，单檐硬山顶，前出廊，后檐墙上留有戏班演出时的题记。

五台南大贤戏台

南大贤戏台位于五台县茹村乡南大贤村中。创建年代不详，现存建筑为清代。坐南朝北，占地面积 90 平方米。面宽三间，进深五椽，前檐卷棚歇山顶，后檐硬山顶。斗栱一斗四升交麻叶。前檐转角耍头象鼻，后槽金柱两根。

五台南茹戏台

南茹戏台位于五台县茹村乡南茹村。庙毁，仅存戏台。创建及重修年代均不详，现存建筑为清代。坐南朝北，占地面积 238 平方米。戏台石砌台基，面宽三间，进深六椽，单檐前卷棚歇山、后卷棚硬山顶，七檩后廊式构架，斗栱三踩单翘。戏台内后槽明间设隔扇。1985 年 7 月，五台县人民政府公布为县级文物保护单位。

五台上金山戏台

上金山戏台位于五台县阳白乡上金山村北。现存为清代建筑。坐南向北，占地面积 63 平方米。戏台面宽三间，进深四椽，单檐硬山卷棚顶，檐枋、斗栱等均饰彩绘。耍头龙形，斗栱三踩，左右有花牙子，柱头吞口。

五台上金庄戏台

上金庄戏台位于五台县阳白乡上金庄村中。始创年代不详，据梁题“大清光绪四年（1878）重修”。坐南向北，占地面积61平方米。戏台面宽三间，进深四椽，硬山灰瓦顶，斗栱三踩，平身科龙形耍头，柱头科单幅云耍头，檩枋有彩绘。后有隔扇。墙壁戏班子墨题有“光绪九年（1883）”“光绪二十四年（1898）”“宣统二年（1910）”等。

五台射虎川戏台

射虎川戏台位于五台县石咀乡射虎川村西北约1千米处。原为奶奶庙的附属建筑，现庙毁仅存戏台两座。据碑载，清嘉庆年间（1796—1820）重建，占地面积370平方米。坐东朝西，两座戏台南北一字排列。北戏台石砌台基，面宽三间，进深二间，单檐卷棚硬山顶，四檩构架。前台敞朗，后檐墙辟二圆形窗，两山墙绘水墨画6.8平方米。南戏台石砌台基，面宽三间，进深二间，单檐前歇山后硬山顶，四檩后廊式构架，后檐墙辟二圆形窗。1985年7月，五台县人民政府公布为县级文物保护单位。

五台士集戏台

士集戏台位于五台县阳白乡士集村村西。现存为清代建筑。坐南向北，占地面积174平方米。戏台面宽三间，进深四椽，卷棚顶，明间檐额较大。前台八字看墙砖雕。脊檩与侏儒柱相交点做成雀替形。石鼓柱础，木雕圈口上雕有“井冈山”“万寿山”字样。平身科耍头龙形，两边雕花牙子。

五台唐家湾戏台

唐家湾戏台位于五台县台城镇唐家湾村南的水库岸边。现存为清代建筑。坐南向北，占地面积 60 平方米。戏台面宽三间，进深四椽，后檐硬山顶，前檐歇山顶。斗栱大斗左右伸出花牙子，明间平身科二攒，次间一攒。前檐翼角用抹角梁，垂莲柱升起翼角。后槽有金柱两根。

五台张家庄戏台

张家庄戏台位于五台县茹村乡张家庄村中。现存为清代建筑。坐南向北，占地面积 55 平方米。戏台面宽三间，进深四椽，卷棚硬山顶，后槽金柱两根。两旁走马板书“水月”“镜花”，中书“翠云楼”，落封书“大清道光九年（1829）”。

繁峙东峪戏台

东峪戏台位于繁峙县繁城镇东峪村中。创建年代不详，现存为清代建筑。坐南朝北，东西长 8.2 米，南北宽 7.5 米，占地面积 61.5 平方米。戏台石砌台基，基高 0.5 米，面宽三间，进深四椽，五檩后廊式构架，单檐卷棚顶。

繁峙后所大庙戏台

后所大庙戏台位于繁峙县大营镇后所村中。创建年代不详，现存为清代建筑。坐南朝北，东西长 8.45 米，南北宽 6.3 米，占地面积 50 平方米。原庙内有正殿、东西厢房、戏台。现庙已毁，仅存戏台。戏台面宽三间，进深五椽，六檩后廊式结构，单檐卷棚顶。

繁峙辉峪龙王庙戏台

辉峪龙王庙戏台位于繁峙县岩头乡辉峪村中。创建年代不详，现存为清代建筑。坐东朝西，南北长 8.7 米，东西宽 7.5 米，占地面积 65.3 平方米。原庙已毁，仅存戏台。戏台石砌台基，基高 1.2 米，面宽三间，进深四椽，五檩后廊式构架，单檐硬山顶。

繁峙集义庄关帝庙戏台

集义庄关帝庙戏台位于繁峙县集义庄乡集义庄村中。创建年代不详，现存为清代建筑。坐东朝西，南北长 8.65 米，东西宽 6.6 米，占地面积 55 平方米。一进院布局，现仅存戏台。戏台面宽三间，进深四椽，五檩后廊式构架，单檐卷棚顶。

繁峙龙池河戏台

龙池河戏台位于繁峙县大营镇龙池河村中。创建年代不详，现存为清代建筑。坐西朝东，南北长 8.25 米，东西宽 6.3 米，占地面积 52 平方米。戏台面宽三间，进深三椽，四檩后廊式构架，单檐卷棚顶。

繁峙马庄关帝庙戏台

马庄关帝庙戏台位于繁峙县大营镇马庄村中。创建年代不详，现存为清代建筑。坐南朝北，东西长 7.9 米，南北宽 7.1 米，占地面积 56 平方米。现庙已毁，仅存戏台。面宽三间，进深四椽，五檩后廊式构架，单檐卷棚顶。

繁峙南峪口戏台

南峪口戏台位于繁峙县东山乡南峪口村南峪口卫东学校院内。创建年代不详，现存为清代建筑。坐南朝北，东西长 8.1 米，南北宽 8 米，占地面积 64.8 平方米。戏台面宽三间，进深四椽，五檩后廊式构架，单檐卷棚顶。

繁峙平型关过街戏台

平型关过街戏台位于繁峙县横涧乡平型关村中。创建年代不详，现存建筑为清代。坐南朝北，南北长 8.7 米，东西宽 8.1 米，占地面积 70.5 平方米。戏台石砌基座，基高 2.4 米，中部辟门洞，南北贯通，面宽三间，进深四椽，五檩无廊式构架，单檐卷棚顶。1985 年 4 月 15 日，繁峙县人民政府公布为县级文物保护单位。

繁峙朴寨戏台

朴寨戏台位于繁峙县大营镇朴寨村中。创建年代不详，现存为清代建筑。坐南朝北，东西长 9.35 米，南北宽 7.35 米，占地面积 68.7 平方米。原有老爷庙，后被侵华日军所毁，现仅存戏台。戏台面宽三间，进深四椽，五檩后廊式构架，单檐卷棚顶。前檐横楹上绘有《红灯记》《白毛女》《智取威虎山》《沙家浜》等彩绘，写有“抓革命、促生产、促工作、促战备、破私立公、为人民服务”等字样。

繁峙三元寺戏台

三元寺戏台位于繁峙县神堂堡乡中砚台村中。创建年代不详，现存为清代建筑。坐东朝西，南北长8.4米，东西宽7.5米，占地面积63平方米。原有三元寺，现已被毁，仅存戏台。戏台面宽三间，进深四椽，五檩后廊式构架，单檐卷棚顶。院内存清功德碑一通、民国重修碑一通。

繁峙三祝戏台

三祝戏台位于繁峙县繁城镇三祝村旧村中。创建年代不详，现存建筑为清代。坐西朝东，南北长7.9米，东西宽6.4米，占地50.5平方米。戏台面宽三间，进深四椽，五檩后廊式构架，单檐卷棚顶，斗栱一斗二升交麻叶。

繁峙新圐圙戏台

新圐圙戏台位于繁峙县大营镇新圐圙村中。创建年代不详，现存为清代建筑。坐南朝北，东西长7.45米，南北宽6.8米，占地面积50.7平方米。面宽三间，进深三椽，四檩后廊式构架，单檐卷棚顶。

繁峙杏园关帝庙戏台

杏园关帝庙戏台位于繁峙县杏园乡杏园村中。庙宇，创建于明万历十三年（1585），20世纪60年代被毁，现仅存戏台，为清代建筑。坐南朝北，东西长8.5米，南北宽6.7米，占地面积57平方米。戏台面宽三间，进深四椽，五檩后廊式结构，单檐卷棚顶。

岢岚北方沟戏台

北方沟戏台位于岢岚县宋家沟乡北方沟村中。创建年代不详，现存为清代建筑。坐南向北，占地面积75平方米。石砌台基，基宽9.2米，深8.1米，高0.9米。面宽三间，进深五椽，单檐卷棚悬山顶，六檩后廊式构架，前檐施有装饰性斗栱。

岢岚大化戏台

大化戏台位于岢岚县水峪贯乡大化村中。创建年代不详，现存为清代建筑。坐西向东，占地面积 78 平方米。石砌台基，基宽 9.45 米，深 8.25 米，高 0.45 米。面宽三间，进深五椽，单檐卷棚硬山顶，六檩后廊式构架，前檐施有装饰性斗栱。1984 年，岢岚县人民政府公布为县级文物保护单位。

岢岚黄土坡戏台

黄土坡戏台位于岢岚县王家岔乡黄土坡村中。创建年代不详，现存为清代建筑。坐南向北，占地面积 78 平方米。石砌台基，基宽 9.6 米，深 8.15 米，高 1.3 米。面宽三间，进深五椽，单檐卷棚悬山顶，六檩后廊式构架，前檐施装饰性斗栱。

岢岚偏道沟戏台

偏道沟戏台位于岢岚县宋家沟乡偏道沟村中。创建年代不详，现存为清代建筑。坐南向北，占地面积 67 平方米。石砌台基，基宽 8.3 米，深 8.05 米，高 1.3 米。面宽三间，进深五椽，单檐卷棚悬山顶，六檩后廊式构架。

偏关堡子湾戏台

堡子湾戏台位于偏关县窑头乡堡子湾村中。创建年代不详，现存为清代建筑。坐南朝北，原为关帝庙附属建筑，现仅存戏台。东西宽 7.4 米，南北长 9 米，占地面积 66.6 平方米。戏台面宽三间，进深五椽，单檐卷棚前歇山后硬山顶。

偏关草垛山戏台

草垛山戏台位于偏关县万家寨镇草垛山村南。创建年代不详，现存为清代建筑。坐南朝北，东西 7.8 米，南北 7 米，占地面积为 54.6 平方米。原为龙王庙附属建筑，庙毁，仅存戏台。建在 1.5 米高的石砌台基上，面宽一间，进深四椽，顶部已毁。

偏关柴家岭戏台

柴家岭戏台位于偏关县天峰坪镇柴家岭村中。创建年代不详，现存为清代建筑。坐南朝北，原为龙王庙附属建筑，庙毁，仅存戏台。东西长 7.7 米，南北宽 6.25 米，占地面积 48 平方米。砖石台基高 1.5 米，戏台面宽三间，进深四椽，单檐卷棚硬山顶，云形耍头，荷叶垫墩，雕花雀替。

偏关高峁梁戏台

高峁梁戏台位于偏关县窑头乡高峁梁村中。创建年代不详，现存为清代建筑。坐南向北，东西长 8.6 米，南北宽 7.2 米，占地面积 62 平方米。现仅存台基及东、西、北三墙。木构件及屋顶全部烧毁。

偏关关河口戏台

关河口戏台位于偏关县天峰坪镇关河口村中。原为河神庙戏台，创建年代不详，现存为清代建筑。坐西朝东，东西宽 6.25 米，南北长 6.9 米，占地面积 43 平方米。戏台面宽三间，进深四椽，单檐硬山顶，斗栱把头绞项作，云形耍头，柱间镂雕花卉雀替。

偏关后窑上戏台

后窑上戏台位于偏关县楼沟乡后窑上村中新村西 500 米处。创建年代不详，现存为清代建筑。坐南朝北，东西长 8.8 米，南北宽 8.2 米，占地面积 72 平方米。戏台建于高 1.5 米的石砌台基上，面宽三间，进深三椽，四檩单檐卷棚硬山顶，后为石券窑洞两孔，东辟门。

偏关滑石堡戏台

滑石堡戏台位于山西省忻州市偏关县万家寨镇井儿上村滑石堡自然村中。创建年代不详，现存为清代建筑。坐南朝北，东西长 8.55 米，南北宽 6.22 米，占地面积 53.2 平方米。建在 0.8 米高的石砌台基上，面宽三间，进深四椽，五檩梁架结构，单檐卷棚硬山顶。

偏关桦林堡戏台

桦林堡戏台位于偏关县天峰坪镇桦林堡村中。创建年代不详，现存为清代建筑。坐南朝北，东西长 8.35 米，南北 7.2 米，占地面积 60 平方米。戏台面宽三间，进深三椽，单檐前卷棚歇山后硬山顶。斗栱把头绞项作，并饰三幅云丁头栱，云形耍头。柱间设骑马雀替。

偏关霍家沟戏台

霍家沟戏台位于偏关县窑头乡霍家沟村中。据梁架题记，建于清代。坐西向东，东西长7.65米，南北宽8米，占地面积61.2平方米。石砌台基高1米，面宽三间，进深四椽，单檐卷棚硬山顶。

偏关贾堡戏台

贾堡戏台位于偏关县老营镇贾堡村中。现存为清代建筑。原为老爷庙附属建筑，庙毁，仅存戏台。坐南朝北，东西长约10米，南北宽约9米，占地面积约90平方米。戏台建在1米高的石砌台基上。面宽三间，进深六椽。

偏关老牛湾戏台

老牛湾戏台位于偏关县万家寨镇老牛湾村堡中。据碑文记载，始建于明代，清代和2006年维修。原为城隍庙内附属建筑，现仅存戏台，为清代建筑。坐南朝北，东西长9.1米，南北宽6.9米，占地面积62.5平方米。建在0.5米高的石砌台基上，面宽三间，进深四椽，单檐硬山顶。

偏关梨园戏台

梨园戏台位于偏关县天峰坪镇梨园村中。现存为清代建筑。坐南朝北，东西长 8.1 米，南北宽 7.2 米，占地面积 58 平方米。戏台建在 1.3 米高的石砌台基上，面宽三间，进深四椽，单檐卷棚硬山顶，五檩梁架结构。斗栱一斗三升，龙形、云形耍头。骑马雕花雀替。戏台后辟二窗，东西山墙各辟一门。

偏关麦虎戏台

麦虎戏台位于偏关县万家寨镇麦虎村中。创建年代不详，现存为清代建筑。坐南朝北，东西 11 米，南北 11.5 米，占地面积 126.5 平方米。原为龙王庙内附属建筑，仅存戏台。建在 1.2 米高的石砌台基上，面宽三间，进深 11.5 米，单檐硬山顶。

偏关上尧王坪戏台

上尧王坪戏台位于偏关县新关镇上尧王坪村中。创建年代不详，现存为清代建筑。坐西向东，东西长 7.45 米，南北宽 7.15 米，占地面积 53 平方米。戏台建于高 1.4 米的石砌台基上，面宽三间，进深五椽，单檐卷棚硬山顶。

偏关深墕戏台

深墕戏台位于偏关县新关镇深墕村中。创建于清代，现存为清代建筑。坐南向北，东西宽 7 米，南北长 7.5 米，占地面积 52.5 平方米。下部基座为过街洞，上部建戏台，面宽三间，进深四椽，单檐卷棚硬山顶。斗栱把头交项作，云形耍头。檐柱间骑马雀替。明间悬“水镜月花”匾一方，落款为杏花村史耀宗书。

偏关水泉戏台

水泉戏台位于偏关县水泉乡水泉村西侧。据碑文记载，建于明代，清代曾重修。原为关帝庙附属建筑，庙毁，现仅存戏台，为清代建筑。坐南朝北，东西长 8.7 米，南北宽 7.25 米，占地面积 62.6 平方米。戏台建在高 0.5 米的石砌台基之上，面宽三间，进深四椽，单檐前卷棚歇山后硬山顶，五檩无廊式构架。明间后坡望板内嵌清顺治九年（1652）木匾一方，上书“献敕封忠义神武关圣大帝”。

偏关寺塌堡戏台

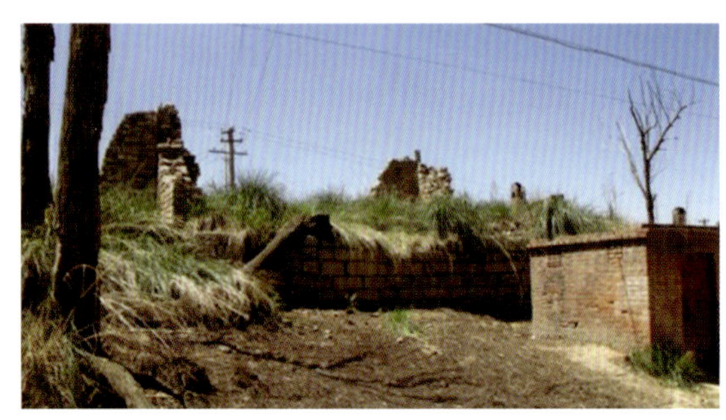

寺塌堡戏台位于偏关县新关镇刘家湾村寺塌堡自然村中。创建年代不详，现存为清代建筑。坐南朝北，东西 7.84 米，南北 6.5 米，占地面积约 50.96 平方米。建在高 1.1 米的石砌台基之上，面宽三间，顶部坍塌。

偏关西沟戏台

西沟戏台位于偏关县新关镇西沟村中。创建年代不详，现存建筑为清代。坐西朝东，南北长 7.54 米，东西宽 7.45 米，占地面积 56.2 平方米。砖石砌台基，高 1.3 米，台身面宽三间，进深六椽，单檐卷棚硬山顶。七檩构架，前檐柱头斗栱一斗二升交麻叶。平身科明间二攒，两次间各一攒。雀替雕作龙首、鱼身状。山墙壁有圆窗。灰色筒瓦、板瓦布顶。1985 年，偏关县人民政府公布为县级文物保护单位。

偏关下川戏台

下川戏台位于偏关县楼沟乡下川村西侧。现存为清代建筑。坐南朝北，东西长 7.5 米，南北宽 7.05 米，占地面积 52 平方米。戏台建在 1.1 米高的石砌台基上，面宽三间，进深三椽，四檩梁架结构，单檐硬山顶，云形耍头。有清光绪十四年（1888 年）“重修佛殿庙碑记”石碑两通。

偏关阳塔戏台

阳塔戏台位于偏关县新关镇阳塔村中。创建年代不详，现存属清代建筑。坐北向南，东西宽 7.2 米，南北长 7.4 米，占地面积 53 平方米。原为观音庙戏台。石砌台基高 1.5 米，面宽三间，进深四椽，单檐卷棚硬山顶。斗栱把头绞项作，云形、象形耍头，雕花雀替。

偏关永兴戏台

永兴戏台位于偏关县楼沟乡永兴村中。创建年代不详，现存为清代建筑。坐南朝北，东西宽 7.7 米，南北长 8.3 米，占地面积 63 平方米。戏台建在高 1.95 米的石砌台基之上，面宽三间，进深三椽，单檐卷棚硬山顶。斗栱把头绞项作，柱间镂雕花卉雀替，象形耍头。

偏关窄沟戏台

窄沟戏台位于偏关县老营镇窄沟村中。创建年代不详，现存为清代建筑。坐西朝东，东西长 8.05 米，南北宽 7.6 米，占地面积约 61.18 平方米。戏台面宽三间，进深三椽，四檩梁架结构，单檐硬山顶。

偏关中大街戏台

中大街戏台位于偏关县新关镇中大街。创建年代不详，现存建筑为清代。坐东朝西，南北长 8.8 米，东西宽 6.2 米，占地面积 54.5 平方米。为二层砖木结构，底层砖石结构，面宽三间，为临街铺面，上建戏台。面宽三间，进深四椽，单檐前卷棚歇山后硬山顶。1985 年，偏关县人民政府公布为县级文物保护单位。

偏关庄窝戏台

庄窝戏台位于偏关县新关镇庄窝村中。创建年代不详，现存均为清代建筑。坐北朝南，东西长 8 米，南北宽 7.4 米，占地面积 59.2 平方米。原为观音庙内附属建筑，庙毁仅存戏台。戏台建于高 1.5 米的石砌台基上，面宽三间，进深五椽，单檐卷棚硬山顶。斗栱把头绞项作，云形耍头，雀替雕作龙首形。

宁武山寨戏台

山寨戏台位于宁武县化北屯乡山寨村中。创建年代不详，现存为清代建筑。坐南朝北，东西 9.7 米，南北 8.2 米，占地面积 79.54 平方米。戏台台基高 0.50 米，条石垒砌。面宽三间，进深五椽，六檩前后廊式构架。卷棚顶，土坯墙，檐下有椽飞。

宁武石家庄戏台

石家庄戏台位于宁武县石家庄镇石家庄村中。创建年代不详，现存为清代建筑。坐东朝西，南北 10 米，东西 9 米，占地面积 90 平方米。戏台面宽三间，进深四椽，悬山卷棚顶，六檩后廊式构架，檐下有装饰性斗栱。墙壁有戏班墨书题记，已模糊不清。

宁武唐家山戏台

唐家山戏台位于宁武县迭台寺乡唐家山村北 100 米处。创建年代不详，现存为晚清建筑。坐南朝北，东西 9 米，南北 7 米，占地面积 63 平方米。戏台面宽三间，进深四椽。卷棚硬山顶，檐下无斗栱。

宁武余庄戏台

余庄戏台位于宁武县余庄乡上余庄村中。创建年代不详，现存为清代建筑。坐西南面东北，占地面积 75 平方米。戏台面宽三间，进深五椽 ，卷棚顶，六檩五椽。檐下有装饰性斗栱。两侧有八字墙，无栏杆。

宁武中马坊戏台

中马坊戏台位于宁武县怀道乡中马坊村中。创建年代不详，现存为清代建筑。坐南朝北，东西 11.4 米，南北 8.4 米，占地面积 95.76 平方米。戏台面宽三间，进深四椽，五檩前廊式构架，悬山顶。檐下有装饰性斗栱、木雕骑马雀替。前后台有隔扇，台前有石栏板及望柱。

宁武庄旺戏台

庄旺戏台位于宁武县东马坊乡庄旺村中。创建年代不详，现存为清代建筑。坐南朝北，东西8米，南北7.5米，占地面积60平方米。戏台面宽三间，进深四椽。五檩无廊式构架，硬山顶。檐下有装饰性斗栱。台前有石栏板及望柱。

宁武坝上戏台

坝上戏台位于宁武县余庄乡坝上村中。创建年代不详，现存为清代建筑。坐东朝西，东西9.5米，南北6米，占地面积57平方米。戏台面宽三间，进深五椽。卷棚顶，六檩后廊式构架。

宁武陈家半沟戏台

陈家半沟戏台位于宁武县化北屯乡陈家半沟村中。创建年代不详，现存为清代建筑。坐南朝北，东西12.5米，南北18.4米，占地面积230平方米。面宽三间，进深四椽，卷棚顶，五架梁。戏台内墙壁上有题记“大清光绪十八年（1892）四月二十九日”等字样。

宁武春景洼戏台

春景洼戏台位于宁武县涔山乡春景洼村中。创建年代不详，现存为清代建筑。坐南朝北，东西 9.4 米，南北 8.2 米，占地面积 77.08 平方米。戏台原为关帝庙内建筑，庙毁，仅存戏台。戏台面宽三间，进深五椽，单檐六檩卷棚顶，檐下无斗栱。

宁武大石洞戏台

大石洞戏台位于宁武县涔山乡大石洞村。创建年代不详，现存为清代建筑。坐南朝北，东西 14.7，南北 8.5 米，占地面积约 124.95 平方米。戏台面宽三间，进深四椽。五檩后廊式构架，檐下有三踩斗栱，台前有石栏板、石望柱，望柱上有石刻石猴。后墙壁画模糊不清。大门面宽一间，进深二椽，悬山顶，石鼓石柱础。

宁武东庄戏台

东庄戏台位于宁武县余庄乡东庄村中。创建年代不详，现存为清代建筑。坐南朝北，东西 8 米，南北 8.4 米，占地面积 67 平方米。戏台台基高 0.8 米，面宽三间，进深五椽，硬山卷棚顶，六檩无廊式构架。檐下无斗栱，有石栏杆和望柱。戏台后墙上置一直径 1 米的圆洞窗户。

宁武宫家庄戏台

宫家庄戏台位于宁武县东寨镇宫家庄村中。创建年代不详，现存为清代建筑。坐东朝西，东西9.7米，南北7.5米，占地面积72.75平方米。戏台面宽三间，进深四椽，卷棚悬山顶，五架梁，檐下有三踩斗栱。据调查，清光绪年间当地瘟疫横行，村民为祈福而建戏台。

宁武后马仑戏台

后马仑戏台位于宁武县东寨镇后马仑村中。创建年代不详，现存为清代建筑。坐南朝北，东西8米，南北7米，占地面积56平方米。戏台面宽三间，进深四椽。卷棚顶。戏台西山墙下有一砂石基座，雕刻有花纹。

宁武胡家沟戏台遗址

胡家沟戏台遗址位于宁武县迭台寺乡小胡家沟村中。坐南朝北，东西7.1米，南北7.8米，面积55.38平方米。现存戏台保留塌陷后的梁架等部分构件。原戏台建于阁上，阁下是通道。基座全部用当地产石片垒砌。

宁武怀道戏台

怀道戏台位于宁武县怀道乡怀道村中。创建年代不详，现存为清代建筑。坐东朝西，占地面积 73 平方米。戏台面宽三间，进深四椽，悬山顶，五檩后廊式构架，檐下有三踩装饰性斗栱。两侧有八字墙。

宁武贾家窑戏台

贾家窑戏台位于宁武县薛家洼乡贾家窑村中。创建年代不详，现存为清代建筑。坐南朝北，东西 7.4 米，南北 7.4 米，占地面积54.76平方米。戏台面宽三间，进深五椽，六檩后廊式构架，单檐卷棚顶。台高 0.7 米，有石栏板，高 0.35 米。

宁武宽沟戏台

宽沟戏台位于宁武县薛家洼乡宽沟村中。创建年代不详，现存为清代建筑。坐南朝北，东西19.4米，南北29.6米，占地面积约460平方米。戏台面宽三间，进深四椽，卷棚顶，五架梁，前檐有四柱。檐下有装饰性斗栱，龙形和兽形耍头。院内有清道光二十年（1840）劝诫碑一通。

宁武李家庵戏台

李家庵戏台位于宁武县化北屯乡李家庵村南。现存为清代建筑。坐南朝北，东西9米，南北7.8米，占地面积约70.2平方米。戏台面宽三间，进深五椽，六檩无廊式构架，卷棚顶。檐下有三踩斗栱，两侧有八字墙，前沿有石栏板。

静乐安家庄戏台

安家庄戏台位于静乐县赤泥洼乡安家庄村中。创建年代不详，现存为清代建筑。坐南朝北，东西长6.8米，南北宽6.6米，占地面积45平方米。戏台面宽三间，进深五椽，六檩后廊式构架，单檐卷棚悬山顶。前檐斗栱一斗二升交麻叶。

静乐曹峪戏台

曹峪戏台位于静乐县娘子神乡曹峪村中。创建年代不详，现存为清代建筑。坐西朝东，南北长 9.6 米，东西宽 7.1 米，占地面积 68 平方米。戏台面宽三间，进深五椽，六檩后廊式构架，单檐卷棚顶。斗栱一斗二升交麻叶。

静乐刁儿沟戏台

刁儿沟戏台位于静乐县杜家村镇刁儿沟村中。创建年代不详，现存为清代建筑。坐南朝北，南北长 8.8 米，东西宽 8.1 米，占地面积 71.3 平方米。戏台面宽三间，进深五椽，六檩后廊式构架，单檐卷棚顶。

静乐东大树戏台

东大树戏台位于静乐县神峪沟乡东大树村中。创建年代不详，现存为清代建筑。坐西朝东，南北长 8.7 米，东西宽 8.3 米，占地面积 72 平方米。戏台面宽三间，进深五椽，单檐卷棚顶。梁枋、檐檩间均施彩绘。

静乐东马坊戏台

东马坊戏台位于静乐县辛村乡东马坊村中。创建年代不详，现存为清代建筑。坐南朝北，东西长 7 米，南北宽 6.3 米，占地面积 44 平方米。戏台坐于石砌台基上，基高 0.7 米。戏台面宽三间，进深五椽，六檩后廊式构架，单檐卷棚顶。

静乐樊家村龙王庙戏台

樊家村龙王庙戏台位于静乐县中庄乡樊家村中。创建年代不详，现存为清代建筑。坐南朝北，东西长 7.5 米，南北宽 7.2 米，占地面积面积 53 平方米。原有龙王庙，1952 年毁，仅存戏台。戏台面宽三间，进深五椽，六檩后带廊式构架，单檐卷棚悬山顶，前檐设斗栱。

静乐井沟戏台

井沟戏台位于静乐县杜家村镇井沟村中。创建年代不详，现存为清代建筑。坐西朝东，东西长 9 米，南北宽 8.3 米，占地面积 74.7 平方米。戏台面宽三间，进深四椽，五檩后廊式构架，单檐悬山顶。前檐设一斗二升交麻叶斗栱。

静乐任家村老爷庙戏台

任家村老爷庙戏台位于静乐县杜家村镇任家村中。创建年代不详，现存为清代建筑。原有老爷庙，1953年拆毁，仅存戏台。坐南朝北，东西长9米，南北宽7米，占地面积63平方米。戏台面宽三间，进深五椽，六檩后廊式构架，单檐悬山顶。

静乐神峪沟戏台

神峪沟戏台位于静乐县神峪沟乡神峪沟村中。创建年代不详，现存为清代建筑。坐西朝东，南北长9.75米，东西宽9.75米，占地面积95平方米。戏台面宽三间，进深五椽，五檩后廊式构架，单檐卷棚顶。

静乐堂儿上老爷庙戏台

堂儿上老爷庙戏台位于静乐县堂儿上乡堂儿上村中。创建于清道光二十九年（1849）。坐南朝北，南北长8.5米，东西宽8.4米，占地面积71.4平方米。中轴线仅存戏台，面宽三间，进深五椽，单檐卷棚顶。

静乐王村戏台

王村戏台位于静乐县王村乡王村村中。创建年代不详，现存为清代建筑，1965年重修。坐西朝东，东西长8.3米，南北宽8米，占地面积66.4平方米。戏台面宽三间，进深五椽，六檩后带廊构架，单檐卷棚顶。北山墙开有小门。

静乐下牛庄戏台

下牛庄戏台位于静乐县赤泥洼乡下牛庄村西南50米处。创建年代不详，现存为清代建筑。坐南朝北，东西长7.1米，南北宽6.3米，占地面积44.7平方米。戏台面宽三间，进深四椽，五檩无廊式结构，单檐悬山顶。

静乐鱼脊岭戏台

鱼脊岭戏台位于静乐县杜家村镇鱼脊梁村中。创建年代不详，现存为清代建筑。坐西朝东，东西长 9.4 米，南北宽 8.3 米，占地面积 78 平方米。戏台面宽三间，进深五椽，六檩后廊式构架，单檐悬山顶。前檐设一斗二升交麻叶斗栱。

神池磁窑沟戏台

磁窑沟戏台位于神池县太平庄乡磁窑沟村中。清代建筑。坐南向北，占地面积 94.5 平方米。面宽三间，进深四椽，卷棚顶。檐下三踩斗栱，斗栱上有彩绘。

神池小井沟戏台

小井沟戏台位于神池县烈堡乡小井沟村中。创建年代不详，据碑载，清嘉庆、咸丰十年（1860）均有重修。东西长 6.2 米，南北宽 7 米，占地面积 42 平方米。中轴线建有石窑三孔，坐北朝南。戏台倒座，东侧有石门一座。戏台建于 1 米高条石台基上。面宽三间，进深五椽，单檐卷棚顶，戏台前沿设石雕花栏。

神池银洞窊老爷庙戏台

银洞窊老爷庙戏台位于神池县义井镇银洞窊村中。创建年代不详，现存为清代建筑。坐南向北，占地面积77平方米。石砌台基，基宽11米，深7米，高0.4米。面宽三间，进深四椽，单檐卷棚顶，五檩后廊式构架，前檐施有装饰性斗栱。

神池银洞窊龙王庙戏台

银洞窊龙王庙戏台位于神池县义井镇银洞窊村西。原为龙王庙建筑，庙毁于20世纪40年代，现仅存戏台，为清代建筑。坐北向南，占地面积54平方米。石砌台基，基宽9米、深6米、高0.55米。面宽三间，进深三椽，单檐悬山顶，四檩后廊式构架。前檐施有装饰性斗栱。

五寨柳河戏台

柳河戏台位于五寨县三岔镇柳河村中。据梁架题记载，1957 年落架大修，现存为清代遗构。坐北朝南，东西长 10 米，南北宽 8 米，占地面积 80 平方米。戏台石砌台基，面宽三间，进深五椽，单檐卷棚顶，六檩梁架结构。梁柱出头为卷云形，栏枋置雕花垫木。

五寨南街戏台

南街戏台位于五寨县砚城镇城内村南街东侧。始建年代不详，据题记载，清道光三年（1823）重修。坐北朝南，东西长 7.5 米，南北宽 6.5 米，占地面积 48.75 平方米。石砌台基，面宽三间，进深四椽，单檐卷棚顶，六檩无廊式构架。檐下施装饰性斗栱及彩绘。台中设隔扇，将戏台分为前、后台，正中书“歌且舞”。2001 年 11 月，五寨县人民政府公布为县级文物保护单位。

河曲吴峪戏台

吴峪戏台位于河曲县楼子营镇吴峪村东半山崖上。创建年代不详，现存为清代建筑。坐南朝北，东西长 8.4 米，南北宽 6.8 米，占地面积 57.12 平方米。石砌台基，面宽三间，进深四椽，单檐卷棚顶，装饰性斗栱。

河曲边家沟戏台

边家沟戏台位于河曲县鹿固乡边家沟村。创建年代不详，现存为清代建筑。坐南朝北，东西长8米，南北宽6米，占地面积48平方米。石砌台基，面宽三间，进深四椽，单檐卷棚顶。五檩梁架结构。有石刻楹联，石雕龙首吞口。

河曲常家墕戏台

常家墕戏台位于河曲县文笔镇岱岳殿村常家墕自然村中。创建年代不详，现存为清代建筑。坐西朝东，东西长9.4米，南北宽8.5米，占地面积80平方米。砖砌台基，面宽三间，进深四椽，单檐卷棚悬山顶，六檩卷棚后廊式构架。斗栱一斗交麻叶。前台敞朗，台内中部明间设木质隔扇，次间设上、下场门。1984年，河曲县人民政府公布为县级文物保护单位。

河曲董家庄戏台

董家庄戏台位于河曲县刘家塔镇董家庄村中。创建年代不详，现存为清代建筑。坐北朝南，东西长7米，南北宽6米，占地面积42平方米。石砌台基，面宽三间，进深五椽，六檩无廊式架构。梁柱出头为卷云形，檐下饰装饰性斗栱，单檐卷棚顶。

河曲高峁戏台

高峁戏台位于河曲县楼子营镇高峁村东。创建修年代不详，现存为清代建筑。坐南朝北，南北长 7 米，东西宽 6 米，占地面积 42 平方米。石砌台基，面宽三间，进深五椽，单檐卷棚顶。装饰性斗栱，出檐雕刻牡丹图案。

河曲葛真龙戏台

葛真龙戏台位于河曲县沙坪乡葛真龙村中。始建年代不详，现存为清代建筑。东西长 7 米，南北宽 6.25 米，占地面积 44 平方米。坐北朝南，石砌台基，面宽三间，进深四椽，单檐卷棚顶，五檩无廊式构架。檐下施装饰性斗栱。台中设隔扇，将戏台分为前后台。

河曲深墕戏台

深墕戏台位于河曲县沙坪乡深墕村中。始建年代不详，现存为清代建筑。坐北朝南，东西长 6.2 米，南北宽 7 米，占地面积 43 平方米。石砌台基，面宽三间，进深五椽，单檐卷棚顶，六檩无廊式构架。檐下饰装饰性斗栱。台中设隔扇，将戏台分为前后台。

河曲黄柏戏台

黄柏戏台位于河曲县巡镇镇黄柏村中。始建年代不详，现存为清代建筑。坐东朝西，南北长 8 米，东西宽 7 米，占地面积 56 平方米。砖砌台基，面宽三间，进深五椽，单檐卷棚顶，六檩前廊式构架，装饰性斗栱。

河曲黄尾戏台

黄尾戏台位于河曲县刘家塔镇黄尾村。始建年代不详，现存为清代建筑。坐北朝南，东西长 7 米，南北宽 7 米，占地面积 49 平方米。石砌台基，面宽三间，进深五椽，单檐卷棚顶，六檩无廊式构架，装饰性斗栱。台中设隔扇。

河曲南沙窊戏台

南沙窊戏台位于河曲县鹿固乡南沙窊村中。创建年代不详，现存为清代建筑。坐北朝南，南北长 8 米，东西宽 7 米，占地面积 56 平方米。中轴线上建有戏台、神厅。戏台砖砌台基，面宽三间，进深四椽，单檐卷棚顶，五檩后廊式架构，装饰性斗栱。

河曲南墕戏台

南墕戏台位于河曲县前川乡南墕村中。创建年代不详，现存为清代建筑。坐南向北，东西长 9 米，南北宽 8 米，面积 72 平方米。石砌台基。面宽三间，进深七椽，单檐卷棚顶，六檩卷棚后廊式构架，一斗卷云头，木雕挂落式雀替，木栏板。

河曲七星戏台

七星戏台位于河曲县前川乡七星村西。创建年代不详，现存为清代建筑。坐南朝北，东西长 8 米，南北宽 7 米，占地面积 56 平方米。石砌台基。面宽三间，进深五椽，六檩无廊式构架，单檐卷棚顶。梁柱出头为卷云形。栏枋置雕花垫木。台内中部明间设木制隔扇。

河曲祁家墕戏台

祁家墕戏台位于河曲县鹿固乡祁家墕村中。创建年代不详，现存为清代建筑。据梁架题记载，1957 年落架大修。坐北朝南，东西长 8 米，南北宽 7 米，占地面积 56 平方米。砖砌台基，面宽三间，进深四椽，五檩后廊式架构，单檐卷棚顶，装饰性斗栱。

河曲前大窊戏台

前大窊戏台位于河曲县刘家塔镇前大窊村中。创建年代不详，现存为清代建筑。坐南朝北，东西长 7 米，南北宽 7 米，占地面积 49 平方米。石砌台基 . 面宽三间，进深五椽，六檩前廊式构架，单檐卷棚顶。檐下饰有装饰性斗栱。梁柱出头为卷云形。台中置木隔扇分出前后台，两侧留下、下场门，供演员出入。

河曲前沟戏台

前沟戏台位于河曲县前川乡前沟村中。创建年代不详，现存为清代建筑。坐南朝北，南北长 9 米，东西宽 8 米，占地面积 72 平方米。石砌台基，面宽三间，进深五椽，单檐卷棚顶，五檩梁架结构，装饰性斗拱，木雕檐枋雀替。戏台石雕栏板，花形各异。

河曲沙坡戏台

沙坡戏台位于河曲县前川乡沙坡村中。创建年代不详，现存为清代建筑，1963 年重修。坐南朝北，南北长 8 米，东西宽 8 米，占地面积 64 平方米。石砌台基，面宽三间，进深五椽，单檐卷棚顶，装饰性斗拱。石雕栏板，檐柱立有狮形兽头。

河曲上沟北戏台

上沟北戏台位于河曲县前川乡上沟北村中。创建年代不详，现存为清代建筑。坐西朝东，南北长 8 米，东西宽 7 米，占地面积 56 平方米。砖砌台基，面宽三间，进深五椽，单檐卷棚顶，六檩后廊式构架，装饰性斗拱。檐下木雕，挂落式雀替，雕刻瑞鸟图形。

河曲神堂峁戏台

神堂峁戏台位于河曲县单寨乡神堂峁村中。创建年代不详，现存为清代建筑。坐北朝南，东西长7米，南北宽6米。石砌台基，面宽三间，进深五椽，六檩无廊式架构，单檐卷棚顶。梁柱出头为卷云形。台中设木隔扇将戏台分为前后两部分，隔扇两侧分别有上场门、下场门。

河曲树儿梁戏台

树儿梁戏台位于河曲县刘家塔镇树儿梁村中。创建年代不详，现存为清代建筑。坐北朝南，东西长7米，南北宽6米。石砌台基，面宽三间，进深五椽，六檩无廊式架构，单檐卷棚顶。梁柱出头为卷云形。台中木隔扇无存。

河曲双庙村戏台

双庙村戏台位于河曲县巡镇镇双庙村中。始建年代不详，现存为清代建筑。坐西朝东，东西长7.5米，南北宽7米，占地面积52.5平方米。石砌台基，面宽三间，进深五椽，单檐卷棚顶，装饰性斗栱。

河曲寺墕戏台

寺墕戏台位于河曲县鹿固乡寺墕村中。创建年代不详，现存为清代建筑。坐南朝北，南北长 6.8 米，东西宽 8 米。砖石砌台基，面宽三间，进深四椽，单檐卷棚顶，装饰性斗栱。

河曲桃山戏台

桃山戏台位于河曲县巡镇镇桃山村中。始建年代不详，现存为清代建筑。坐南朝北，东西长 7.5 米，南北宽 7 米，占地面积 52.5 平方米。石砌台基，面宽三间，进深四椽，单檐卷棚顶，五檩后廊式构架。后廊为砖券门，挂落式雕花雀替。

河曲下南沟戏台

下南沟戏台位于河曲县楼子营镇下南沟村中。创建年代不详，1962 年重修，现存为清代建筑。坐南朝北，东西长 7.3 米，南北宽 7 米，占地面积 51 平方米。石砌台基，青砖垒砌。面宽三间，进深五椽，单檐卷棚顶，六檩后廊式构架，装饰性斗栱。台内中部设砖砌隔断墙，门额有高浮砖雕，左为“转清云”，右为“细声扬”。

河曲辛家坪戏台

辛家坪戏台位于河曲县楼子营镇楼子营村辛家坪自然村中。创建年代不详，现存为清代建筑。坐南朝北，东西长 8.5 米，南北宽 7.5 米，占地面积 63.75 平方米。台基石砌，青砖垒墙。面宽三间，进深五椽，单檐卷棚顶。六檩前廊式构架。斗栱为大斗交卷云头。戏台中部设砖砌隔断墙，墙正面彩绘三国演义古城会图。戏台内左立功德碑、右立重修碑。1984 年，河曲县人民政府公布为县级文物保护单位。

河曲星佐戏台

星佐戏台位于河曲县前川乡星佐村中。创建年代不详，现存为清代建筑。坐北朝南，东西长 10 米，南北宽 8 米，占地面积 80 平方米。石砌台基，面宽三间，进深五椽，单檐卷棚顶，六檩无廊式构架。梁柱出头为卷云形。檐下饰装饰性斗栱。台中设隔扇，两侧为上、下场门。

河曲阳坡泉戏台

阳坡泉戏台位于河曲县鹿固乡阳坡泉村中。创建年代不详，现存为清代建筑。坐北朝南，东西长7米，南北宽6米，占地面积42平方米。片石垒砌台基。面宽三间，进深五椽，单檐卷棚顶，六檩后廊式构架，装饰性斗栱，木雕雀替，抱鼓形柱础。

河曲阴塔戏台

阴塔戏台位于河曲县沙泉乡阴塔村中。始建年代不详，现存为清代建筑。坐北朝南，东西长7.6米，南北宽7.85米，占地面积60平方米。石砌台基，面宽三间，进深五椽，单檐卷棚顶，六檩无廊式构架。檐下饰装饰性斗栱。台中设隔扇。

河曲硬地峁戏台

硬地峁戏台位于河曲县旧县乡硬地峁村中。创建年代不详，现存为清代建筑。坐北朝南，东西长8米，南北宽7米，占地面积56平方米。石砌台基，面宽三间，进深五椽，六檩无廊式构架，单檐卷棚顶。梁柱出头为卷云形。台中置木隔扇分出前后台，两侧留上、下场门。台前两侧设石栏，板雕花卉图案。

河曲郑家窊戏台

郑家窊戏台位于河曲县前川乡郑家窊村中。据梁架题记，清光绪十七年（1891）建。坐北朝南，南北长7米，东西宽6米，占地面积42平方米。石砌台基，面宽三间，进深五椽，单檐卷棚顶，装饰性斗栱。戏台内中部设木制隔扇，隔扇额匾“歌舞楼”。

河曲纸房沟戏台

纸房沟戏台位于河曲县旧县乡纸房沟村中。始建年代不详，现存为清代建筑。坐北朝南，东西长7米，南北宽7米，占地面积49平方米。石砌台基。面宽三间，进深五椽，六檩无廊式构架。檐下饰装饰性斗栱。台中设隔扇，将戏台分为前后台，单檐卷棚顶。

代县杨忠武祠戏台

代县杨忠武祠戏台在代县县城东 10 千米鹿蹄涧村，属枣林镇。杨忠武祠又名杨将军庙，俗称为杨家祠堂。据碑文记载，鹿蹄涧村杨氏之先祖可追溯到元代雁门节度使杨友山，相传为杨业第十四世后裔。祠宇创建于元代天历二年（1329 年），明嘉靖二十九年（1550 年）、清雍正、嘉庆历朝曾有重修、增建。

祠宇坐北朝南，分内外两进院。进入祠门，正面过厅，东、西厢房，为外院。过厅后为内院，正北为正殿，东、西配殿。戏台在祠门外，与祠门隔街相对，街道上左右各立一座木牌坊。除正殿为明代遗构外，其余均为清代建筑。1996 年，公布为省级文物保护单位。

戏台为硬山卷棚顶，无架椽，移柱造，三面观式。台高 1.46 米。面阔三间，8.5 米，其中明间宽 4 米。通进深 7 米，其中前台深 4.1 米。台上圆木柱四排，柱头与额枋间泥塑龙头护朽。明间、次间均有宽大的券口雀替，雕刻花卉、动物等吉祥图案，华丽夺目。台内施天花，有隔扇和上、下场门，俱有戏剧故事彩绘点缀。前檐正中悬巨匾行书“颂德楼”。平柱楹联：“云容水态入月堪赏；嬉笑怒骂俱是文章。”

代县刘家圪洞观音寺戏台

代县刘家圪洞观音寺戏台在代县县城南7公里的刘家圪洞村东。观音寺又名古松寺，寺院坐东向西，依地势而建分为上下两院。下院正中为戏台，两侧为山门。上院经崇阶可达，阶第为牌楼，两侧钟鼓楼。正殿为观音殿，两侧配殿供奉地藏菩萨和龙王。据寺中碑记记载，寺院创建于明天启二年（1622年），当时的主持僧人妙江“修三座之殿，盖歌舞之楼台”（明天启二年《重修代郡高村观音寺记》）。又据牌楼内额题记，“乾隆叁拾捌年高村古松寺重修乐楼间盖牌楼”等证实，这座戏台创建于明。清乾隆三十八年（1773年）又重新修建。

观音寺戏台面向上院三座殿，悬山顶五间。台高1.4米。通阔13.9米，其中明间宽4米，次间宽2.45米，稍间宽2.5米。通进深5.96米，前台深3.34米。隔扇仅存框架。台上圆木柱三排，柱上为平板枋、大额枋、雕花雀替，不施斗栱。戏台前场地宽阔，可容纳千余人观看。

代县赵村赵武灵王庙戏台

代县赵村赵武灵王戏台在代县县城西南5千米赵村，属新高乡。据庙中碑记记载，庙宇创建于明初，当时仅有正殿。清康熙五十八年（1719年），重修正殿，始修建左右配殿和戏台。光绪二十九年（1903年）在正殿后增建观音殿、东西禅房、山门的东西侧门，并重修戏台。现仅存正殿和戏台。

戏台为山门式，由歇山顶前台和悬山顶后台合为一体。台高1.85米。前台面阔五间，14.71米，其中明间宽3.57米，次间宽2.26米。通进深五架椽，6.65米，前台深三架椽，4米，后台深两架椽，2.65米。前后台之间有隔扇。前台内部施天花，后台为彻上露明造。前台檐柱六根撑起屋檐，柱上设额枋、大额枋、由额，梁头平置额枋上，不施斗栱。由额下施券口雀替。整体建筑为前台五间，后台三间，与常见的“凸”字形戏台相反，加之前台歇山顶翼角湍飞，显得尤为美观奇特。

代县白庙戏台

白庙戏台位于代县聂营镇白庙村中。创建年代不详，现存为清代建筑。坐西向东，占地面积52平方米。石砌台基，基宽8.2米，深6.3米，高0.7米。面宽三间，进深三椽，单檐卷棚硬山顶，四檩无廊式构架。

代县长郝戏台

长郝戏台位于代县阳明堡镇长郝村中。原为玉皇庙内建筑，庙毁于20世纪40年代，现仅存戏台。据戏台基石题刻载，建于清顺治四年（1647），清雍正七年（1729）、道光二十九年（1849）重建，现存为清代遗构。坐南向北，占地面积84平方米。石砌台基，基宽11米，深7.6米，高1.5米。面宽三间，进深四椽，前歇山顶勾连搭后悬山顶，五檩后廊式构架，台内设有隔扇。

代县陈家堡戏台

陈家堡戏台位于代县新高乡陈家堡村东。创建年代不详，现存为清代建筑。坐东向西，占地面积64平方米。石砌台基，基宽9.4米，深6.8米，高1.1米。面宽三间，进深四椽，单檐悬山顶，五檩后廊式构架。

代县橙草沟戏台

橙草沟戏台位于代县上馆镇橙草沟村中。创建年代不详，现存为清代建筑。坐南向北，占地面积 93.3 平方米。石砌台基，基宽 14.2 米，深 7.95 米，高 1.3 米。面宽五间，明、次间进深五椽，梢间进深二椽。单檐顶，前坡歇山，后坡硬山。六檩后廊式构架。

代县大地戏台

大地戏台位于代县滩上镇大地村中。创建年代不详，现存为清代建筑。坐西向东，占地面积 52 平方米。砖砌台基，基宽 8.3 米，深 6.3 米，高 1.3 米。面宽三间，进深四椽，单檐顶，前坡歇山，后坡硬山。五檩后廊式构架，台内设有彩绘隔扇。

代县官庄戏台

官庄戏台位于代县阳明堡镇官庄村南。原为老爷庙内建筑，庙毁，仅存戏台。创建年代不详，现存为清代建筑。坐南向北，占地面积 82 平方米。石砌台基，基宽 10.3 米，深 7.95 米，高 1.1 米。面宽三间，进深四椽。单檐硬山顶，五檩后廊式构架。

代县帝君庙戏台

帝君庙戏台位于代县峪口乡下庄村中。创建年代不详，现存为清代建筑。坐南向北，占地面积75平方米。砖砌台基，宽10.1米，深7.45米，高1.1米。面宽三间，进深四椽，单檐硬山顶，五檩无廊式构架。

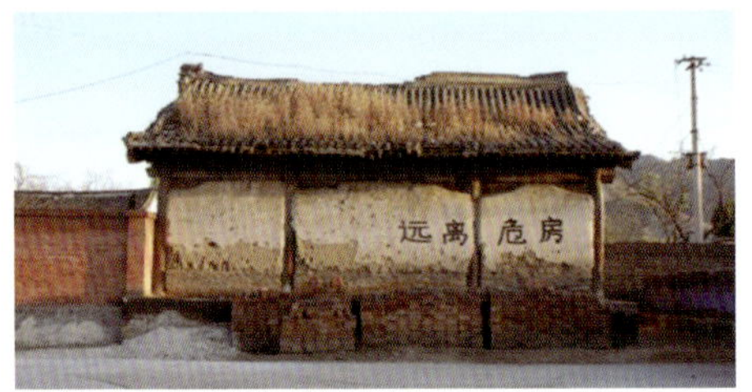

代县殿上戏台

殿上戏台位于代县雁门关乡殿上村中。创建年代不详。原为关帝庙内建筑，庙毁于20世纪50年代，现仅存戏台。据现存碑载，清嘉庆十六年（1811）重修，为清代遗构。坐南向北，占地面积79平方米。石砌台基，基宽10.3米，深7.65米，高1.3米。面宽三间，进深四椽。单檐顶，前坡歇山，后坡悬山。五檩后廊式构架。现存清重修及功德碑四通。

代县富村过街戏台

富村过街戏台位于代县峨口镇富村麻黄街。创建年代不详，现存为清代建筑。坐西向东，占地面积55.3平方米。石砌台基，基宽8.7米，深6.35米，高2.4米，中设过街通道。面宽三间，进深五椽。单檐卷棚硬山顶，六檩无廊式构架。

代县高街戏台

高街戏台位于代县峪口乡高街村中。原为奶奶庙内建筑，庙毁于20世纪60年代，现仅存戏台。创建年代不详，现存为清代建筑。坐西向东，占地面积77平方米。石砌台基，基宽10.1米，深7.65米，高1米。面宽三间，进深四椽。单檐卷棚硬山顶，五檩后廊式构架。

代县何家寨戏台

何家寨戏台位于代县枣林镇何家寨村北。创建年代不详。原属龙王庙建筑，庙毁于20世纪70年代，现仅存戏台，为清代风格。坐南向北，占地面积58平方米。石砌台基，基宽8.4米，深6.9米，高0.85米。面宽三间，进深三椽。单檐卷棚硬山顶，四檩后廊式构架，前檐墀头饰有花草图案。

代县康家湾戏台

康家湾戏台位于代县新高乡康家湾村西。原为关帝庙内建筑，庙已毁，仅存戏台。创建年代不详，现存为清代建筑。坐南向北，占地面积67平方米。石砌台基，基宽9.4米，深7.1米，高1.9米。面宽三间，进深四椽，单檐卷棚悬山顶，五檩后廊式构架。

代县刘街戏台

刘街戏台位于代县新高乡刘街村中。原为吕祖庙内建筑，庙毁，仅存戏台。创建年代不详，现存为清代建筑。坐南向北，占地面积 74 平方米。石砌台基，基宽 9.1 米，深 8.1 米，高 0.55 米。面宽三间，进深五椽，单檐硬山顶，六檩后廊式构架。

代县麻地口戏台

麻地口戏台位于代县胡峪乡麻地口村中。创建年代不详。原为龙王庙内建筑，现庙毁，仅存戏台，为清代建筑。坐南向北，占地面积 64 平方米。石砌台基，基宽 8.8 米，深 7.3 米，高 0.9 米。面宽三间，进深四椽，单檐卷棚硬山顶，五檩后廊式构架。

代县潘家庄戏台

潘家庄戏台位于代县新高乡潘家庄村北。原属奶奶庙内建筑，庙毁于 20 世纪 40 年代，现仅存戏台。创建年代不详，现存为清代建筑。坐南向北，占地面积 63.4 平方米。石砌台基，基宽 9.6 米，深 6.6 米，高 1.3 米。面宽三间，进深四椽。单檐顶，前坡歇山顶，后坡悬山顶，五檩后廊式构架。

代县三清观戏台

三清观戏台位于代县峪口乡下苑庄村西。观毁于1966年，现仅存戏台。据题记载，清乾隆三十五年（1770）建，现存为清代遗构。坐南向北，占地面积83平方米。砖砌台基，基宽9.65米、深8.6米、高1.55米。面宽三间，进深五椽。前歇山顶勾连搭后悬山顶，六檩后廊式构架。2006年，代县人民政府公布为县级文物保护单位。

代县沙洼戏台

沙洼戏台位于代县峪口乡沙洼村中。创建年代不详，现存为清代建筑。坐南向北，平面呈“凸”字形，占地面积94平方米。石砌台基，基宽15.9米，深7.4米，高1.1米。面宽三间，进深四椽，前歇山顶勾连搭后悬山顶，五檩后廊式构架。后台两侧带耳室。

代县石家湾龙王庙戏台

石家湾龙王庙戏台位于代县滩上镇石家湾村中。原为龙王庙内建筑，庙毁，仅存戏台。创建年代不详，现存为清代建筑。坐西向东，占地面积47平方米。二层木结构楼阁，一层石砌过街洞，宽7.8米，深6米，高2米，洞宽2.2米；二层楼阁，面宽三间，进深三椽，单檐硬山顶，四檩后廊式构架，前檐设有勾栏。

代县西马戏台

西马戏台位于代县枣林镇西马村中。创建年代不详，现存为清代建筑。坐西向东，占地面积 74 平方米。石砌台基，基宽 9.05 米，深 8.2 米，高 1.45 米。面宽三间，进深四椽，单檐顶，前坡歇山，后坡硬山。五檩后廊式构架。

代县园子戏台

园子戏台位于代县新高乡园子村中。原为龙王庙内建筑，现庙毁仅存戏台。创建年代不详，现存为清代建筑。坐东向西，占地面积 78 平方米。石砌台基，基宽 10.4 米，深 7.45 米，高 1.1 米。面宽三间，进深五椽，单檐卷棚硬山顶，六檩后廊式构架。

代县赵村戏台

赵村戏台位于代县新高乡赵村村中。创建年代不详，现存为清代建筑。坐南向北，平面呈“凸”字形，占地面积78平方米。砖砌台基，基宽9.8米，深8米，高0.5米。面宽三间，前台大三间，后台小三间，进深四椽，单檐悬山顶，五檩后廊式构架。

代县正下社戏台

正下社戏台位于代县峨口镇正下社村中。创建年代不详。原为奶奶庙内建筑，庙毁，现仅存戏台，为清代建筑。坐南向北，占地面积59.6平方米。石砌台基，基宽8.9米，深6.7米，高0.85米。面宽三间，进深四椽，单檐卷棚硬山顶，五檩后廊式构架。

代县周流戏台

周流戏台位于代县新高乡周流村西。创建年代不详，据碑载，清光绪三年（1877）重修。原系普济寺内建筑，寺毁于20世纪60年代，现仅存戏台，为清代遗构。坐南向北，占地面积80平方米。砖砌台基，基宽10.1米，深7.95米，高1.5米。面宽三间，进深四椽，单檐硬山顶，五檩无廊式构架。台前存清重修碑一通。

保德林遮峪戏台

林遮峪戏台位于保德县林遮峪乡林遮峪村西，黄河岸边。始创年代不详，现存为清代建筑。坐南向北，占地面积 80.96 平方米。戏台基座之下为早年过街石券门洞。戏台面宽三间，进深五椽，六檩后廊式构架，卷棚硬山顶。斗栱一斗二升交麻叶。明间大型雀替二龙戏珠，次间雕缠枝骑马雀替，耍头三幅云、象鼻。2007 年 6 月，忻州市人民政府公布为市级文物保护单位。

保德刘家畔戏台

刘家畔戏台位于保德县义门镇刘家畔村西 100 米。始创年代不详，现存为清代建筑。坐西向东，占地面积 89.27 平方米。砖砌台基，高 1.7 米，基中设拱形石砌门洞，南北贯通。戏台面宽三间，进深五椽，单檐卷棚硬山顶。前檐斗栱一斗二升交麻叶，平身科明间四攒，次间一攒，栱眼内雕刻山水花鸟图案。1996 年，保德县人民政府公布为县级文物保护单位。

保德毗卢寺戏台

毗卢寺戏台位于保德县义门镇暖泉村枣林自然村东 300 米。始创年代不详，现存为清代建筑。坐西向东，占地面积 67 平方米。戏台面宽三间，进深六椽，七檩后廊式构架，单檐卷棚顶，砖砌台基。木制隔扇，左右上、下场门。后檐设拱形小窗，两山墙有圆形小窗。1996 年，保德县人民政府公布为县级文物保护单位。

保德沙坪戏台

沙坪戏台位于保德县韩家川乡沙坪村中。创建年代不详，现存为清代建筑。坐南向北，占地面积 71.34 平方米。戏台面宽三间，进深五椽，六檩后廊式构架，卷棚硬山顶。三间均木雕卷云形圈口。斗栱一斗二升交麻叶，耍头云形、象鼻，装饰性斗栱。两山墙各辟有一小门，供演职人员出入。

榆次白家庄戏台

白家庄戏台位于榆次区长凝镇石圪塔村白家庄自然村中。创建年代不详，现存为清代建筑。占地面积81平方米。坐东朝西，建于1.2米高的石砌台基上，分为前台、后台。后台面宽三间，进深三椽，硬山顶。前台面宽一间，进深四椽，卷棚悬山顶。前檐斗栱三踩单昂，耍头雕为龙头，鼓镜式柱础。梁架残留金龙彩绘。

榆次北流戏台

北流戏台位于榆次区北田镇北流村中。创建年代不详，现存为清代建筑。占地面积112.33平方米。坐南朝北，为过街式戏台，建于1.6米高砖砌台基上，分为前台、后台。后台面宽三间，进深两椽，硬山顶。前台面宽一间，进深五椽，六檩无廊构架，单檐卷棚歇山顶。前后檐外檐斗栱三踩单昂，耍头雕为龙头，覆盆式柱础。前台两侧有砖雕音壁，紧靠后台东侧为更衣室。

榆次北头戏台

北头戏台位于榆次区长凝镇北头村中。创建年代不详，现存为清代建筑。占地面积90.31平方米。坐南朝北，建于1.1米高的砖砌台基上，分为前台、后台。后台面宽三间，进深四椽，硬山顶。前台面宽一间，进深五椽，六檩无廊构架，单檐卷棚歇山顶。外檐斗栱三踩单昂，耍头雕为龙首。

榆次北要店戏台

北要店戏台位于榆次区什贴镇北要店村中。创建年代不详，现存为清代建筑。占地面积132.95平方米。坐南朝北，戏台建于1.2米高台基上，有前、后台之分。后台面宽三间，进深四椽，硬山顶。前台面宽三间，进深五椽，六架梁，卷棚歇山顶。戏台前台两侧有八字砖雕音壁。外檐斗栱五踩重翘，耍头雕为龙首，栱垫板镂空雕刻花卉。

榆次东长凝西戏台

东长凝西戏台位于榆次区长凝镇东长凝村中。创建年代不详，现存为清代建筑。占地面积92.74平方米。坐东南朝西北，戏台建于1.1米高台基上，面宽三间，进深七椽，八檩无廊式构架，卷棚硬山顶。三面墙体封护。前檐采用减柱造。外檐斗栱三踩单昂，耍头雕为龙头、象头。鼓镜式柱础。戏台梁架残留彩绘。

榆次伽西戏台

伽西戏台位于榆次区北田镇伽西村东。创建年代不详，现存为清代建筑。占地面积100平方米。坐南朝北，为过街式戏台。建于1.5米高的台基上，分为前台、后台。后台面宽三间，进深两椽，硬山顶，后墙上开圆拱形砖券门。前台面宽一间，进深四椽，五檩无廊式构架，悬山顶。前檐斗栱三踩单昂，耍头雕作龙头，鼓镜式柱础。前台两侧有砖雕影壁。

榆次后沟戏台

后沟戏台位于榆次区东赵乡东后沟村西中。创建年代不详，现存为清代建筑。占地面积136.79平方米。坐东朝西，建于1.55米高的台基上，有前、后台之分。后台面宽三间，进深四椽，硬山顶，三面墙体封户。山墙外侧建有砖雕福、寿八字照壁。前台面宽一间，进深四椽，五檩无廊式构架，卷棚悬山顶。外檐斗栱三踩单昂，耍头雕为龙头，厢栱浮雕花卉纹。前台大额枋下有镂雕博古花卉纹大券口，鼓镜式柱础。

榆次梁坪戏台

梁坪戏台位于榆次区北田镇梁坪村中。创建年代不详，现存为清代建筑。占地面积81平方米。坐南朝北，建于1.2米高的台基上，分为前台、后台。后台面宽三间，进深四椽，五檩无廊式构架，硬山顶，后墙开圆形窗两个。内墙上残留清同治九年（1870）时演戏题记。前台面宽一间，进深五椽，卷棚歇山顶。六檩卷棚式构架，前檐斗栱三踩单翘，耍头为麻叶形。后台山墙西侧存砖雕音壁。

榆次六台村戏台

六台村戏台位于榆次区庄子乡六台村中。据戏台脊枋上题记记载，建于清乾隆十八年（1753）。坐南朝北，占地面积180.3平方米。戏台布局分为前后台，建于1.2米高台基上。前台面宽一间，进深五椽，卷棚歇山顶，外檐斗栱五踩重翘，耍头雕为龙首或象首。后台面宽三间，进深四椽，悬山顶。后檐栱眼壁有木雕《西游记》中人物像等。墙上残留旧戏单题记，具有较高的历史价值，为研究清代戏曲发展提供了实物资料。戏台两侧有八字砖雕音壁。

榆次罗家庄戏台

罗家庄戏台位于榆次区什贴镇罗家庄村中。创建年代不详，现存为清代建筑。坐西向东，占地面积110平方米。建于1.2米高台基上，有前、后台之分。后台面宽三间，进深四椽，四架梁对单步梁，硬山顶。前台面宽一间，进深五椽，六架梁，卷棚歇山顶。外檐斗栱三踩单昂，梁头雕为龙首，耍头雕为麻叶头，令栱阴刻花纹。戏台两侧有八字砖雕音壁。右侧另建碑廊三间，进深二椽。

榆次南合流戏台

南合流戏台位于榆次区长凝镇南合流村中。创建年代不详，现存为清代建筑。占地面积225.4平方米。坐南朝北，建于1.1米高台基上，有前、后台之分。后台面宽三间，进深四椽，硬山顶，三面墙体封护。前台面宽一间，进深四椽，五檩无廊式构架，卷棚歇山顶。外檐斗栱三踩单昂，要头雕为龙头、象头。前台两侧四架梁下装饰有花卉纹券口，鼓镜式柱础。

榆次南流戏台

南流戏台位于榆次区北田镇南流村古槐街。始建年代不详，现存为清代建筑。占地面积82平方米。坐南朝北，建于1.3米高的台基上，分为前台、后台。后台面宽三间，进深五椽，硬山顶。前台面宽一间，进深五椽，六檩无廊式构架，卷棚歇山顶。外檐斗栱三踩单昂，要头雕为麻叶头，鼓镜式柱础。前台两侧有砖雕音壁，东音壁已毁。

榆次南张北戏台

南张北戏台俗称“北戏台”，位于榆次区北田镇南张村北。创建年代不详，现存为清代建筑。占地面积72平方米。坐南朝北，建于2.1米高的台基上，分为前台、后台。后台面宽三间，进深三椽，硬山顶。前台面宽一间，进深四椽，五檩无廊构架，单檐卷棚悬山顶。外檐斗栱三踩单昂，要头雕为龙首。鼓镜式柱础。戏台前台原为整体卷棚顶，后经改建，向东西两侧各加一间，单坡顶。后台内墙上残留清光绪十九年（1893）演出剧目题记及20世纪50、60年代演出剧目题记等，内容较丰富。

榆次聂店南戏台

聂店南戏台位于榆次乌金山镇聂店村中。创建年代不详，现存为清代建筑。占地面积 132 平方米。戏台坐南朝北，分为前台、后台两部分，建于 0.8 米高石砌台基之上。后台面宽三间，进深五椽，硬山顶。六檩前檐廊构架，梁架上均施彩绘。明间设隔扇，次间设上、下场门。前台一间，进深五椽，歇山卷棚顶。六檩无廊式构架。外檐斗栱七踩三昂，昂头雕为如意云头，龙形耍头，柱头及转角斗栱置龙头昂；栱眼壁镂雕麒麟及龙。柱间施镂空雕刻飞龙券口。

榆次牛村戏台

牛村戏台位于榆次区庄子乡牛村中。坐东朝西，占地面积 100 平方米。创建年代不详，现存为清代建筑。戏台建于 0.96 米高的台基上。为过街式。面宽三间，进深七椽，卷棚硬山顶。外檐斗栱三踩单翘，耍头雕为龙首、虎首。戏台两侧有图案为团龙的砖雕音壁。

榆次桥头戏台

桥头戏台位于榆次区庄子乡桥头村。创建年代不详，现存为清代建筑。坐北朝南，占地面积 82 平方米。戏台建于 0.8 米的高台基上。为过街式戏台，面宽三间，进深七椽，卷棚硬山顶。前檐斗栱三踩单昂，后檐斗栱三踩单翘，耍头雕为麻叶头。梁架上残留有部分彩绘。南北均开有台口，均可演戏。戏台南对关帝庙（已毁），北对先农庙，东西墙封堵。

榆次山头戏台

山头戏台位于榆次区庄子乡山头村。创建年代不详，现存为清代建筑。坐南朝北，占地面积 72 平方米。戏台布局为前、后台式，建于 1.5 米高台基上。戏台前台面宽一间，进深五椽，四架梁，卷棚歇山顶。外檐斗栱一斗二升交麻叶，耍头雕为龙首、象首、狮首。后台三间，进深四椽，硬山顶。

榆次什贴桥头戏台

什贴桥头戏台位于榆次区什贴镇桥头村中。始建年代不详，现存为清代建筑。占地面积 82 平方米。坐南朝北。建于 1.2 米高台基上，有前、后台之分。后台面宽三间，进深三椽，硬山顶。前台面宽一间，进深五椽，六架梁，卷棚悬山顶。外檐斗栱三踩单昂，耍头雕为龙首、象首。

榆次使张戏台

使张戏台位于榆次区郭家堡乡使张村中部。创建年代不详，现存为清代建筑。占地面积101平方米。坐南朝北，建于1.2米高砖砌台基上，分为前台、后台。后台面宽三间，进深两椽，硬山顶。前台面宽一间，进深五椽，六檩无廊构架，单檐卷棚歇山顶。外檐斗栱五踩重昂，耍头雕为龙首。

榆次西赵戏台

西赵戏台位于榆次区东赵乡西赵村南。创建年代不详，现存为清代建筑。占地面积92.63平方米。坐南朝北，戏台建于1.5米高的台基上，有前、后台之分。后台面宽三间，进深四椽，硬山顶，三面墙体封护。前台面宽三间，进深五椽，卷棚悬山顶，六檩无廊式构架。外檐斗栱三踩单昂，耍头雕为麻叶头，低平鼓镜式柱础。前台屋顶、梁架结构被改建加宽。

榆次西庄戏台

西庄戏台位于榆次区乌金山镇西庄村东。创建年代不详，现存为清代建筑。坐南朝北，占地面积133平方米。戏台布局为前、后台式，建于1.3米高台基上。戏台前台面宽一间，进深五椽，四架梁，卷棚歇山顶。外檐斗栱三踩单昂，东西各有角科斗栱。耍头雕为龙首、象首，万栱镂空雕刻。后台三间，进深三椽，梁架形制特殊，硬山顶。戏台两侧有图案为“鹿鹤同春”的砖雕音壁。

榆次相立戏台

相立戏台位于榆次区长凝镇相立村中。创建年代不详，现存为清代建筑。占地面积 87.07 平方米。坐南朝北，依山而建，建于石砌高台基上，现仅存后台面宽三间，进深五椽，六檩前廊式构架。硬山顶，三面墙体封护。前檐斗栱一斗二升，耍头雕为麻叶头。前檐装修设置上、下场门。后墙开两个方窗。

榆次辛家庄戏台

辛家庄戏台位于榆次区什贴镇辛家庄村中。创建年代不详，现存为清代建筑。戏台建于 1.2 米高台基上。坐南朝北，占地面积 81.5 平方米。布局为前、后台式。前台面宽一间，进深六椽，卷棚悬山顶。外檐斗栱三踩单翘，东西各有角科斗栱。耍头雕为龙首、象首，万栱雕刻花卉瓜果，梁架残留彩绘。后台三间，硬山顶。

榆次训峪戏台

训峪戏台位于榆次区东赵乡训峪村中。据《榆邑训峪村移建泰山庙乐楼碑记》载，创建年代不详，清道光二十五年（1845）移建于此地。占地面积 138.39 平方米，坐南朝北。戏台建于 1.5 米高的台基上，有前、后台之分。后台面宽三间，进深四椽，硬山顶，三面墙体封护。山墙外侧建有砖雕龟背纹八字音壁。前台面宽一间，进深五椽，六檩无廊式构架，卷棚歇山顶。外檐斗栱三踩单昂，耍头雕为龙头、象头，鼓镜式柱础。前台梁架残留彩绘。

榆次窑上戏台

窑上戏台位于榆次区庄子乡窑上村南部。创建年代不详，现存为清代建筑。占地面积77.57平方米。坐东朝西，建于1.5米高的台基上，分为前台、后台。后台面宽三间，进深两椽，硬山顶。前台面宽三间，进深四椽，卷棚悬山顶。前檐斗栱三踩单昂，耍头雕为龙头，鼓镜式柱础。前台两侧有砖雕音壁，内容为“麒麟牡丹”。后台内墙有清光绪六年（1880）、同治、民国期间的演戏题记多条。

榆次药村戏台

药村戏台位于榆次区北田镇药村中。创建年代不详，现存为清代建筑。占地面积99平方米。坐南朝北，建于1米高的台基上，分为前台、后台。后台面宽三间，进深二椽，三架梁，并通间向前挑出四椽，形成前台，单檐悬山卷棚顶。鼓镜式柱础，外檐斗栱三踩单昂，如意昂头，耍头雕作龙首。后台内墙上残留清咸丰、同治、光绪和民国时期的演戏题记，内容为演出剧目等。

榆次峪壁戏台

峪壁戏台位于榆次区长凝镇峪壁村中。创建年代不详，现存为清代建筑。1958年前台改建为适应现代演出的舞台。占地面积125.34平方米。坐西北向东南，戏台建于1.2米高台基上，有前、后台之分。后台面宽三间，进深四椽，卷棚硬山顶，三面墙体封护。前台被改建，面宽三间，进深三椽，四架梁。前台东西两侧加砌封闭式山墙。

榆次张坪戏台

张坪戏台位于榆次区庄子乡张坪村中。始建年代不详，现存为清代建筑。占地面积84平方米。坐南朝北。戏台建于1.6米高砖砌台基上，三面筑墙，前面仅留台口。面宽三间，进深五椽，前檐用四柱，明间移柱造，卷棚硬山顶。前檐斗栱三踩单昂，要头雕为龙头。梁架上残留彩绘，檐下保存有木雕券口、雀替。内山墙有清光绪二十三年（1897）、光绪三十三年（1907）太谷锦梨园唱戏时留的题记。

榆次章子垴戏台题记

榆次章子垴戏台

章子垴戏台位于榆次区长凝镇高坪村章子垴自然村。始建年代不详，现存为清代建筑。占地面积67.4平方米。坐南朝北，建于1.2米高的石砌台基上，分为前台、后台。后台面宽三间，进深四椽，硬山顶。前台面宽三间，明间檐柱采用移柱造，进深四椽，卷棚悬山顶。前檐斗栱三踩单昂，要头雕为龙头、象头。额枋下有镂雕云龙雀替、卷草龙雀替。鼓镜式柱础。后台内墙有民国五年（1916）的演戏题记。

榆次庄窝戏台

庄窝戏台位于榆次区长凝镇石槽头村庄窝自然村。始建年代不详，现存为清代建筑。占地面积65.8平方米。坐南朝北，建于0.8米高的石砌台基上，分为前台、后台。后台面宽三间，进深四椽，硬山顶。前台面宽三间，明间檐柱采用移柱造，进深四椽，卷棚悬山顶。前檐斗栱三踩单昂，要头雕为龙头、象头。鼓镜式柱础。

榆次紫坑戏台

紫坑戏台位于榆次区庄子乡紫坑村中。坐南朝北，占地面积123平方米。创建年代不详，现存为清代建筑。墙上有清光绪二十一年（1895）坤梨园和光绪三十年（1904）乾梨园唱戏时留的题记。1994年重修并彩绘。为前台后厅过街式戏台，台基残高0.8米。戏台前台面宽一间，进深五椽，卷棚歇山顶。外檐斗栱五踩重昂，耍头雕为龙首、象首，栱垫板镂空雕刻飞龙。乐厅三间，进深三椽，五架梁，硬山顶。后墙东西各有圆形窗1个。戏台两侧有图案为“寿山福海”“鹿鹤同春”的砖雕影壁。

左权禅房戏台

禅房戏台位于左权县芹泉镇禅房村南隅。创建年代不详，现存为清代建筑。占地面积52.5平方米，坐南朝北。建于0.8米高的条石台基上，面宽三间，进深六椽，单檐悬山顶，七檩无廊式构架。斗栱一斗二升交卷云头。后槽设金柱、隔扇将戏台分为前、后台，前台敞朗。

左权长城村戏台

长城村戏台位于左权县石匣乡长城村中。创建年代不详，1958 年及 2004 年对戏台进行维修，现存为清代建筑。占地面积 63.632 平方米，坐南朝北。戏台建于高 0.88 米的石砌台基上，面宽三间，进深八椽，卷棚歇山顶。台内设木制隔扇将戏台分为前、后台。隔扇裙板上书“推陈出新”四字，为 1958 年维修时新绘。

左权大林口戏台

大林口戏台位于左权县麻田镇大林口村中心。创建年代不详，现存为清代建筑。占地面积 42.65 平方米，坐西朝东，建于 1.2 米高的青石台基上，面宽三间，进深五椽，单檐悬山顶，六檩无廊式构架。斗栱一斗二升交蚂蚱头。台内后槽设金柱，将台分为前、后台。

左权店上崔府君庙戏台

店上崔府君庙戏台位于左权县石匣乡店上村中心。原属崔府君庙建筑群，现庙已新建，仅余戏台。创建年代不详，据碑载明万历四十三年（1615）、清同治年间（1862—1874）、民国二十二年（1933）重修，现存为清代建筑。占地面积 64 平方米。坐南朝北，建于高 1.5 米的条石台基上。台内设木隔扇将戏台分为前后台。前台面宽三间，进深三椽，单檐卷棚顶。后台为二层砖木构建筑，面宽三间，进深四椽，单檐悬山顶。院内另存明万历四十三年（1615）、清同治年间（1862—1874）、民国二十二年（1933）重修碑三通，功德碑两通。

左权圪道龙王庙戏台

圪道龙王庙戏台位于左权县羊角乡圪道村中心。创建年代不详，原属龙王庙建筑群，现庙内建筑多塌毁，仅存戏台，为清代建筑。占地面积49.6平方米。坐南朝北，建于1米高的青石台基上。面宽三间，进深五椽，单檐硬山顶，六檩无廊式构架。台内设金柱将戏台分为前后台。

左权蛤蟆滩戏台

蛤蟆滩戏台位于左权县辽阳镇蛤蟆滩村中心。创建年代不详，现存为清代建筑。占地面积46.5平方米。坐南朝北，建于1.1米高的青石台基上。面宽三间，进深四椽，单檐悬山顶，五檩无廊式构架。

左权蒿沟关帝庙戏台

蒿沟关帝庙戏台位于左权县石匣乡蒿沟村中。创建年代不详，原属关帝庙建筑群，现庙已毁，仅存戏台，为清代建筑。占地面积51.6平方米。坐北朝南，建于0.65米高的条石台基上。面宽三间，进深四椽，单檐硬山顶，五檩无廊式构架。前檐明间设六抹隔扇门，次间砖砌，辟拱形窗。

左权清河店关帝庙戏台

清河店关帝庙戏台位于左权县寒王乡清河店村东南隅。原属关帝庙建筑群，现庙已毁，仅存戏台。创建年代不详，为清代建筑。占地面积42.8平方米，坐南朝北，建于1.1米高的砖砌台基上，面宽三间，进深四椽，单檐悬山顶，五檩无廊式构架。已被后人装修改制。

左权秋林滩戏台

秋林滩戏台位于左权县拐儿镇秋林滩村中心。创建年代不详，现存为清代建筑。占地面积46平方米，坐西朝东。建于1.33米高的台基上。面宽三间，进深六椽，单檐悬山顶，七檩无廊式构架。斗栱一斗二升交麻叶。戏台中设木制隔扇分为前、后台，前台敞朗。

左权石灰窑戏台

石灰窑戏台位于左权县羊角乡武家坪村石灰窑自然村中心。创建年代不详，现存为清代建筑。占地面积45平方米。坐南朝北，建于1米高的青石台基上。面宽三间，进深四椽，单檐硬山顶。中设隔扇将其分为前、后台。

左权西安村戏台

西安村戏台位于左权县麻田镇西安村中部。创建年代不详，现存为清代建筑。占地面积 85 平方米。坐南朝北，建于 0.28 米高的条石台基上。面宽三间，进深八椽，单檐硬山顶，九檩无廊式构架。斗栱一斗二升交蚂蚱头。后槽设金柱，将台分为前后台。

左权西关后街关帝庙戏台

西关后街关帝庙戏台俗称无梁台，位于左权县辽阳镇西关村西关后街 9 号。原属关帝庙建筑群，现庙已不存，仅存戏台。创建年代不详，据碑载，清咸丰十一年（1861）重修。2008 年曾进行揭顶维修，现存为清代建筑。占地面积 67 平方米。坐北朝南，建于高 2.7 米的台基上。台基中设券洞，南北贯通。上层楼阁式，面宽三间，进深四椽，单檐歇山顶。三踩单昂斗栱，内设藻井。1994 年被列为县级文物保护单位。

左权衙道街戏台

衙道街戏台位于左权县辽阳镇北街村衙道街中部。创建年代不详，清宣统三年（1911）重建，现存为清代建筑。占地面积190平方米，坐北朝南。建于0.9米高的青石台基上，由前、后台组成。前台敞朗，面宽三间，进深三椽，歇山式单坡顶，三踩斗栱；后台面宽三间，进深五椽，单檐硬山顶。山墙中部设门，通往耳房。耳房面宽一间，进深一间，单檐硬山顶。1994年被列为县级文物保护单位。

左权羊角戏台

羊角戏台位于左权县羊角乡羊角村中心。创建年代不详，现存为清代建筑。占地面积48.75平方米。坐东朝西，建于1.77米高的青石台基上。台基中设券洞，东西贯通，演出时于券洞顶安装木板即成为台面。戏台面宽三间，进深六椽，单檐歇山顶。台内后槽设金柱，将戏台分为前、后台。

左权庄则戏台

庄则戏台位于左权县辽阳镇庄则村东隅。创建年代不详，现存为清代建筑。占地面积57平方米。坐东朝西，建于1.2米高的砂石台基上。面宽三间，进深六椽，单檐悬山顶，七檩无廊式构架。

和顺北李阳戏台

北李阳戏台位于和顺县李阳镇北李阳村中。创建年代不详，现存为清代建筑。占地面积61.98平方米。坐南朝北。建于石砌台基之上，台基高0.6米。分前后两台，中间用木制隔扇相隔。面宽三间，前台进深四椽，后台进深两椽，卷棚顶。檐下施简易雕花斗栱，前檐装修改动。

和顺夫子岭戏台

夫子岭戏台位于和顺县松烟镇夫子岭村中。创建年代不详，2006年当地村委会组织维修，现存为清代建筑。占地面积49平方米。坐南朝北。戏台建于石砌台基之上，台基高0.8米。面宽三间，进深六椽，单檐硬山顶，七檩无廊式构架。檐下施简易斗栱。

和顺高邱戏台

高邱戏台位于和顺县牛川乡高邱村中。创建年代不详，现存为清代建筑。占地面积56.9平方米。坐北朝南。戏台建于石砌台基之上，台基高1.24米，分前后台，中间设木制隔扇。面宽三间，前台进深五椽，后台进深二椽，卷棚顶。檐下施简易雕花斗栱。前檐装修改动。

和顺河铺戏台

河铺戏台位于和顺县李阳镇南李阳村中。创建年代不详，2007 年当地村委会组织维修并施彩绘，现存为清代建筑。占地面积 54.7 平方米。坐西朝东。建于石砌台基之上，台基高 0.8 米。分前后台，面宽三间，前台进深三椽，后台进深两椽，卷棚顶，六檩无廊式构架。檐下施简易雕花斗栱。

和顺横岭戏台

横岭戏台位于和顺县横岭镇横岭村中。创建年代不详，现存为清代建筑。占地面积约 65.06 平方米。坐东南朝西北。建于高 1.33 米的石砌台基上。中间用柱子相隔，分为前后台。面宽三间，前台进深四椽，卷棚歇山顶。后台进深三椽，单檐硬山顶。檐下斗栱为三踩单昂，昂雕为龙头。2001 年被和顺县人民政府列为县级文物保护单位。

和顺柳科戏台

柳科戏台位于和顺县青城镇柳科村中。创建年代不详，现存为清代建筑。占地面积55.5平方米。坐南朝北。建于石砌台基之上，台基高0.68米。戏台面宽三间，分前后台，中间用木制隔扇相隔。前台进深四椽，后台进深两椽，卷棚顶。檐下斗栱为一斗二升，前檐装修已改。隔扇木牌匾题“清歌妙舞”四字。

和顺龙峪戏台

龙峪戏台位于和顺县李阳镇龙峪村中。创建年代不详，现存为清代建筑。占地面积48.24平方米。坐南朝北。建于石砌台基之上，台基高1.1米。分前后两台，中间用木制隔扇相隔。面宽三间，前台进深四椽，后台进深两椽，卷棚顶。前檐装修改动。隔扇中间有木牌匾题“律和声”三字。

和顺南安驿戏台

南安驿戏台位于和顺县喂马乡南安驿村东。创建年代不详，现存为清代建筑。占地面积68.8平方米。坐南朝北。建于条石台基之上，台基高1.1米。戏台中间设木质隔扇，分为前后台。面宽三间，前台进深四椽，后台进深五椽。单檐歇山顶。斗栱三踩单昂，昂雕为象鼻、龙头。

和顺青城戏台

青城戏台位于和顺县青城镇青城村中。创建年代不详，现存为清代建筑。占地面积41.18平方米。坐南朝北。建于石砌台基之上，台基高1.1米，中间设过道，演出时过道上搭木板即成为舞台。戏台面宽三间，被木柱分为前后两台。前台进深四椽，后台进深两椽。单檐硬山顶。檐下施简易斗栱。前台木牌匾题“和声鸣威”四字。戏台后墙有“永兴千古□，楼台和声麓”“近水得月”等题记。

和顺圈马坪戏台

圈马坪戏台位于和顺县松烟镇圈马坪村中。创建年代不详，现存为清代建筑。占地面积64.08平方米。坐南朝北。建于石砌台基之上，台基高1.1米。分前后两台，中间置木制隔扇。面宽三间，前台进深四椽，后台进深两椽，卷棚顶，七檩无廊式构架。檐下施简易斗栱，耍头雕为龙头、象鼻。

和顺上虎峪戏台

上虎峪戏台位于和顺县义兴镇上虎峪村南 50 米。创建年代不详，现存为清代建筑。占地面积 52.56 平方米。坐南朝北。建于石砌台基之上，台基高 0.76 米。分前后台，中间设木制隔扇。戏台面宽三间，前台进深四椽，后台进深两椽，单檐硬山顶，七檩无廊式构架。檐下施简易雕花斗栱。

和顺上石勒戏台

上石勒戏台位于和顺县李阳镇上石勒村中。创建年代不详，据碑记载，清嘉庆二十五年（1820）重修。占地面积 69.55 平方米。坐南朝北，建于石砌台基之上，台基高 0.56 米。戏台面宽五间，分前后台，前台进深四椽，后台进深两椽，卷棚顶，七檩无廊式构架。檐下施简易斗栱。戏台后墙开拱形窗，东侧山墙辟门。北侧立清重修碑一通。

和顺王汴戏台

王汴戏台位于和顺县青城镇王汴村中。创建年代不详，现存为清代建筑。占地面积 61.3 平方米。坐南朝北。戏台建于石砌台基之上，台基高 0.86 米。分前后台，中间用木制隔扇相隔。面宽三间，前台进深四椽，卷棚歇山顶，后台进深两椽，单檐硬山顶。檐下施简易雕花斗栱，前檐装修已改动。隔扇上方匾题“清歌妙舞”四字。

和顺许村戏台

许村戏台位于和顺县松烟镇许村村中。创建年代不详，现存为清代建筑。占地面积 55.48 平方米。坐南朝北。戏台建于石砌台基之上，台基高 1.1 米。分前后两台，中间设木制隔扇。面宽三间，进深六椽，单檐悬山顶，七檩无廊式构架。檐下施简易雕花斗栱。

和顺榆圪塔戏台

榆圪塔戏台位于和顺县李阳镇榆圪塔村中。创建年代不详，现存为清代建筑。占地面积 77.8 平方米。坐南朝北。戏台建于石砌台基之上，台基高 0.66 米。分前后两台，中间用木制隔扇相隔。面宽三间，前台进深六椽，后台进深两椽，单檐硬山顶。檐下施简易雕花斗栱。

昔阳北南沟神房戏台

北南沟神房戏台位于昔阳县李家庄乡北南沟村中。坐北朝南，占地面积 168.72 平方米。据院内碑载，创建于清顺治十八年（1661），嘉庆十一年（1806）重修。一进院落布局，神房建于 1 米高的石砌台基上。面宽三间，进深五椽，单檐硬山顶，六檩前廊式构架。前檐檐下设一斗二升斗栱五攒。明间施四扇六抹隔扇门，两次间为槛窗。屋顶正、垂脊浮雕龙纹图案。戏台倒座，为酬神所建。石筑台基。面宽三间，进深六椽，单檐卷棚悬山式。中设木制隔断将其分为前、后台。前台深四椽，后台深两椽，前檐檐下设一斗二升斗栱五攒。院内现存石碑三通，碣二方。

昔阳达井神房戏台

达井神房戏台位于昔阳县界都乡达井村中。坐北朝南，占地面积350.9平方米。创建年代不详，据碑文记载，清嘉庆十二年（1807）重修。一进院落布局，中轴线由南向北建有戏台、神房，两侧为耳房。神房建于2米高的石砌台基上，面宽三间，进深五椽，硬山顶，六檩前出廊式构架。明间设板门，次间为槛窗，屋顶前坡黄琉璃瓦布满。戏台倒座，为酬神所建。石砌台基，前、后台设木制隔断。前台面宽三间，进深四椽，单檐悬山卷棚顶。后台面宽五间，进深三椽，单檐悬山卷棚顶。梢间前墙筑音壁。前檐檐下额枋施苏式彩绘。屋顶琉璃剪边。东耳房廊下立清嘉庆十二年（1807）“重修神房碑铭”碑一通，戏台内现存民国四年“重修五路神祠新建乐楼碑记”碑一通。1990年被公布为县级文物保护单位。

昔阳东五川戏台

东五川戏台位于昔阳县西寨乡东五川村南。坐南朝北，建筑面积67.78平方米。创建年代不详，现存为清代建筑。戏台建于3.5米高的石砌台基上，面宽三间，进深七椽，单檐卷棚歇山顶。前、后台中间设砖木隔断。前台深四椽，后台深三椽。前檐檐下设异形简易雕花斗栱五攒。

昔阳东寨神房戏台

东寨神房戏台位于昔阳县赵壁乡东寨村中。坐北朝南，占地面积 246.14 平方米。创建年代不详，现存为清代建筑。一进院落布局，中轴线由南向北建有戏台、神房。戏台倒坐，为酬神所建。石砌台基，面宽三间，进深七椽，单檐卷棚悬山顶。前、后台中间设木制隔扇，前台深四椽，后台深三椽。前檐檐下设简易斗栱五攒。两柱间设镂空木雕雀替。

昔阳河下神房戏台

河下神房戏台位于昔阳县阎庄乡河下村中。坐北朝南，占地面积 213.2 平方米。创建年代不详，现存为清代建筑。一进院落布局，神房石砌台基，面宽三间，进深五椽，单檐硬山顶，六檩前廊式构架。明间设板门，两次间为槛窗。戏台倒坐，为酬神所建。石砌台基，面宽三间，进深四椽，单檐卷棚悬山顶。前、后台中间设木制隔扇，前、后台均深两椽。

昔阳胡丰戏台

胡丰戏台位于昔阳县沾尚镇胡丰村中。坐南朝北，建筑面积 121.9 平方米。创建年代不详，现存为清代建筑。戏台石砌台基，前台面宽三间，进深四椽，单檐卷棚歇山顶。前、后台中间设木制隔扇。后台深两椽，硬山顶。装修已改。

昔阳黄岩底戏台

黄岩底戏台位于昔阳县赵壁乡黄岩底村北。坐南朝北，建筑面积 49.34 平方米。创建年代不详，现存为清代建筑。戏台建于 1.3 米高的石砌台基上，面宽三间，进深六椽，单檐卷棚硬山顶。前、后台间设木制隔扇，前台深四椽，后台深两椽。

昔阳库城村戏台

库城村戏台位于昔阳县皋落镇库城村。坐南朝北，占地面积 103 平方米。始建年代不详，2007 年重修。现存为清代建筑。戏台石砌台基，前台面宽三间，进深四椽，单檐卷棚歇山顶。前檐两石柱间雕花牙子雀替。两石柱分别刻对联一副，上联是“金印庆三元西厢琵琶惊白兔”，下联是“彩楼歌五福东廊鹦鹉唤红梅”。前、后台中间设木制隔扇。后台面宽五间，进深三椽，梢间前墙作随墙音壁。前出廊，屋顶卷棚式。1990 年被列为县级文物保护单位。

昔阳梁庄戏台

梁庄戏台位于昔阳县乐平镇梁庄村中。坐南朝北，建筑面积60.8平方米。创建年代不详，现存为清代建筑。戏台建于0.58米高的石砌台基上，面宽三间，进深六椽，单檐卷棚歇山顶。前、后台设木制隔扇。前台深四椽，后台深两椽。东山墙辟门。

昔阳柳沟神房戏台

柳沟神房戏台位于昔阳县皋落镇柳沟村中。坐北朝南，占地面积515.4平方米。创建年代不详，据碑载，清代重修。1997年维修神房、观音堂。现存为清代建筑。一进院落布局，中轴线由南向北依次建有戏台、神房。东侧存大门、厢房、观音堂。神房石砌台基，面宽三间，进深五椽，单檐硬山顶，六檩前廊式构架。明间施四扇板门，两次间窗户已改。檐下阑额、普拍枋施苏式彩绘。戏台倒座，为酬神所建。石砌台基，基高1米。面宽三间，进深七椽，单檐卷棚硬山顶。前、后台中间设木制隔扇。前台深四椽，后台深三椽。前檐檐下设异形雕花斗栱五攒。院内现存清代石碑六通。

昔阳楼坪戏台

楼坪戏台位于昔阳县赵壁乡楼坪村中。坐北朝南，建筑面积47.96平方米。创建年代不详，据碑文记载，清道光十九年（1839）、宣统元年（1909）重修，现存为清代建筑。戏台石砌台基，面宽三间，进深六椽，单檐卷棚硬山顶。前、后台设木制隔扇。前台深四椽，后台深两椽。前檐檐下设一斗二升交麻叶斗栱五攒。栱为异形雕花，明间设平身科一攒。两柱间施镂空木雕雀替。戏台内现存清代重修石碑四通。

昔阳麻汇神房戏台

麻汇神房戏台位于昔阳县大寨镇麻汇村中。坐北朝南，占地面积 143 平方米。始建年代不详，现存为清代建筑。神房石砌台基，基高 1 米。面宽三间，进深五椽，六檩前廊式构架，装修已改。戏台倒坐，为酬神所建。石砌台基，面宽三间，前台深三椽，后台深两椽，单檐卷棚歇山顶。

昔阳毛家山戏台

毛家山戏台位于昔阳县乐平镇毛家山村中。坐南朝北，建筑面积 85.17 平方米。创建年代不详，现存为清代建筑。戏台石砌台基，面宽五间，前台进深四椽，单檐卷棚歇山顶。前檐檐下设简易雕花斗栱五攒。前台装修已改，后台、西耳房为新建。

昔阳南郝峪神房戏台

南郝峪神房戏台位于昔阳县大寨镇南郝峪村中。坐北朝南，占地面积 167.24 平方米。创建年代不详，现存为清代建筑。一进院落布局，现存神房、戏台。神房石砌台基，面宽三间，进深五椽，单檐硬山顶，六檩无廊式构架。装修已改。戏台倒坐，为酬神所建。石砌台基，面宽三间，进深七椽，单檐卷棚悬山顶。戏台前、后台中间设木制隔扇，前台深四椽，后台深三椽。前檐檐下设异形雕花斗栱五攒，前檐及隔断两柱间设木制雕花镂空雀替。木隔扇正中上方悬“宜风宜雅”木匾一方。

昔阳南界都神房戏台

南界都神房戏台位于昔阳县界都乡南界都村中。坐北朝南，占地面积374平方米。创建年代不详，现存为清代建筑。一进院落布局，中轴线由南向北建有戏台、神房，两侧为东西耳房。神房建于1米高的石砌台基上。面宽三间，进深四椽，单檐悬山顶，五檩前廊式构架。檐下设五踩双翘雕花异形栱五攒。明间门窗为四扇六抹隔扇，两次间为槛窗。檐下额枋、栱眼壁为苏式彩绘。廊下现存清雍正十二年（1734）、嘉庆八年（1803）、石碣各一方。戏台倒坐，为酬神所建。建于1.3米高的石砌台基上，前、后台中间设木制隔扇，前台面宽三间，进深四椽，单檐卷棚歇山顶。后台宽五间，深两椽，卷棚顶。檐下额枋、栱眼壁为苏式彩绘。梢间前墙筑音壁。2006年重修。

昔阳南掌城神房戏台

南掌城神房戏台位于昔阳县乐平镇南掌城村中。创建年代不详，现存为清代建筑。坐北朝南，占地面积347.2平方米。一进院落布局，中轴线由南向北依次建有戏台、神房。戏台倒坐，为酬神所建。石砌台基，分前、后台。前、后台之间设木制隔扇，前台敞朗。前台面宽三间，进深四椽，卷棚歇山顶。后台面宽五间，进深三椽。前檐檐下设异形雕花斗栱五攒。神房石砌台基，面宽四间，进深五椽，单檐硬山顶，六檩前廊式构架。前檐檐下设异形雕花斗栱五攒。明间设板门，两次间设槛窗。基石雕兽。神房西山墙嵌碑一通。

昔阳潘掌戏台

潘掌戏台位于昔阳县大寨镇潘掌村中63号院，坐南朝北，建筑面积51.47平方米。创建年代不详，现存为清代建筑。戏台石砌台基，面宽三间，进深七椽，卷棚硬山顶。戏台中间设木制隔断，将其分为前、后台，前台深四椽，后台深两椽。前檐檐下设简易异形雕花斗栱五攒。隔断正中上方有“参观开想”木匾一方。

昔阳石坪戏台

石坪戏台位于昔阳县李家庄乡石坪村中。坐南朝北，建筑面积 58.14 平方米。创建年代不详，现存为清代建筑。戏台石砌台基，面宽三间，进深六椽，单檐卷棚歇山顶。前、后台中间设木制隔扇。后台深三椽，已坍塌，仅存东山墙墙体。

昔阳水峪神房戏台

水峪神房戏台位于昔阳县赵壁乡水峪村南。坐北朝南，占地面积 677.6 平方米。创建年代不详，现存为清代建筑。神房石砌台基，面宽三间，进深七椽，单檐硬山顶，八檩前廊式构架。明、次间门窗均为四扇六抹隔扇。戏台倒坐，为酬神所建。石砌台基。前、后台中间设木制隔扇，前台面宽三间，进深四椽，单檐卷棚歇山顶。后台面宽五间，进深两椽。

昔阳水峪戏台

水峪戏台位于昔阳县赵壁乡水峪村中。坐南朝北，建筑面积 46.51 平方米。创建年代不详，现存为清代建筑。戏台建于 3.2 米高的石砌台基上，台基中设拱形券洞，为走水通道。戏台面宽三间，进深四椽，单檐卷棚悬山顶。中间设隔扇，前台敞朗。前、后台前檐檐下设异形雕花斗栱五攒，明间设平身科一攒。次间两柱间设木雕雀替。

昔阳田川戏台

田川戏台位于昔阳县大寨镇田川村中。坐西向东，建筑面积81.06平方米。创建年代不详，现存为清代建筑。戏台石砌台基，面宽五间，进深六椽，单檐卷棚悬山顶。前、后台中间设木制隔扇，前台深四椽，后台深两椽。戏台北山墙、后墙均辟一券式门。

昔阳王家庄神房戏台

王家庄神房戏台位于昔阳县李家庄乡王家庄村中。坐南朝北，占地面积176平方米。创建年代不详，现存为清代建筑。一进院落布局，中轴线由北向南建有戏台、神房。神房石砌台基，面宽三间，进深四椽，硬山顶，五檩无廊式构架。戏台倒坐，为酬神所建。石砌台基，面宽三间，进深五椽，单檐卷棚顶。前、后台中间设木制隔扇，前台深两椽，后台深三椽。前檐檐下设一斗二升斗栱七攒。戏台西山墙辟半圆形门。院内有唐槐一棵。

昔阳务种戏台

务种戏台位于昔阳县孔氏乡务种村中高台上。坐南朝北，建筑面积151平方米。创建年代不详，现存为清代建筑。戏台石砌台基，面宽五间，进深七椽，单檐卷棚悬山顶。戏台中间设木制隔扇将其分为前、后台。前台深四椽，后台深三椽。前檐檐下设简易异形雕花斗栱七攒。学大寨时期在戏台两侧各增建耳房一间，门额上方分别雕“万古”“长青”字样。前檐墙顶部为三角形，内置五角星一枚。

昔阳西峪神房戏台

西峪神房戏台位于昔阳县三都乡西峪村中。坐北朝南，占地面积166.67平方米。据石碣记载建于清乾隆丁酉年（1777）。一进院落布局，现存神房、戏台。神房建于1米高的石砌台基上，面宽三间，进深五椽，单檐硬山顶，六檩前廊式构架。前檐檐下设异形雕花简易斗栱五攒，装修已改。戏台倒坐，为酬神所建。建于1.5米高的石砌台基上，面宽三间，进深四椽，卷棚悬山顶。前、后台中间设木制隔扇。前、后台均深二椽。戏台西山墙嵌“新修戏房碑记”碣一方。

昔阳学堂沟戏台

学堂沟戏台位于昔阳县大寨镇田川村学堂沟自然村中。坐南朝北，建筑面积61.94平方米。创建年代不详，现存为清代建筑。戏台石砌台基，面宽五间，进深七椽，单檐硬山顶。前、后台之间设木制隔扇，前台深五椽，后台深两椽。前台西山墙辟门。

昔阳阳坡神房戏台

阳坡神房戏台位于昔阳县东冶头镇阳坡村中。坐北朝南，占地面积 441.56 平方米。创建年代不详，现存为清代建筑。一进院落布局，中轴线由南向北建有戏台、神房，神房东西两侧耳房各为石窑一孔。神房石砌台基，基高 1.5 米，面宽三间，进深五椽，单檐硬山顶。六檩前廊式构架。檐下设异形雕花斗栱五攒。门窗均为拱券形。戏台倒坐，为酬神所建。石砌台基，面宽五间，进深七椽。明、次间单檐卷棚悬山顶，两侧梢间屋顶为单坡顶。前、后台之间设木隔扇。前台深四椽，后台深三椽。戏台东山墙嵌碣一方。西侧存民国三年（1914）重修石碑一通。神房东侧门楼前悬挂明嘉靖十五年（1536）铁钟一口。

昔阳寨上戏台

寨上戏台位于昔阳县赵壁乡寨上村南。坐南朝北，建筑面积 46.25 平方米。创建年代不详，现存为清代建筑。戏台石砌台基，面宽三间，进深六椽，单檐卷棚硬山顶。前、后台中间设木制隔扇，前台深四椽，后台深两椽。前檐檐下设一斗二升镂空异形雕花斗栱五攒。

昔阳沾尚戏台

沾尚戏台位于昔阳县沾尚镇沾尚村中。坐南朝北，建筑面积 90.5 平方米。创建年代不详，现存为清代建筑。戏台建于 1.1 米高的石砌台基上。前台面宽三间，进深四椽，单檐卷棚歇山顶。前、后台中间设木制隔扇。后台面宽五间，进深三椽。前檐檐下设三踩斗栱五攒，龙头昂。

太谷胡家庄戏台

胡家庄戏台位于太谷县侯城乡胡家庄村北。创建年代不详，现存为清代建筑。占地面积 132 平方米。坐北朝南，戏台建于 1.4 米高的砖砌台基上。面宽三间，进深六椽，单檐悬山顶，七檩无廊式构架，斗栱三踩单昂，龙首、象首形耍头。中有隔扇将戏台分为前、后台。山墙两侧接八字形音壁，壁心书“福”字。

太谷阳邑净信寺戏台

净信寺在太谷县阳邑村西南部。据寺内唐碑记载，寺宇创建于北齐，唐代开元元年（713 年）和金大定年间重修。明正德年间增建正殿及东、西两廊。万历三十三年（1605 年），在两廊故址建钟鼓楼。清康熙、雍正年间重修。道光六年（1826 年）再度重修，特别是“其南戏楼因旧址而恢阔之，戏楼两旁修山门两座”。现存建筑布局与道光六年重修碑记完全相同。

净信寺现占地 3629 平方米，分前后两进院，中轴线建筑为戏台、毗卢殿、大雄宝殿。东、西两侧有山门、回廊、灰泉殿和白衣殿、钟鼓楼、东西月门、东西碑廊。后院两侧为观音菩萨殿（东殿）、地藏菩萨殿（西殿）。

净信寺戏台位于中轴建筑的南端，两山门之间的倒座位置上。整体为前后两座单体建筑组合而成，中间由隔扇分为前台、后台，后台宽于前台，为三间悬山顶。通阔 10.82 米，

太谷阳邑净信寺戏台

太谷阳邑净信寺戏台斗栱

太谷阳邑净信寺戏台藻井

明间宽 4.54 米，进深 4.21 米。前台为凸出式台口，三间歇山卷棚顶。通阔 7.5 米，明间宽 4.55 米，侧台口宽 4.45 米，进深 4.92 米，台高 1.74 米。台帮砖砌，砂石压沿。前台檐下为四根圆木柱，鼓式柱础。柱头科五踩双昂，昂嘴上卷，刻作龙形，耍头撑头木联做龙头。明间平身科三攒，角科五缝，出昂、由昂，均刻作龙头或龙头变体。通长、宽

厚的大额于柱头相交，伸出柱外，断面加狮头护朽。明间大额下施以巨大的雀替，雀替上雕刻云龙，华丽生动。

后台两侧宽出前台的台基上，东西两侧分别有八字式音壁，为单檐歇山式，全木结构。音壁由两根粗大的通柱撑起大顶，大额穿插在两柱之间，上施斗栱九踩四下昂，要头雕作云头或龙头。角科七缝，密布于檐下，占去大半空间，显得玲珑剔透。

戏台前后题额保存完整。明间檐下悬有巨匾，楷书题曰：“神听和平”。侧款题：“候铨同知杜大经率男县丞焕发焕旺孙男翊唐安唐逢唐裕唐薰沐谨”“大清道光四年桂月多伦诺尔合顺成造”。杜大经为当时邑阳村中乡绅，也是道光四年重修戏台的捐资人。寺中现存《重修净信寺记》和《诰授中宪大夫侯铨同知加二级大经杜公独修戏楼记》都详载了他的功德。

后台明间额书“昭假”，昭假典出《诗经·大雅·云议》：“大夫君子，昭假无赢。”昭，明也；假，同嘏，告也，意为向神表达真诚敬意。上、下场门分别题额“金声”“玉振”，近年重修后改题为“出将”“入相”。

戏台屋顶整体为孔雀蓝琉璃瓦覆盖，亮丽美观，爽心悦目。

一般来说，戏台大都出现在神庙和民俗信奉的庙宇中，而在佛教的寺院中出现戏台建筑是明代以后的事。太谷净信寺创建戏台是在明正德年间，后屡拆屡兴，反映了中国佛教不断世俗化的演变过程，也反映了太谷地方民俗文化的深厚积累。

太谷孔家大院戏台

太谷孔家大院戏台在太谷城内孔祥熙宅园中。戏台院为主人欣赏乐舞、宴会宾客之所。中轴线建戏台、过厅，侧建东、西厢房，占地面积642平方米。戏台面宽五间，进深六椽。主体单檐硬山顶，前出三椽卷棚歇山顶抱厦，斗栱五踩重昂。镂空木雕喜雀登梅雀替。斗栱、额枋均施彩绘，石绿基色，金粉勾边，或绘墨竹，或绘民间生活图景，雕梁画栋，意趣盎然。现陈列历代钱币展。

太谷无边寺戏台

太谷无边寺戏台在太谷县城的南寺街无边寺内。无边寺俗称白塔寺，也称南寺，相传创建于西晋泰始八年(272年)。据山西古地方志书中所载：北周建德四年(575年)“阳邑县移治白塔村，隋开皇十八年改名太谷县”，可知最早起码北朝时期无边寺就已经存在。所以太谷当地有民谣云：“先有白塔村，后又太谷城。”宋代治平、元祐曾经重修。清同治年间，寺院毁于大火。光绪三十二年(1906年)重建，寺院组群更加扩大，总面积达4400平方米。

寺院建筑群坐北朝南，共三进院。山门为三座门式，通常由东、西二门通行，中门为山门式戏台。戏台对面有献殿，两侧廊房。第二进院为白塔院，白塔居中，两侧藏经楼，北为天王殿。第三进院正面为大雄宝殿。两侧垛殿。东西配殿。其中的白塔高43米，七层，通体白色，是国内现存为数不多的宋代砖木结构的佛塔。

太谷无边寺戏台墀头

戏台为山门式，后台硬山顶五间，前台歇山卷棚顶抱厦一间，台下为中门过道。戏台整体平面呈“凸”字形，前台凸出，为三面观。前台面阔 5.2 米，进深 4 米。后台通阔 9.6 米，明间宽 3.2 米，次间宽 1.44 米，进深 4.6 米，中间有隔扇。台下过道门洞高约 2 米，宽 2 米，进深 8.6 米。前台角柱粗大雄浑，前檐额枋宽厚，上彩绘戏剧故事。通间雀替透雕龙纹，斗栱耍头雕作大象头和龙头变体，气象华美繁复，有较强的装饰效果。根据建筑特征和相关记载，无边寺戏台是清光绪三十二年寺院全面修复时的作品。

祁县程家庄戏台

程家庄戏台位于祁县东观镇程家庄村东。创建年代不详，为清代建筑。占地面积 99 平方米，坐东朝西，平面呈“凸”字形。建于 1.4 米高的砖砌台基上，面宽三间，进深五椽，单檐卷棚顶，六檩无廊式构架，三踩单昂斗栱。戏台内设木制隔扇，将戏台分为前后台。前台敞朗，后台两侧各建耳房一间。

祁县大贾戏台

大贾戏台位于祁县东观镇大贾村东隅。创建年代不详，为清代建筑。占地面积 124 平方米，坐东朝西。戏台建于高 1.4 米的条石台基之上，面宽三间，进深七椽。台内设木制隔扇将戏台分为前、后台。后台为单檐硬山顶。前台敞朗，明间挑出歇山卷棚顶抱厦，作为演出台口。斗栱三踩单昂，明间平身科与角科出斜昂，龙首耍头。1990 年被列为县级文物保护单位。

祁县大义戏台

大义戏台位于祁县东观镇大义村东隅。创建年代不详，现存为清代建筑。占地面积 97 平方米，坐东朝西。建于高 1.7 米的砖砌台基之上，面宽三间，进深五椽。台内设木制隔扇将戏台分为前、后台。前台敞朗，为木构歇山顶。后台为砖构硬山卷棚顶，梁架为六檩无廊式，斗栱形制为五踩双下昂，蚂蚱形耍头。台侧出浮雕书法八字音壁。1990 年被列为县级文物保护单位。

祁县东王乔戏台

东王乔戏台位于祁县东观镇东王乔村西。创建年代不详，现存为清代建筑。占地面积 93 平方米。坐西朝东，建于高 0.8 米的砖砌台基上。面宽三间，进深五椽，单檐卷棚顶。六檩无廊式构架，三踩单昂斗栱，明间平身科出 45° 斜昂。

祁县杜家庄戏台

杜家庄戏台位于祁县峪口乡侯家庄村杜家庄自然村东。创建年代不详，现存为清代建筑。占地面积 73 平方米。坐北朝南，建于高 0.9 米的条石台基上。面宽三间，进深五椽，卷棚式悬山顶。六檩无廊式构架，三踩单昂斗栱。额枋、雀替透雕吉祥图案。台内设木制隔扇，将戏台分为前、后台。

祁县侯家庄戏台

侯家庄戏台位于祁县峪口乡侯家庄村。据台内木制匾额载，建于清道光二十七年（1847）。占地面积69.6平方米。坐西朝东，建于1.7米高的条石台基上。面宽三间，进深五椽，单檐卷棚顶。六檩无廊式构架，三踩单昂斗栱。戏台内设木制隔扇，将戏台分为前、后台。隔扇上悬木制牌匾，上书“歌舞楼”“清道光岁次丁未夏縠旦 合村公立”。后墙下部正中辟半圆型门，南侧辟拱形窗。北侧山墙辟拱形门通往耳房。耳房面宽一间，进深一间，平顶。

祁县岭北庄戏台

岭北庄戏台位于祁县峪口乡生茂村岭北庄自然村西北。创建年代不详，现存为清代建筑。占地面积55平方米，坐南朝北。建于高1.2米的石砌台基上。面宽三间，进深四椽，单檐悬山顶，五檩无廊式构架，三踩单昂斗栱。台内设木制隔扇，将戏台分为前、后台。

祁县盘陀戏台

盘陀戏台位于祁县来远镇盘陀村。创建年代无考，现存为清代建筑。建筑面积84平方米，坐西朝东。建于1.5米高的条石台基上。面宽三间，进深五椽，单檐卷棚筒板瓦顶，三踩单昂斗栱。台内设木隔扇，将戏台分为前、后台。

祁县前庄戏台

前庄戏台位于祁县来远镇南风沟村前庄自然村中。建造于清代，原为村南龙王庙戏台。20世纪60年代庙毁，戏台移建村中。占地面积56.7平方米。坐北朝南，建于高0.95米的条石台基上。面宽三间，进深五椽，单檐卷棚筒板瓦顶，六檩无廊式构架。

祁县上庄戏台

上庄戏台位于祁县峪口乡生茂村上庄自然村。创建年代不详，现存为清代建筑。占地面积57平方米。坐北朝南，建于高1.3米的条石台基上。面宽三间，进深五椽，单檐悬山顶，六檩无廊式构架，三踩单昂斗栱。台内设木制隔扇，将戏台分为前、后台。

祁县神堂头戏台

神堂头戏台位于祁县古县镇神堂头村北。创建年代不详，现存为清代建筑。占地面积62平方米。坐南朝北，面宽三间，进深五椽，单檐卷棚筒板瓦顶，六檩无廊式构架，三踩单昂斗栱。

祁县孙家河戏台

孙家河戏台位于祁县古县镇孙家河村西。创建年代不详，现存为清代建筑。占地面积164平方米。坐南朝北，平面“凸”字形。建于高1.5米的砖砌台基上，面宽五间，进深六椽。台内设木制隔扇，将戏台分为前、后台。前出三间卷棚歇山顶抱厦，作为台口。转角以丁栿、抹角梁出际，节点处施垂莲柱。柱头施用大额枋。雀替、额枋镂空木雕吉祥图案。外檐斗栱三踩单昂。耍头镂空木雕龙首。1990年被列为县级文物保护单位。

祁县瓦屋村戏台

瓦屋村戏台位于祁县东观镇瓦屋村中心。创建年代不详，2002年曾进行修葺，现存为清代建筑。占地面积75平方米。坐南朝北，建于高1.2米的砖砌台基上，面宽三间，进深四椽，单檐歇山顶。五檩无廊式构架，三踩单昂斗栱。台内设隔扇将戏台分为前、后台。

祁县小韩戏台

小韩戏台位于祁县古县镇小韩村小学东南隅。创建年代不详，现存为清代建筑。占地面积 80 平方米，坐南朝北。建于高 1.5 米的砖砌台基上。台内设隔扇将戏台分为前后台。后台面宽三间，进深二椽，双坡硬山顶。前台敞朗，面宽三间，进深四椽，歇山式卷棚顶，檐下施三踩斗栱。2001 年被列为县级文物保护单位。

平遥武庙乐楼

平遥武庙，即关帝庙，位于平遥县城内书院街西口，坐北面南，是平遥古城内重要的寺庙群之一。现为县级重点文物保护单位，占地面积 4722.5 平方米。

一. 寺史沿革及历代维修概况

平遥武庙，是平遥古城以市楼为中心的“左文右武、东观西寺”城市布局中重要的建制之一，始建年代不详。据《平遥县志·艺文志》（光绪八年版本）《汉前将军关侯庙碑记》（万历岁次己未，孟冬望日之吉……立石）所载，明代万历己未年（1619 年）前已有关侯庙，且“规模宏丽”。“旧专庙像汉前将军（关羽）……近年并附张征虏（张飞）、马平西（马超）、黄征西（黄忠）、赵镇远（赵云）四像于侯（关羽）座之左右”。谓之五虎上将。明万历四十二年（1614 年）敕封关侯为“三界伏魔神威远震天尊关圣帝君”，遂更名“关帝庙”，并对庙内殿顶进行了维修，“冶琉璃脊登之上，维新者焕然溢目”。

据《平遥文物·武庙》记载，清乾隆三十年（1765）道光二十年（1840），同治十一年（1872）均对武庙进行过修葺或重修。至此，关帝庙规模宏大，布局完整，功能齐备，庙内中轴线由南而北依次为牌坊、山门、乐楼、献殿、中殿、正殿，前后共四进院落，两侧有过街牌坊二座（义贯古今坊，忠昭日月坊）、钟鼓楼、东西配殿、厢房等附属建筑。

民国时期，庙内始立学校，时至今日仍被学校占用。20 世纪 60 年代，庙门、钟鼓楼、过街牌坊被拆。文革期间塑像被毁，东西庑及道院被拆。70 年代继而拆毁献殿。

目前，武庙仅存乐楼、正殿及钟鼓楼一层砖砌墩台，余者尽失。

二．乐楼建筑形制

平遥武庙乐楼，面阔三间，进深二间。单檐卷棚歇山顶。前出一间单檐卷棚歇山抱厦，实为两座卷棚歇山式建筑的组合体。

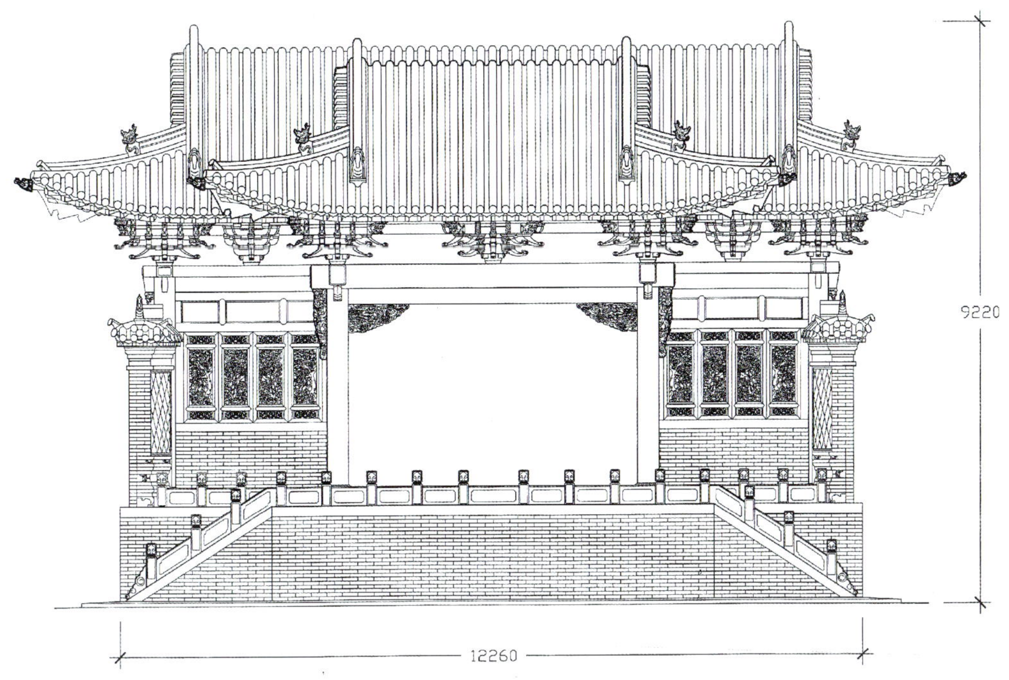

平遥武庙乐楼正立面测绘图

（一）台基

台基平面呈“凸”字形，总面阔12.269米，总进深9.17米，高1.8米。前部为抱厦，抱厦台明宽7.3米，进深1.92米，台帮条砖砌筑，条石压檐。后部为乐楼，两者高度相同，均为1.8米，前檐设有围护栏板（现不存，但在压沿石上残留望柱卯口），两侧均设登台踏道（现存踏道为后人改制）。

后部乐楼台基面阔11.52米，进深7.25米，高1.8米。台帮条砖砌筑，后檐台明虎头条砖压檐，转角处置角石。两山与乐楼山墙垂直，不出檐。前檐条石压檐，并设有围护栏板（现不存，但残存望柱卯口）。前檐两端台明斜向增长，每端附加37厘米，呈喇叭状，其上承扇面影壁墙。

（二）柱杂布置

抱厦面阔进深各一间，用柱四根，平面近方形。乐楼面阔三间，进深两间，平面呈长方形，应该用柱十根，由于前檐明间柱位被抱厦占用，实行减柱构造，实际用柱八根。整个柱网平面布置，实为一个长方形与一个正方形柱列的套接组合，乐楼前檐明间平柱省略。

所有柱子均有柱顶石（墙内暗柱无法测量，形制不清）内柱柱顶石均为覆盆式，抱厦前檐柱与乐楼前檐角柱柱顶石为鼓形覆盆式，总高33厘米，下为素面覆盆，高6厘米，上为鼓式，高27厘米。鼓壁上下周雕鼓钉一列，四面各高浮雕吼狮一只，雕刻较为精致。

（三）檐额、平板枋

抱厦四柱柱头间均施大檐额，上皮四周齐平交圈，形成一个方形框架。两山檐额为承载乐楼次间额枋、平板枋重量，故施用双层额枋，以加强两山面檐额的负荷能力。前后檐檐额跨度长达5.1米，前檐又不能支顶立柱，为了增强荷重能力和立面观感效果，故使用双额枋。两山檐额下支顶两根撑柱，既加强了两山檐额的负荷能力，又为乐楼次间的装修创造了条件（现存撑柱为后人拼接改制）。后檐檐额用单额枋，其下设两根小撑柱，除有效支撑檐额外，还满足了乐楼内部置景需求。可谓一举二得。

（四）斗栱

斗栱分布在抱厦与乐楼的外檐，也是“凸”字型平面布局，共计二十二朵，分抱厦前檐及乐楼后檐明间平身科、抱厦角科、乐楼角科、乐楼山面柱头科、乐楼后檐柱头科、乐楼山面与后檐次间平身科、乐楼与抱厦内转角处角科七种型制（参见各类斗栱大样图）。斗栱结构为五踩双昂重栱计心造，内外横拱拱头斜抹。正心瓜拱、正心万拱、正心仿、耍头、撑头、一跳昂，二跳昂用足材，材高16厘米，材宽8厘米，其余栱枋用单材，材高11厘米，材宽8厘米。拽架25.5厘米，斗口8厘米。

具体形制如下：

1. 抱厦前檐、乐楼后檐明间平身科：五踩双昂重栱计心造，内外横栱均为斜栱。大斗口内十字出卷云式小华栱和小泥道栱，45°双向出小角华拱，同时自大斗中心和前（后）十八斗中心45°十字双向斜出两列斜昂（斜华栱）、斜耍头、斜撑头。第一跳昂均为龙头形，第二跳正身昂为象鼻子昂、第二跳第一列斜昂为如意昂，第二列斜昂为龙头形昂，正身耍头和45°斜耍头均为麒麟耍头，里转翘头。正身撑头和45°斜撑头均为夔龙形，后尾三幅云式。其上承挑井口木。

2. 抱厦角科：五踩双昂重拱计心造。外檐横栱栱头斜抹，内檐横栱为直栱。大斗口内十字出卷云式小华拱小泥道栱、45°双向出小角华拱。除大斗中心45°出角昂、角耍头、角撑头外，同时自大斗中心45°（与角昂垂直）和外檐正身十八斗中心45°一字单向斜出两列斜昂、斜耍头、斜撑头，一跳正身、昂为龙头形昂，一跳角昂、斜昂为如意昂，二跳正身昂、角昂为象鼻子昂，二跳第一列斜昂为如意昂，第二列斜昂为龙头形昂。正身耍头、角耍头、45°斜耍头均为麒麟耍头。角耍头后尾翘头式、正身撑头、角撑头、45°斜撑头均为夔龙头，角撑头后尾三幅云式，其上承挑井口木。

3. 乐楼角科：基本形制同抱厦角科，只是在大斗中心45°双向斜出角昂、角耍头、角撑头和斜昂、斜耍头、斜撑头。第一跳正身昂为龙头形，角昂、斜昂为如意昂，第二跳正身昂，角昂、斜昂均为象鼻子昂，正身耍头、撑头形制同抱厦角科。

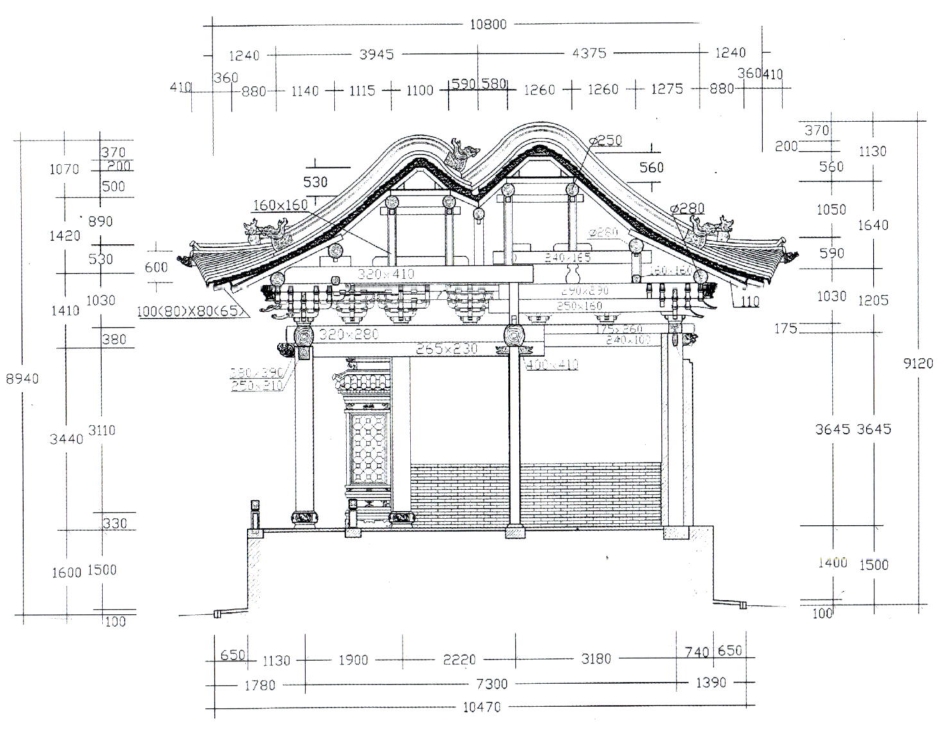

平遥武庙乐楼测绘图

4. 乐楼山面柱头科：五踩双昂重栱计心造。内外横栱栱头斜抹。大斗口内十字出卷云式小华栱和小泥道栱。一、二跳昂均为如意式昂，里转翘头。耍头麒麟式，里转翘头。撑头夔龙形，里转三幅云式，其上承挑井口木，置顺身串。

5. 乐楼后檐柱头科：基本形制同山面柱头科。只是一跳昂为琴面式，里转翘头。二跳昂亦为琴面式，后尾是四架随梁。耍头、撑头实为四架梁头，连体雕刻为麒麟和夔龙。

6. 乐楼山面与次间后檐平身科：基本形制完全同乐楼山面柱头科，只是撑头之上不设顺身串。

7. 乐楼与抱厦内转角处角科：五踩双翘重栱计心造。内外横栱均为斜栱。大斗口内出卷云式小华栱、小泥道栱和45°小角华栱。一、二跳不出昂而出翘头，45°亦不出角昂而出角华栱。正身耍头、角耍头不做麒麟式而成二分头，正身撑头和角撑头亦不做夔龙而制成卷云式。

总之，抱厦、乐楼斗栱，结构与装饰功能皆俱，用材规范，布列疏朗，结构合理，受力均匀。整个斗栱形制多样，种类丰富，简而有序，繁而不乱。斗栱构件雕饰华丽，制作精巧（诸如卷云、如意、夔龙、麒麟、龙头、象鼻子之类），成为乐楼檐下最为华美的部分，给整个建筑以瑰丽精致之感，极具艺术效果。

（五）梁架

1. 抱厦梁架

抱厦为五架卷棚，中心横向施一缝五架梁，五架梁前端置于平身科斗栱正身撑头木上，后端由抱厦后檐额（实为抱厦与乐楼的共用内额）上瓜柱支托。五架梁身前部置柁墩承前檐金檩，后端立金瓜柱承后檐金檩（与乐楼共用），中部立两根脊瓜柱承两架脊檩，脊瓜柱柱头间施小月梁加以联络稳定。

两山采步金梁设于山面斗栱后尾的井口木中线缝架上，前端与前檐金檩交圈，后尾延伸至内额外皮，在内额上立瓜柱支撑。采步金梁身中部立两根脊瓜柱承脊檩。采步金梁身后端立金瓜柱承后檐金檩（与乐楼共用）。歇山出际 52 厘米。

抱厦前檐两翼角老角梁，前端放于挑檐檩相交处、后端至井口木相交处，并在井口枋上设垫墩托护，其上托承正侧两面相交的金檩。仔角梁置于老角梁背上，其后尾止于斗栱外一跳中线。再加续角梁扣至金擦上皮。

举架与出际：抱厦前檐第一步架长平 114 厘米，举高 53 厘米，为 4.65 举。第二步架平长 111.5 厘米，举高 89 厘米，为 8 举。两脊檩平架长 110 厘米。后檐脊檩与金檩平架长 59 厘米，举高 24 厘米，为 4.1 举。抱厦两山出际，每面 52 厘米。博风板外露，无草架柱子与山花板壁。在两出际脊檩头钉设小型双悬鱼。

椽飞布钉与翼角平出、升起：抱厦檐檩与金檩间布钉檐椽，椽径 11 厘米，椽出 88 厘米。椽上加飞椽，规格为 100 （80） ×80 （65）厘米，飞椽出 36 厘米。金檩与脊檩间布钉脑椽，椽径 9——10 厘米。两脊檩间平置园顶椽，椽径 9——10 厘米。后檐金檩与脊檩间布钉短脑椽，椽径 9 厘米左右。各架椽子均为乱搭撑布钉。因两脊檩间距离略大，又在顶椽望板之上，加施屋脊附加撑脊椽望，以调整卷棚屋顶弧度。具体结构方法为顶椽望板上加设顺脊木枋，将斜椽下脚固定，上端做卯榫与小平椽联结卡固，形成一个小梯形构架，再钉制两侧与顶部望板，将梯形构架链为一体.使屋顶弧度圆和柔顺，减薄了屋脊顶部回填泥土厚度，减轻了屋顶重量。

抱厦前檐两翼角平出 41 厘米，升起 60 厘米。

2. 乐楼梁架

乐楼面阔三间，进深六架五椽，明间前檐金檩与抱厦共用，故在明间平柱柱头上施二缝四架梁。四架梁前端置于抱厦后檐额（共用内额）背的陀墩上，后端与后檐柱头斗栱相构，挑承檐擦，并在四架梁下加随梁一道。

四架梁头（后端）挑承后檐檩，前端梁头上立脊瓜柱直接支撑前部脊檩，梁身后部立金瓜柱承后檐金檩。脊瓜柱与金瓜柱间施三架梁。三架梁身上再施脊瓜柱承后部脊檩。两脊瓜柱间则用小月梁予以联接。

两山采步金梁置于山面斗栱后尾的井口木中线缝上。两端由老角梁后尾挑托，并与前后檐金檩相交。中部立两根脊瓜柱承两架挑山脊檩。

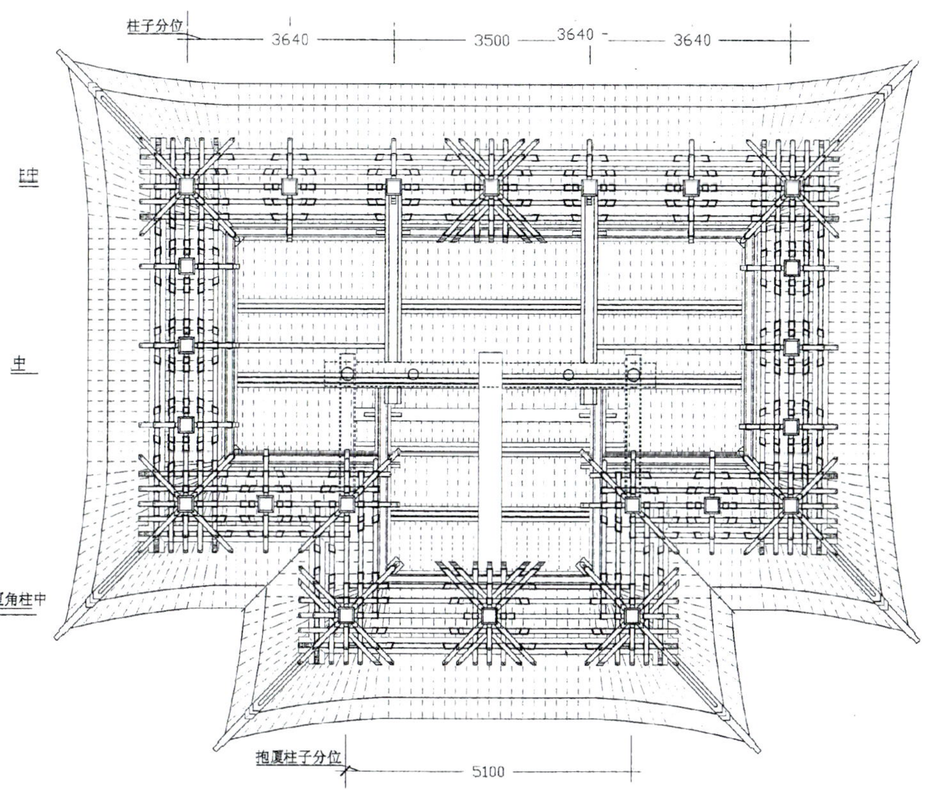

平遥武庙乐楼内部结构造图

乐楼明间前檐金檩与抱厦后檐金檩共用。乐楼次间前檐金檩本应与抱厦采步金梁头水平交圈联接，但由于抱厦采步金梁后尾延伸至内额处，无头可接，只能与采步金梁身相交。为了加强此结点的坚固、稳定，同时保持抱厦与乐楼檐步的齐平顺直和屋面的坡度统一，在檐步举架保持不变的情况下，抱厦檐步平架长度较乐楼檐步平架长度减缩半个斗栱拽架，即12.5厘米，乐楼次间前檐金檩就高出抱厦采步金梁6厘米。这样相交，不仅增强了乐楼前檐次间金擦的稳定性，同时也增强了抱厦采步金梁的负荷能力，使此结点更趋完美合理，既不影响主体构架和屋面效果，又解决了构造弱点。可谓匠心独具。

乐楼与抱厦内转角处正身檐椽齐头对接搭交，形成45°割角。乐楼四个翼角构造与抱厦两翼角完全相同，这样就使六个翼角整齐统一，比翼欲飞。

举架与出际：乐楼前后檐第一步架平长127.5厘米，举高59厘米，为4.65举，与抱厦第一步架举架相同。第二步架平长126厘米，举高105厘米，为8.3举。两脊檩平架长126厘米。乐楼山面出际每面52厘米。博风板外露，无草架柱子和山花壁板，在两出际脊檩头钉设小型双悬鱼。

椽飞布钉方法和翼角平出、升起尺度，完全与抱厦相同。

3. 结构特点

在抱厦与乐楼的梁架组合中，抱厦后檐檐额（共用内额）是关键构件，起着巨大的承重和联接作用。仅在其背上就立有高低不同、大小不等的五根瓜柱，分别承托着抱厦五架梁一道，抱厦采步金梁二道，乐楼四架梁两道，负重最大。同时是抱厦与乐楼的最直接的结合部位，通过内额的前后联系，将两组梁架有机地联接为一体，其作用无疑是最为重要和独特的。

两组屋架的檐额与兰普为一个水平"凸"字形框架，所有外檐斗栱分布其上，也为一个水平"凸"字型框架，所有内檐井口木又为一个水平凸字型框架，所有金檩、采步金梁更为一个水平"凸"字型框架，所有檐檩还为一个水平"凸"字型框架。这样五个水平凸字型框架相互水平层层叠架，形成了一个坚固的构架网络，将两组大小不同、高低不等的屋架有序地联接成为一个稳定的整体，形成了一个结构合理，组合有序，联接严密，整体坚固的建筑构架。构思之精巧，风格之特异，不失为明清乐楼建筑的精典之作。

（六）屋顶

乐楼与抱厦均为单檐歇山卷棚顶，无正背，在其屋顶两侧及翼角处分别施垂脊、戗脊。垂脊、戗脊施用孔雀蓝琉璃脊筒、黄琉璃筒瓦扣脊，戗脊兽前不用脊筒或瓦条，而在座脊筒瓦上直接用黄色琉璃筒瓦扣脊。垂兽、戗兽、套兽均为绿色琉璃眠嘴兽。屋面全部为灰陶筒板瓦覆顶，檐步与排山勾滴为绿色琉璃剪边。抱厦与乐楼屋顶相交处，设制排水天沟，沟槽底部铺设全釉琉璃板瓦。

（七）影壁

乐楼两侧，在前檐角柱与台基外沿处，设有八字形砖砌影壁，用于集中观众视线，汇聚舞台音量，丰富立面造型，增强艺术观感。影壁由基座、壁身、壁顶三部分组成。影壁宽96厘米，高318厘米，厚41厘米。

影壁基座为龟脚鼎足式与须弥座式组合而成。须弥座束腰中部雕变体"寿"字，两侧雕草龙，上枋部位则雕较为简单的变体夔龙。

壁身由撞头与壁心组成。撞头分列两则，壁心四周皆筑混圆边框，当心由细磨砖拼成龟背图案。

影壁顶部为仿木结构砖檐。仿木额枋上中部雕供盘，内置果品，两侧雕以草龙，在仿木砖檐上加设仿木飞椽。壁顶以绿色琉璃瓦覆盖，中间砌筑蓝色琉璃正脊筒，正脊筒上扣以黄色琉璃扣脊瓦，正脊外端置绿色琉璃吻兽。两侧用绿色琉璃筒瓦筑小戗脊两条。

（八）墙体与地面

乐楼两山与后檐以砖砌檐墙封护。两山檐墙厦度为65厘米，外皮与台基平直。后檐墙厦度为62厘米，外露后檐台明40厘米。外墙全部淌白丝缝，里墙下筑120厘米的下槛墙，上部白灰抹面。

台明与地面均为方砖铺漫（现水泥抹护）。

（九）装修

乐楼装修主要为前檐次间窗和后檐扇面形窗（什锦窗）。前檐次间目前尚存槛墙和风槛木框，隔扇窗原制不存。后檐次间在外墙面上设扇面形随墙窗。扇形窗套为两层竹节环绕，以方砖砌筑底部及两侧，上部券成拱状。总高150厘米，总长220厘米。里墙面则为长方形窗口，上架过木，内置窗框（现存窗户为后人改制，但尚留原制残痕）。

三. 乐楼的价值

武庙是平遥古城内重要的寺庙群之一，古城内以市楼为中心，南大街为轴线，形成了东观（清虚观）、西寺（集福寺）、左文（文庙）、右武（武庙）、左城隍（城隍庙）、右衙署（平遥县衙）的城市布局，亦是汉民族城市规划中“左宗右社”“前朝后市”的活标本。武庙是其中不可缺少的重要环节.它忠实地反映和展示了历史的原真性，为研究古代城镇的规划、建设和发展提供了宝贵的实物例证。

历史上的关公崇拜，经久不衰，是一种源远流长的文化现象。关羽由侯而公、由公而王、由王而帝的演变过程，就证明了这一独有的世俗文化形态生命力的强盛。尤其在明、清时期，人们纷纷设庙建祠，供奉关圣，以求消灾避难，幸福平安，成为一种官民共崇的封建宗教信仰活动。武庙作为这一活动的重要场所，对于深刻揭示平遥古城文化的多元性，有着重要的现实和历史意义。

乐楼是武庙的重要建筑之一，是祭祀关圣时酬神演戏的地方。民间崇拜关圣，献戏酬神，既是当地官民祀奉活动的重要环节。亦是百姓日常文化娱乐生活的主要内容。它的历史价值是显而易见，不言而喻的。乐楼在武庙的重要地位，是不可替代的，具有真实的历史性。

同时，乐楼本身的建筑结构，在建筑形制一节已有祥述。它的结构合理稳定，联结严密，设计精巧，风格独特，反映了当时建筑设计与施工的成就，具有较高的科学性。

另外，乐楼的建筑比例适度，造形美观，组合精巧，雕饰华美，色彩富丽，整个建筑瑰丽别致，真实地反映了当时的建筑艺术水平，具有丰富的艺术性。

武庙乐楼置身于世界文化遗产的平遥古城中，它以其特有的文化属性，科学的建筑构造，优雅的建筑风格，精堪的艺术造诣，成为古城建筑的一技秀丽奇葩，为研究古城多元的历史文化内涵，提供了实物资料，为古城的开发利用创造了现实条件。

灵石静升村戏台

静升村戏台位于灵石县静升镇静升村中，为王氏宗祠戏台。坐南朝北。建筑面积132平方米。据《王氏族谱》记载，合族共建于清嘉庆九年（1804）。戏台石砌台基，以木制隔扇分为前后台。前台面宽三间，进深三椽，单檐悬山顶。前檐檐下设一斗二升斗栱九攒。柱间置雕花雀替，设石雕围栏。檐柱石质，四角葵形，正、侧面刻楹联。后台面宽五间，进深一椽。2007年被列为县级文物保护单位。

灵石张村戏台

张村戏台位于灵石县两渡镇张村西南。创建年代不详，现存为清代建筑。占地面积75.1平方米。坐西南朝东北。面宽三间，进深四椽，单檐硬山顶，五檩无廊式构架，前檐装修改动。

灵石张嵩村戏台

张嵩村戏台位于灵石县马和乡张嵩村中。创建年代不详，据碑文记载，清康熙五十三年（1714）、乾隆四十四年（1779）重修，现存为清代建筑。坐南朝北。东西长8.2米，南北宽7.15米，建筑面积58.6平方米。戏台建在高约3米的砖砌台基上，面宽三间，进深四椽，单檐硬山顶，五檩无廊式构架。台内东西山墙各嵌有碣一方，记载修建戏台施地、施银等内容。

介休张壁村二郎庙戏台

张壁二郎庙戏台在介休市区东南10公里龙凤乡张壁村。张壁村本为明代百姓所建的民堡，整座古堡背倚绵山，面临晋中盆地，海拔1040米，面积约12万平方米。堡墙夯土建成，高约10米。堡有南、北二门，中为长300米的主街。南堡门上建门楼，北堡门筑有瓮城，门上还建有真武殿、吕祖洞、空王佛殿、二郎庙等建筑。

真武殿建在北堡门上，处张壁堡的中轴线位置，坐北朝南，背面为戏台，戏台坐南朝北，面向瓮城内的二郎庙正殿，故俗称“二郎庙戏台”。

戏台为半伸出式，无专设后台。台面高2.2米，台口高3.1米，总高约10米。台顶为硬山顶，面宽3间，9.1米，其中明间4.15米，进深6.7米。脊枋上有“乾隆十年”题记。戏台两侧有八字音壁，整体建筑质朴简洁，无过多雕饰。

据当地百姓回忆，过去二郎庙戏台主要演出形式为地方秧歌戏，唱戏没有伴奏，因此不设后台。实际表演所需面积也仅有金柱与辅柱间的10余平方米。演戏时，台前广场正中位置会临时设隔栅，东半院为男观众，西半院为女观众。戏台对面的二郎庙正殿分上、下两层，亦可作为观戏台使用。

介休板峪大庙戏台

板峪大庙又称龙王庙，位于介休市张兰镇板峪村中。始建年代不详，据庙碑及梁架题记载，清嘉庆四年（1799）年重修，道光八年（1828）扩建。2008年村委投资修缮和彩绘。现存为清代建筑。占地面积1980平方米。坐北朝南，二进院落布局，中轴线由南向北依次为山门、乐楼、正殿，两侧为东西配殿及垛殿，东垛殿东侧建有文昌殿。乐楼建于高 2.9 米的砖砌台基上，中央辟栱券门洞以供通行。乐楼台身平面近方形，面宽三间，进深五椽，单檐歇山卷棚顶。前后檐与两山各施四柱，殿内施金柱四根，四面明、次间施隔扇门，四金柱与四面明间柱两侧各施两扇隔扇，把乐楼四角分隔成四间化妆室。四角柱外 45° 加置小型音壁。柱头施大斗，额枋、雀替镂空雕刻，大梁出头雕作龙首。正殿分上下两层，面宽三间，进深四椽，五檩前廊式构架，单檐硬山顶。一层施透雕博古图案挂落，施六抹隔扇门；二层明间出挑廊，施雕花栏杆，柱头施平板枋与大额枋，斗栱为三踩单昂。大额枋下施透雕龙形、象鼻雀替。前檐明、次间均施四扇六抹隔扇门。殿内正中浓墨重彩绘玉皇神位，左右分别以屏风的形式绘春夏秋冬四季花卉，并配以诗文。东西山墙绘龙、虎水墨画。庙内存清道光八年（1828）《建立三皇尧舜禹庙碑记》碑一通。1982 年介休县人民政府公布乐楼（三开台乐楼）为介休县第一批重点文物保护单位。

介休关帝庙三连戏台

介休市关帝庙三连戏台位于介休城内庙底街，是一处由关帝庙、吕祖祠、土地祠并列组成的古建筑群。关帝庙的二组建筑是在西边后土庙、三清观的基础上发展延伸而来。其中的吕祖祠建于明崇祯十二年（1639 年），关帝庙和土地祠建于清代。庙前的三连式戏台也当是清代作品。

关帝庙三连戏台一字排列，中间戏台面对关帝庙，东、西两侧戏台分别面对土地祠

介休关帝庙三连戏台

土地祠戏台

介休吕祖祠戏台

介休关帝庙戏台

戏台雀替

和吕祖祠。中间戏台面阔五间，通宽 20.36 米，进深 8.4 米，台口宽 12 米。台基前沿有望柱和勾栏石板，连成台口栏杆。东、西两侧戏台均面阔三间，两台建筑形制相同，台口各宽 4.18 米。三座戏台台基高为 1.73 米。前檐四柱，托两缝穿斗式梁架，承卷棚硬山顶。屋顶为灰瓦和琉璃脊饰。大梁出头截面上贴兽面装饰。

介休孔家堡戏台

孔家堡戏台位于介休市义安镇孔家堡村中。该戏台原为孔家堡村北庙戏台，20世纪50年代移建于此，80年代初扩建前台。占地面积221平方米。坐西朝东，建于高1.3米的砖砌台基上，面宽三间，进深六椽，七檩卷棚硬山项。台口两侧建小型八字音壁。前檐平板枋上仅施大斗。明间额枋下施透雕云龙雀替，次间施木雕草龙雀替。

介休小靳皮影戏台

小靳皮影戏台位于介休市绵山镇小靳村道马巷东10号观音庙南侧。据碑碣记载，清嘉庆十六年（1811）建。占地面积318平方米。坐北朝南，一进院落布局，现仅存戏台。依村中观音庙正殿后墙而建，面宽一间，进深二椽，单坡硬山顶。东山墙嵌清嘉庆十六年（1811）《新建八蜡坛影戏台记》碣一方。

介休张良村戏台

张良村戏台位于介休市连福镇张良村南门街。创建年代不详，1969年维修。现存为清代建筑。占地面积130平方米。坐南朝北，建于高1.35米的石砌台基上。面宽三间，进深五椽，六檩卷棚硬山顶。鼓形柱础。木雕草龙雀替，梁架上施木雕花卉。

榆社东周村戏台

东周村戏台位于榆社县西马乡东周村村中。创建年代不详，现存为清代建筑。占地面积 50.4 平方米。坐南朝北，建于高 0.65 米的台基上。面宽三间，进深六椽，单檐卷棚顶，七檩无廊式构架。

榆社固庄戏台

固庄戏台位于榆社县河峪乡固庄村中。创建年代不详，1980 年、1988 年当地村民进行了局部维修，现存为清代建筑。占地面积 61 平方米。坐南朝北。建于高 1.5 米的石彻台基上。面宽三间，进深六椽，单檐悬山顶，七檩无廊式构架。方形和鼓镜式柱础。戏台后墙改动，开方形窗户。

榆社郊口戏台

郊口戏台位于榆社县社城镇郊口村中。创建年代不详，现存为清代建筑。占地面积 74.3 平方米，坐南朝北。建于高约 0.78 米的条石台基上。面宽三间，进深六椽，单檐卷棚顶，七檩无廊式构架。戏台中间设木制隔扇将其分为前、后两台。

榆社焦红寺村戏台

焦红寺村戏台位于榆社县社城镇焦红寺村中。创建年代不详，现存为清代建筑。占地面积 64.3 平方米，坐西朝东。建于高约 0.5 米的石砌台基上。面宽三间，进深六椽，单檐卷棚顶，七檩无廊式构架，檐下施异形斗栱。戏台南侧山墙设门，中间用金柱分为前、后两台。

榆社马陵戏台

马陵戏台位于榆社县北寨乡马陵村中。创建年代不详，现存为清代建筑。占地面积 48 平方米，坐南朝北。建于高 1.4 米的石砌台基上。面宽三间，进深四椽，单檐卷棚顶，五檩前出廊式构架，檐下斗栱三踩单翘。

榆社青峪戏台

青峪戏台位于榆社县北寨乡青峪村北。创建年代不详，据梁架题记记载，清光绪十五年（1889）重建。占地面积52.7平方米，坐南朝北。建于高0.8米的石砌台基上。面宽三间，进深六椽，单檐卷棚顶，七檩前出廊式构架。檐下斗栱为三踩单翘，令栱为异形龙首。

榆社桃阳戏台

桃阳戏台位于榆社县云竹镇桃阳村中。创建年代不详，现存为清代建筑。占地面积53.2平方米，坐南朝北。建于石砌台基上，台基高1.2米。中间开设拱券通道。面宽三间，进深五椽，单檐硬山顶，六檩无廊式构架。檐下斗栱为三踩单翘，令栱为异形。戏台东山墙上存民国九年（1920）、十五年（1926）演出题记。

榆社田家沟戏台

田家沟戏台位于榆社县西马乡田家沟村中。据梁架题记记载，创建于清康熙五十九年（1720），现存为清代建筑。占地面积71.89平方米，坐南朝北。建于高1.2米的石砌台基上。面宽三间，进深六椽，单檐悬山顶，七檩无廊式构架。

寿阳大沟戏台

大沟戏台位于寿阳县西洛镇道坪村大沟自然村中。坐南朝北，建筑面积85.4平方米。创建年代不详，现存为清代建筑。戏台石砌台基，基高0.6米。面宽五间，中间设木制隔扇将其分为前、后台。前台敞朗，进深四椽，单檐卷棚歇山顶；后台进深四椽，单檐硬山顶。斗栱三踩单昂。

寿阳东郭义戏台

东郭义戏台位于寿阳县平舒乡东郭义村南。坐南朝北，占地面积120平方米。创建年代不详，现存为清代建筑。戏台石砌台基，基高1.2米，前、后台中间设木制隔扇，前台面宽三间，进深三椽，后台面宽五间，进深三椽。单檐卷棚悬山顶，斗栱三踩单昂。前檐檐下明间设方形石柱，两石柱分别题“绘四千年物色多少奇观廿二史”“传五万里人情分明俗说十三经”对联。柱础雕刻精美。

寿阳范瑶戏台

范瑶戏台位于寿阳县尹灵芝镇郭王庄村范瑶自然村中。坐东南朝西北，建筑面积76.26平方米。创建年代不详，现存为清代建筑。戏台石砌台基，面宽三间，进深五椽，单檐卷棚顶。1940年侵华日军火烧戏台，“文革”期间维修后，后台已改为住宅。

寿阳郭家沟戏台

郭家沟戏台位于寿阳县平头镇大远村郭家沟自然村中。坐南朝北，建筑面积 190 平方米。创建年代不详，现存为清代建筑。石砌台基，基高 0.8 米。戏台面宽三间，进深四椽，单檐卷棚硬山顶。中间设木制隔扇将其分为前后台，前、后台各深两椽。斗栱三踩单昂。戏台两侧为钟鼓楼。

寿阳横河沟戏台

横河沟戏台位于寿阳县景尚乡张韩河村横河沟自然村南。坐南朝北，建筑面积 64 平方米。创建年代不详，现存为清代建筑。戏台建于 0.6 米高的石砌台基上。面宽三间，进深四椽，单檐卷棚悬山顶。前檐檐下设五踩斗栱五攒，单抄单昂。

寿阳红花堙戏台

红花堙戏台位于寿阳县解愁乡独壁村红花堙自然村东。坐南朝北。建筑面积 59.68 平方米。创建年代不详，现存为清代建筑。戏台面宽三间，进深五椽，建于 0.3 米高的石砌台基上。戏台中间设木制隔扇将其分为前后台。前台深三椽，后台深两椽。单檐悬山顶，斗栱三踩单昂，异形雕花。

寿阳黄村戏台

黄村戏台位于寿阳县松塔镇十字堙村黄村自然村中。坐南朝北，占地面积 85.4 平方米。创建年代不详，现存为清代建筑。石砌台基，基高 0.45 米。中间设木制隔扇将其分为前后台。前台面宽三间，进深四椽，单檐卷棚歇山顶；后台宽五间，深四椽，单檐硬山顶。前台檐下置三踩异形雕花斗栱。

寿阳黄甲坡戏台

黄甲坡戏台位于寿阳县宗艾镇神武村黄甲坡自然村南。坐南朝北，建筑面积 107.98 平方米。创建年代不详，现存为清代建筑。石砌台基，基高 0.6 米。面宽三间，中间设木制隔扇将其分为前后台，前台进深两椽，后台进深三椽。单檐卷棚悬山顶。

寿阳贾家庄戏台

贾家庄戏台位于寿阳县尹灵芝镇贾家庄村中。坐南朝北，建筑面积55.4平方米。创建年代不详，现存为清代建筑。戏台建于一间石砌房屋之上，面宽三间，进深六椽，单檐悬山顶。中间设木制隔扇将其分为前、后台。前、后台均进深三椽。

寿阳雷家寨戏台

雷家寨戏台位于寿阳县马首乡马首村雷家寨自然村中。坐北朝南，占地面积73.04平方米。创建年代不详，现存为清代建筑。戏台面宽三间，进深四椽，单檐卷棚悬山顶。石砌台基，基高0.6米。戏台中间设木制隔扇将其分为前后台。前、后均深两椽。前檐檐下设三踩斗栱五攒。

寿阳李家庄戏台

李家庄戏台位于寿阳县西洛镇刘家庄村李家庄自然村中。坐东朝西，建筑面积约42平方米。创建年代不详，现存为清代建筑。戏台砖砌台基，基高1米。面宽五间，中间设木制隔扇将其分为前后台。前台进深四椽，单檐卷棚顶。后台进深三椽，单檐硬山顶。斗栱三踩单昂。

寿阳龙门河戏台

龙门河戏台位于寿阳县平舒乡龙门垴村龙门河自然村村中。坐东朝西。建筑面积47.88平方米。创建年代不详，现存为清代建筑。建于0.8米高的石砌台基上，面宽三间，进深五椽，单檐卷棚悬山顶。戏台中间设木制隔扇将其分为前后台。前台进深两椽，后台进深三椽。

寿阳南张芹戏台

南张芹戏台位于寿阳县平头镇南张芹村南。坐南朝北。建筑面积87.9平方米。创建年代不详，现存为清代建筑。戏台石砌台基，基高0.8米。面宽三间，进深四椽，单檐卷棚悬山顶。中间设木制隔扇将其分为前后台。斗栱三踩。木制隔扇上设镂空雀替。

寿阳牛黄口戏台

牛黄口戏台位于寿阳县朝阳镇元立村牛黄口自然村中。坐南朝北，建筑面积57.3平方米。创建年代不详，现存为清代建筑。戏台石砌台基，面宽三间，进深四椽，单檐卷棚悬山顶，斗栱三踩。

寿阳潘沟戏台

潘沟戏台位于寿阳县平头镇潘沟村中。坐南朝北。建筑面积74.52平方米。创建年代不详，现存为清代建筑。石砌台基，基高1米。面宽三间，进深四椽，单檐卷棚悬山顶。中间设木制隔扇将其分为前后台。前、后台各深两椽。斗栱三踩单昂。

寿阳十字堙戏台

十字堙戏台位于寿阳县松塔镇十字堙村中。坐南朝北，占地面积352平方米。创建年代不详，现存为清代建筑。石砌台基，基高0.6米。面宽三间，进深六椽，单檐卷棚悬山顶。中间设木制隔扇将其分为前后台，隔扇施木雕镂空雀替。前台敞朗，前、后台均深三椽。前檐檐下设五踩斗栱五攒，单抄单昂。戏台两侧新建东西房各一栋。

寿阳顺华戏台

顺华戏台位于寿阳县松塔镇顺华村中。坐南朝北，占地面积83.1平方米。创建年代不详，现存为清代建筑。石砌台基。中间设木制隔扇将其分为前后台。前台面宽三间，进深两椽；后台面宽五间，进深三椽。单檐卷棚悬山顶。

寿阳寺庄戏台

寺庄戏台位于寿阳县平舒乡上峪村寺庄自然村中。坐东朝西，建筑面积78平方米。创建年代不详，现存为清代建筑。戏台石砌台基。中间设木制隔扇将其分为前、后台。前台面宽三间，进深两椽，单檐卷棚悬山顶。后台面宽五间，进深两椽，卷棚硬山顶。

寿阳西郭义戏台

西郭义戏台位于寿阳县平舒乡西郭义村中。坐南朝北，建筑面积76.3平方米。创建年代不详，现存为清代建筑。戏台建于0.6米高的石砌台基上，面宽三间，进深六椽。中间设木制隔断将其分为前、后台，前、后台均深三椽。前台檐下设斗栱九攒，三踩单昂。

寿阳下州戏台

下州戏台位于寿阳县宗艾镇下州村中。坐南朝北。建筑面积141.75平方米。创建年代不详，现存为清代建筑。石砌台基，基高0.6米。中间设木制隔扇将其分为前后台。前台面宽三间，进深四椽，单檐卷棚歇山顶；后台面宽五间，进深四椽，单檐硬山顶。五踩双昂斗栱。

寿阳新南窊戏台

新南窊戏台位于寿阳县羊头崖乡新南窊村中。坐南朝北。建筑面积77.28平方米。创建年代不详，现存为清代建筑。石砌台基。面宽三间，中间设木制隔扇将其分为前、后台，前、后台均进深两椽，单檐卷棚悬山顶。前檐下设异形雕花斗栱五攒。

寿阳阎庄戏台

阎庄戏台位于寿阳县南燕竹镇中庄村阎庄自然村中。坐南朝北，建筑面积69.97平方米。创建年代不详，现存为清代建筑。戏台面宽三间，进深四椽，单檐卷棚悬山顶。石砌台基，基高0.6米。戏台中间设木制隔扇将其分为前后台。前、后台均深两椽。前檐石柱刻对联一副，内容：“嘘气成云一片迷离浮海市，随缘作梦十番颠倒到华胥。”

寿阳羊头寨戏台

羊头寨戏台位于寿阳县宗艾镇下州村羊头寨自然村南。坐南朝北。建筑面积130平方米。创建年代不详，现存为清代建筑。戏台仅存后台，面宽五间，进深四椽，单檐硬山顶。前台原为卷棚抱厦，现已不存，仅存台基。

寿阳杨金垴戏台

杨金垴戏台位于寿阳县平舒乡龙门垴村杨金垴自然村中。坐东朝西，建筑面积54平方米。创建年代不详，现存为清代建筑。戏台石砌台基，基高0.8米。面宽三间，进深四椽，单檐卷棚悬山顶。中间设木制隔扇将其分为前后台。

寿阳野狐岭戏台

野狐岭戏台位于寿阳县平舒西安公村乡野狐岭自然村东南。坐南朝北。建筑面积64平方米。创建年代不详，现存为清代建筑。戏台石砌台基，基高1.2米。面宽三间，进深四椽，单檐卷棚悬山顶，斗栱七攒。中间设木制隔扇将其分为前后台，前后台均深两椽。

寿阳袁家庄戏台

袁家庄戏台位于寿阳县平头镇董家庄村袁家庄自然村中。坐南朝北。建筑面积64平方米。创建年代不详，现存为清代建筑。石砌台基，基高0.7米。面宽三间，进深四椽，单檐卷棚硬山顶。三踩斗栱。中间设木制隔扇将其分为前后台，前、后台均深两椽。

寿阳赵巷头戏台

赵巷头戏台位于寿阳县南燕竹镇赵巷头村中。坐南朝北。建筑面积71.23平方米。创建年代不详，现存为清代建筑。戏台面宽三间，进深四椽，单檐卷棚悬山顶。石砌台基，基高0.6米。中间木制隔扇将其分为前后台，前台深两椽，后台深两椽。前檐檐下设异形雕花云纹斗栱九攒。

寿阳直峪戏台

直峪戏台位于寿阳县马首乡河底村直峪自然村中。坐南朝北，建筑面积79.9平方米。创建年代不详，现存为清代建筑。戏台面宽三间，进深五椽，单檐卷棚悬山顶。石砌台基，基高0.6米。中间设木制隔扇将其分为前、后台。

寿阳周家垴戏台

周家垴戏台位于寿阳县宗艾镇周家垴村中。坐东朝西。建筑面积 59.28 平方米。创建年代不详，现存为清代建筑。石砌台基，基高 0.7 米。面宽三间，中间设木制隔扇将其分为前后台。前、后台均进深两椽，单檐卷棚悬山顶。斗栱七攒。

9 临汾市

尧都区参峪戏台

参峪戏台位于尧都区刘村镇参峪村西。创建年代不详，现存为清代建筑。坐南向北，东西长 9.65 米，南北宽 7.7 米，占地面积 74.31 平方米。面宽三间，进深四椽，单檐灰筒板瓦卷棚顶。戏台后三分之一处设木质隔扇，分为前、后台，两侧设上、下场门。

尧都区东下庄戏台

东下庄戏台位于尧都区贺家庄乡东下庄村中。创建年代不详，现存为清代建筑。坐南向北，东西长 9.35 米，南北宽 8 米，占地面积 74.8 平方米。戏台建于高 1.1 米的石砌包砖台基之上，面宽三间，进深四椽，单檐灰筒板瓦卷棚顶。戏台前设八字墙，明间后墙东侧设拱形小门。东西墙上残存设色人物壁画约 20 平方米。东次间后墙有墨书演出题记，有“同治十年”“光绪二年”等字迹。

尧都区鹅舍戏台

鹅舍戏台位于尧都区贾得乡鹅舍村东。创建年代不详，现存为清代建筑。坐东向西，南北15.1米，东西宽8米，占地面积120.8平方米。戏台建于高1.1米的砖砌台基之上。面宽五间，进深四椽。明、次间为卷棚歇山顶，两梢间为卷棚硬山顶，筒板瓦覆盖，五檩前廊式构架。

戏台后侧明间设木质隔扇，分前、后台，次间砖砌上下场门，门楣上砖雕匾额“演古”“形今”，北梢间中墙绘有水墨人物画约10平方米，内容为“十字坡”。梢间后墙上存墨书清道光十四年（1834）、咸丰八年（1858）演出题记。

尧都区官雀戏台

官雀戏台位于尧都区大阳镇官雀村中。创建年代不详，现存为清代建筑。坐西向东，南北长10.56米，东西宽7.77米，占地面积82.02平方米。戏台建于高1.8米的砖砌台基之上。面宽三间，进深四椽，单檐灰筒板瓦硬山顶。台口作“八”字墙，台三分之二处砌墙分戏台前、后场。

尧都区梁家庄戏台

梁家庄戏台位于尧都区魏村镇梁家庄村中。据现存碣文记载，创建于清康熙四十一年（1702），后有修葺。坐南向北，东西长7.85米，南北宽6.3米，占地面积49平方米。面宽三间，进深四椽，五檩无廊式结构，单檐灰筒板瓦卷棚顶。戏台前作八字墙。

尧都区刘家庄戏台

刘家庄戏台位于尧都区贺家庄乡口子里村刘家庄自然村中。据戏台脊檩题记记载，创建于清康熙四十九年（1710），清乾隆二十三年（1758）重修，清道光十九年（1839）重建，民国七年（1918）重修。坐南向北，东西长 10.2 米，南北宽 7.55 米，占地面积 77.01 平方米。面宽三间，进深四椽，单檐灰筒板瓦卷棚顶。台口两侧作八字墙。台身三分之二处砌砖墙分前后场。西山墙前部设拱形门。

尧都区郜村戏台

郜村戏台位于尧都区吴村镇郜村村南。戏台原为关帝庙内建筑，创建年代不详，现存为清代建筑。坐南向北，东西长 9.1 米，南北宽 8.5 米，占地面积 77.35 平方米。面宽三间，进深四椽，单檐灰筒板瓦卷棚顶。戏台东西墙壁及南墙壁现存设色人物壁画 25.96 平方米，内容为关羽生平故事。

尧都区土门城隍庙戏台

土门城隍庙戏台位于尧都区土门镇土门村中。戏台为城隍庙附属建筑，庙毁惟存戏台。戏台创建年代不详，据戏台脊檩题记记载，清雍正十三年（1735）重修。戏台坐南向北，东西长 8.93 米，南北宽 8.8 米，占地面积 78.58 平方米。面宽三间，进深四椽，五檩无廊式结构，单檐灰筒板瓦卷棚顶。前部后增八字墙。

尧都区王村戏台

王村戏台位于尧都区县底镇王村村中。创建年代不详，据戏台脊檩题记记载，清宣统三年（1911）重修。坐南向北，单体建筑。东西长 15.1 米，南北宽 7.65 米，占地面积 115.52 平方米。戏台建于高 1.2 米的石砌台基之上，面宽五间，进深五椽，六檩前檐廊，单檐灰板瓦硬山顶。戏台东西梢间中部砌墙，前为乐班，后为后台，前墙各设圆形窗。东梢间墙壁上存有民国十六年（1927）演出题记。

尧都区王汾戏台

王汾戏台位于尧都区土门镇王汾村中。据戏台脊檩题记记载，创建于清雍正三年（1725）。坐西向东，南北长 8.1 米，东西宽 7.2 米，占地面积 58.32 平方米。面宽三间，进深三椽，单檐灰筒板瓦卷棚顶。台口设八字墙。戏台分前后场，戏台三分之一处设木质隔扇，左右为上、下场门。

尧都区吴家庄戏台

吴家庄戏台位于尧都区土门镇王汾村吴家庄自然村中。创建年代不详，现存为清代早期建筑。坐西向东，南北长 8.5 米，东西宽 7.28 米，占地面积约 62 平方米。面宽三间，进深三椽，单檐灰筒板瓦卷棚顶。台口设八字墙。戏台分前后场，戏台三分之一处设木质隔扇，左右为上下场门。隔断中上部嵌匾额，隶书“神人胥攸”。

尧都西郭戏台

西郭戏台位于尧都区魏村镇西郭村中。创建年代不详，现存为清代建筑。原为娘娘庙内建筑，仅存戏台。坐南向北。东西长 14.3 米，南北宽 7.25 米，占地面积约 103.68 平方米。戏台建于高约 1.2 米的砖砌台基之上。面宽三间，进深二椽。单檐灰筒板瓦卷棚顶，前檐作歇山式。戏台后部两侧辟门，接两侧房。侧房面宽一间，进深二椽，单檐灰筒板瓦卷棚顶。戏台及两侧房墙壁上保存有清道光、同治、宣统及 1965 年等时期的戏班、剧团、演出队的演出题记约 30 余处。

尧都区西头戏台

西头戏台位于尧都区土门镇西头村西。创建年代不详，现存为清代建筑。坐西向东，南北长 10 米，东西宽 8 米，占地面积 80 平方米。戏台建于高约 1.5 米的石砌台基之上。面宽三间，进深五椽，六檩前檐廊，单檐灰板瓦硬山顶（1952 年屋顶翻修）。戏台分前后场，台口开八字墙。

尧都区县底戏台

县底戏台位于尧都区县底镇县底村南。创建年代不详，现存为清代建筑。仅存戏台，原为县底村南庙附属建筑。坐南向北，东西长 14.4 米，南北宽 7.5 米，占地面积 108 平方米。戏台面宽五间，进深四椽，五檩无廊式结构，单檐灰板瓦硬山顶。明间、次间为演出前场，梢间为乐班及演出后台。梢间前设圆形窗。

尧都羊舍戏台

羊舍戏台位于尧都区魏村镇羊舍村南。创建年代不详，现存为清代建筑。坐南向北，东西长 8.8 米，南北宽 8.55 米，占地面积 75.24 平方米。戏台建于高 1 米的石砌台基之上，面宽三间，进深四椽，五檩无廊式结构，单檐灰筒板瓦卷棚顶。戏台前设八字墙。东西两壁满绘水墨人物壁画 30 平方米。

尧都区卓里木偶戏台

卓里木偶戏台位于尧都区一平垣乡卓里村中。创建年代不详，现存为清代建筑。坐南向北，南北长4.55米，东西宽4.38米，占地面积19.9平方米。戏台建于高2.6米的石砌台基之上。面宽一间，进深二层，单檐灰筒板瓦卷棚顶。东山墙北部辟门。

侯马西高戏台遗址

西高戏台位于侯马市高村乡西高村中部。坐北朝南，占地面积254.35平方米。仅存柱础石。2000年在原址上新建戏台。

侯马西南张戏台

西南张戏台位于侯马市上马街道办事处西南张村西北部。坐南朝北，占地面积85.03平方米。清代建筑风格。戏台坐落于1米高的台基上。面宽三间，进深四椽，单檐硬山顶，筒板瓦覆顶，五檩无廊式。中柱以后做后台。东、西壁残存壁画约20平方米，内容难辨。

霍州石鼻关帝庙戏台

石鼻关帝庙戏台位于霍州市李曹镇石鼻村中。创建年代不详，现为清代建筑风格。坐南朝北，平面呈长方形，南北长 27.25 米，东西宽 21 米，占地面积 572.25 平方米。现仅存戏台、大门。戏台砖砌高台，台高 1.3 米。面宽三间，进深四椽，五檩无廊悬山顶式建筑。大门为砖券拱形门洞，门楣镌刻“关帝庙”匾。

襄汾尉村后土庙戏台

尉村古戏台位于襄汾县汾城镇西北 5 千米的尉村后土庙中。舞台坐南朝北。创建年代不详，据舞台匾额题记载，清道光十七年（1837）改建，现存为清代建筑。舞台建在高 1.4 米的石砌台基上。面宽三间，进深四椽，单檐硬山灰筒板顶，前作歇山式抱厦，柱头斗栱五踩双昂。舞台后三分之一处设隔扇将舞台分为前后场。中间隔板已失，其上匾额“古乐府”，上场门上书“折矩”，下场门上书“周规”。后墙明间辟圆形窗，两次间设方形窗。

襄汾北张戏台

北张戏台位于襄汾县陶寺乡北张村中。创建年代不详，现存建筑为清代遗构。坐南面北，占地面积71.1平方米。戏台建于石砌台基上，面宽三间，进深四椽，筒板瓦卷棚顶。梁架为五檩无廊式。梁架及墙壁上均施有彩绘，图案为云纹及走兽等。

襄汾北中黄戏台

北中黄戏台位于襄汾县汾城镇北中黄村村委会东南侧。创建年代不详，据戏台内墙体嵌石碣记载，清康熙庚戌年（1670）和清乾隆四年（1739）均有重修。坐南朝北，占地面积115平方米。石砌台基，面宽三间，进深四椽，单檐硬山顶前出抱厦。六檩前廊式构架，通间用三柱，柱头科五踩双昂。前台两侧设小八字音壁，均嵌有石碣一方，东侧阴刻仙兽，西为仙禽。戏台东侧接有配房一间，面宽一间，进深二椽，灰筒板瓦硬山顶。

襄汾常垣戏台

常垣戏台位于襄汾县陶寺乡常垣村中。创建年代不详，现存为清代建筑。坐南面北，占地面积 54.6 平方米。条石筑基，台基高 0.8 米。戏台面宽三间，进深四椽，筒板瓦卷棚顶。梁架为五檩无廊式。明间为台口，背立面正中设长方形窗。次间正面檐柱间设木板墙（西侧已毁），正面两端设小八字墙。

襄汾大张戏台

大张戏台位于襄汾县南贾镇大张村村委会广场东。占地面积 67.9 平方米。坐东朝西，面宽三间，进深四椽，五架梁通檐三柱，灰板瓦屋面硬山顶。墙体、台基均为清代原建，屋面翻新。戏台台基高 1.5 米。后台两侧边门门额为“歌唱”“人民”。台口两侧对联“海市蜃楼恍如仙境，镜花水月妙悟真诠”。

襄汾东曹路村关帝庙戏台

东曹路村关帝庙戏台位于襄汾县古城镇东曹路村北门外。创建年代不详，建筑风格为清代。东西长 20.78 米，南北宽 8.19 米，占地面积 171.18 平方米。为关帝庙附属建筑，仅存戏台及西侧耳房、大门。戏台坐南朝北，砖石台基，高 1.6 米。面宽三间，进深四椽，五檩无廊歇山顶建筑。檐下柱头斗栱及平身科均五踩双昂。通间雀替花板雕饰花卉，梁枋、斗栱均施有彩画，以红、绿、青色为主。台前两侧设八字音壁，山墙中设拱形窗。戏台中央设四柱屏风隔扇。戏台建在东西走向涧沟之上，戏台基座下砖砌涵洞一个，栱高残留 1.4 米，宽 1.2 米。戏台东侧为大门，西耳房为做化妆室。院内有国槐四株。

襄汾东郭戏台

东郭戏台位于襄汾县大邓乡东郭村中心街北侧学校院内。创建年代不详，现存为清代建筑。坐南朝北。占地面积119.1平方米。戏台砖砌台基，面宽五间，进深六椽，单檐硬山筒板瓦顶，七檩无廊式构架。梁架上施有彩画，以红、青、蓝色为主。

襄汾阜平庄戏台

阜平庄戏台位于襄汾县赵康镇阜平村中。创建年代不详，清道光四年（1824）曾有维修。原为祖师庙戏台，祖师庙已不存，仅存戏台一座。坐南朝北，占地面积68.4平方米。建于高1.2米的砖砌台基上，戏台面宽三间、进深三椽，筒板瓦硬山顶，四檩前廊式，通檐用三柱。前檐台口两侧设八字墙。前檐明间为青石方形石柱，石柱上阳刻“莫道看场诛奸褒德春秋史，漫步戏局福善祸淫感应篇。”

襄汾贾朱戏台

贾朱戏台位于襄汾县古城镇贾朱村委会内。坐南朝北，占地面积138.7平方米。创建年代不详，梁架题记载，清道光十一年（1831）重修。戏台面宽三间，进深五椽，六檩前廊式，后硬山前出抱厦。明间为台口，两次间设花窗及八字墙。2008年重修。

襄汾宋村戏台

宋村戏台位于襄汾县新城镇宋村东部。创建年代不详，现存为清代建筑。坐西面东，占地面积103.4平方米。条石筑基，台基高1.2米。戏台面宽三间，进深四椽，筒板瓦卷棚顶。梁架为五檩无廊式，通檐用三柱。正面两端设八字墙。戏台正中原为通道，为活动台口，现已封堵。戏台内墙壁上书写有："敬祝毛主席万寿无疆""为工农兵服务""五好战士评比栏""赛革命、赛进步、赛团结"等标语。

襄汾席村戏台

席村戏台位于襄汾县邓庄镇席村文体广场东北约30米。据梁架题记载，清道光五年（1825）重修。坐南朝北，占地面积130.7平方米。戏台砖砌台基，面宽五间，进深五椽，单檐卷棚筒板瓦顶。六檩前廊式构架。梁枋上均施以彩画，图案为龙、卷草等，色彩以黄、土红及绿色为主。

襄汾西郭戏台

西郭戏台位于襄汾县大邓乡西郭村北。坐南向北，占地面积114.5平方米。创建年代不详，据梁架题记载，清同治元年（1862）、民国十年（1921）重修。戏台面宽三间，进深四椽，五檩前廊式构架。梁架、普拍枋施彩绘。灰板瓦屋面硬山顶。

襄汾辛丰戏台

辛丰戏台位于襄汾县汾城镇辛丰村的西部。创建年代不详，现存为清代建筑。坐西面东，南北长 8.2 米，东西宽 8.1 米，占地面积 66.4 平方米。戏台建于高 1.1 米的砖石台基上，面宽三间，进深四椽，灰布筒板瓦硬山顶，五檩前廊式。前檐明间为两方形石柱，柱上刻有楹联。望柱头饰石桃和石狮。

襄汾张相关帝庙戏台

张相关帝庙戏台位于襄汾县陶寺乡张相村委会南约 30 米。创建年代不详，现存为清代遗构。关帝庙无存，现仅存戏台、山门，占地面积约 220 平方米。戏台坐南朝北，面宽三间，进深四椽，筒板瓦卷棚顶。梁架为五檩无廊式，通檐用三柱。台口左右设小八字音壁。梁架及山墙上均绘有壁画，彩绘祥云、飞龙等。山门面宽一间，进深四椽，筒板瓦单檐悬山顶。

襄汾赵豹泰山庙戏台

赵豹泰山庙戏台位于襄汾县赵康镇赵豹村村委会院内。创建年代不详，现存建筑为清代遗构，1952 年重修。该戏台原为泰山庙的附属建筑，庙毁，仅存戏台。坐南面北，占地面积 76.5 平方米。戏台建于高 1.2 米的砖砌台基上，面宽三间，进深三椽，筒板瓦硬山顶。四檩后廊式，前檐明间为青石方形石柱。后檐墙明间开方窗，次间开圆窗。殿内东西山墙存 1952 年所画的宣传画约 4 平方米。戏台西侧存清代建音壁一面。

襄汾周家庄戏台

周家庄戏台位于襄汾县大邓乡周家庄村西南沟边。据戏台重修石碣载，建于咸丰辛酉年（1861）。坐南朝北，占地面积92.6平方米。砖砌台基，高1.1米。面宽三间，进深六椽，单檐硬山筒板瓦顶花脊饰。台内两山墙绘有壁画，残损严重，内容不详。戏台东山墙嵌石碣一方，青石质，正文楷书6行，满行27字，清同治十二年（1873）立石。

襄汾庄头戏台

庄头戏台位于襄汾县襄陵镇庄头村村委会院内。创建年代不详，现存为清代建筑，1997年翻修瓦面。坐北面南，占地面积72.4平方米。戏台建于高1.1米的台基上。面宽三间，进深四椽，单檐硬山顶，五檩无廊式。柱头斗栱一斗三升，为雕花装饰斗，明次间各补一攒。雀替浮雕花鸟连枝纹。梁架及檐檩上施彩绘云、龙图。

吉县曹井结义庙戏台

曹井结义庙戏台位于吉县车城乡曹井村北部的高地上。地势北高南低，东西 16.5 米，南北 25 米，占地面积约 413 平方米。创建年代不详，依建筑形制分析为清代建筑。坐北朝南，原为一进院落布局。中轴线上有戏台、大殿、两侧有厢房，现仅存戏台、门楼及大殿的基础。戏台位于庙南部，坐南朝北。砖石砌筑台基高约 1.5 米，面宽三间，进深五椽，六架后廊式结构的悬山顶建筑。前檐柱头及平身科饰有异形斗栱，台前筑有“八”字墙。戏台东侧是结义庙门楼，坐北朝南，面宽一间，进深两椽，单檐灰瓦硬山顶，通檐用两柱，砖券拱形门。门楣上有砖雕匾额题“结义庙”三字。戏台和门楼的木构件和山墙上有彩绘、壁画，已漫漶不清。结义庙大殿和厢房已倒塌，仅存基础。

吉县柯榼戏台

柯榼戏台位于吉县中垛乡中垛村南柯榼自然村南。创建年代不详，清代重修。东西 7.9 米，南北 7 米，占地面积 55.3 平方米。坐南朝北，夯土筑台基高 1.3 米。面宽三间，进深四椽，五架梁通达前后檐，单檐灰瓦悬山顶。前檐柱头两侧饰异形斗栱，中部柱头檐檩上有木雕虎头，贴于檩头，补间饰异形斗栱。普拍枋下雀替均为高浮雕木刻，刻有缠枝花草及龙凤等图案。檐下有横木出檩头，其上设垂莲柱。戏台内梁架及前檐木构件上通施彩绘，已漫漶不清，戏台后墙有金字书写老三篇之一的《愚公移山》篇。

吉县桑峨戏台

桑峨戏台位于吉县屯里镇桑峨村内。创建年代不详。坐南朝北，现已塌毁，仅剩台基及东、南、西墙体。戏台北侧小院原作为学校使用，现已无人居住。

吉县五龙宫戏台

五龙宫戏台位于吉县屯里镇五龙宫村南。地势北高南低，东西 10.856 米，南北 7.65 米，占地面积 83 平方米。创建年代不详，依建筑形制看应为清代建筑。戏台坐南朝北，石砌台基高 1.3 米。面宽三间，进深四椽，单檐灰瓦硬山顶，五架梁后廊式构架。前檐柱头及平身科饰如意云纹耍头、异形斗栱。戏台木构件和山墙上饰彩绘和壁画，已漫漶不清。戏台内中部有一木屏，绘有人物图案，已不清晰。门楼位于戏台东侧，坐北朝南，面宽一间，进深两椽，单檐灰瓦硬山顶中部砖券拱门。门楼前檐有精美木雕，雀替额枋及装饰性异形斗栱。五龙宫戏台存留有部分色彩丰富的戏剧人物画像，后台内壁有民国戏班题记多处。

吉县中市戏台

中市戏台位于吉县壶口镇中市村中部。戏台坐落于 1 米高的台基上，坐西朝东，占地面积 55.44 平方米。金檩题记“□□乾隆三十捌年（1773）七月初七日卯时竖柱上梁吉祥如意”，腰檩题记“维大清国山西平阳府吉州房村里四甲中市村首事人等阖村同建”。戏台单檐硬山顶，面宽三间，进深四椽，五檩前廊式。后檐两次间金檩下设上下场门。两山墙内山花均有墨彩壁画约 40 平方米。1984 年吉县人民政府公布为吉县文物保护单位。

乡宁下川戏台

下川戏台位于乡宁县关王庙乡下川村中。建于坐北向南之石砌窑洞之上。占地面积 49.96 平方米。据戏台石碣记载，始建于清嘉庆十一年（1806），嘉庆十三年（1808）完工。戏台为三层结构，底层为石砌窑洞，坐北向南；二层阁楼及戏台坐南向北。戏台面宽三间，进深四椽，单檐歇山顶，五檩无廊，前接抱厦。栏板雕刻花草瑞兽。柱头装饰异型斗栱，抱厦设垂花吊柱。有清嘉庆十三年（1808）石碣，青石质，记载了下川村王祖茂等舍地捐银建造戏台，以及底层窑洞、二层阁楼归属等诸多事宜。

大宁太古戏台

太古戏台位于大宁县太古乡太古村中部。坐西向东，占地面积65.47平方米。创建年代不详，脊檩题记“重建于清道光庚寅（1830年）七月二十六日……”。戏台坐落在1米高的台基上，面阔三间，进深四椽，硬山顶建筑。戏台内东西壁均有墨彩壁画，残存约16平方米。后人在明、次间设格子门窗，柱头设柱头科，明间、次间设平身科，柱间设木雕雀替。1987年公布为大宁县文物保护单位。

大宁坦达戏台

坦达戏台位于大宁县太古乡坦达村中部。坐南朝北，占地面积约59.7平方米。从建筑风格分析为清代。戏台坐落于1.5米高的台基上，单檐硬山顶，面阔三间，进深三椽。柱头设平身科，异形栱，柱间设雀替。戏台后侧设化妆间，两侧山墙绘水墨壁画约10平方米。西墙下有石碣一方，记载中华民国二十年（1931）修理学校一事。

曲沃吉祥戏台

吉祥戏台位于曲沃县曲村镇吉祥村南村。创建年代不详，现存为清代建筑。东西 11.3 米，南北 9.76 米，占地面积 110 平方米。戏台坐南朝北，砖石砌台基高 1.3 米，面宽三间，进深四椽，五檩后廊式构架。前檐无斗栱，后檐斗栱三踩单翘，单檐灰瓦硬山顶。前檐中部有两根方石柱。1987 年曲沃县人民政府公布为县级文物保护单位。

曲沃南容裕戏台

南容裕戏台位于曲沃县曲村镇南容裕村南部。始建年代不详，现存为清代建筑。东西 20 米，南北 30 米，占地面积 600 平方米。原为黄帝庙戏台，坐南朝北，现仅存戏台一座。平面呈长方形，台基高 1 米，戏台面宽三间，进深三椽，单檐灰瓦硬山顶，四檩前廊式构架。前檐柱头饰异形斗栱。戏台柱上及平板枋上施以彩绘。戏台后墙东侧有一流水石槽，用于演员化妆洗涮。

曲沃山下戏台

山下戏台位于曲沃县杨谈乡山下村北。据脊枋题记载，清道光二十五年（1845）创建。东西 11.92 米，南北 7.79 米，占地面积 93 平方米。戏台坐南朝北，面宽三间，进深四椽，通檐用三柱，单檐灰瓦卷棚顶，五檩后廊式构架。柱头及平身科饰三踩镂空木雕斗栱。砖石砌筑台基高 0.95 米。山墙两侧有外开八字墙。1987 年曲沃县人民政府公布为县级文物保护单位。

曲沃西许戏台

西许戏台位于曲沃县高显镇西许村西北。东西16.5米，南北30米，占地面积495平方米。原为关帝庙戏台，现仅存戏台及大门各一座。始建年代不详，现存为清代建筑。戏台坐南朝北，东西11.7米，南北9.36米，台基高1.45米。面宽三间，进深五椽，五檩前廊式构架，单檐灰瓦硬山顶。檐柱柱头饰木雕花卉斗栱。阑额、平板枋、檐柱以及梁架上均施彩绘，已漫漶不清。戏台东侧建有一南门，东西宽4.8米，南北进深6.8米，面宽一间，进深两椽，单檐灰瓦硬山顶。2000年曲沃县人民政府公布为县级文物保护单位。

曲沃杨庄戏台

杨庄戏台位于曲沃县曲村镇杨庄村内。东西22.12米，南北30米，占地面积663.6平方米。创建年代不详，据戏台脊檩题记载：清道光五年（1825）重修。原为黄帝庙戏台，现仅存戏台一座。坐南朝北，砖石砌台基高1.2米。面宽三间，进深四椽，单檐硬山顶，五檩后廊式构架。柱头斗栱三踩单昂。前檐柱平面呈方形。中部两根石柱刻有“此曲只应天上有，斯人莫道世间无”的对联。1987年曲沃县人民政府公布为县级文物保护单位。

曲沃周庄戏台

周庄戏台位于曲沃县史村镇周庄村西北。东西 19.54 米，南北 11.75 米，占地面积 230 平方米。据脊檩题记载：创建于清嘉庆十一年（1806）。坐南朝北，现仅存戏台及大门。戏台砖石砌筑台基，高 1.1 米。面宽三间，进深四椽，单檐灰瓦硬山顶，五檩无廊式构架。柱头斗栱三踩。前檐柱头及平身科饰镂空木雕花卉瑞兽。前檐木构件上施彩绘，已漫漶不清。1987 年曲沃县人民政府公布为县级文物保护单位。

翼城中贺水泰岱庙戏楼

中贺水泰岱庙位于翼城县南梁镇中贺水村北。坐北朝南，占地面积 1674 平方米。创建年代不详，正殿脊板题记和碑文记载创建于元初，清康熙三十四年（1695）重修，清嘉庆十二年（1807）重建正殿，清光绪二十九年（1903）又有重修。现存建筑为清代。现存山门、戏台、正殿、南房、厢房、廊房、配殿、耳殿。山门面宽一间，进深二椽，悬山顶。戏台石砌台基高 1.3 米，面宽三间，进深二间，前部重檐歇山顶，后部五檩式悬山顶。正殿石砌台基高 0.5 米，面宽三间，进深五椽，悬山顶，六檩前廊式。殿内后墙有条幅式水墨壁画 10 幅，面积约 14.28 平方米。东西耳殿均为面宽三间，进深三椽，悬山顶，四檩前廊式。2004 年公布为市级文物保护单位。

翼城西阎汤王庙舞楼

西阎汤王庙位于翼城县西阎镇西阎村南部。坐北朝南，占地面积 983 平方米。据庙内《创建汤圣明君庙宇碑》载，清康熙十二年（1673）创建。另据庙内其他碑载，清道光元年（1826）、民国五年（1916）重修或补修。中轴线上自南向北依次为戏台、献殿、正殿，轴线两侧为东西山门、东西廊房、东西配殿、东西耳殿。除西配殿已改为现代建筑外，其余建筑尚存。戏台为仿元代舞楼建筑，建在高 1.7 米石砌台基上。面宽、进深均为一间，单檐歇山顶，琉璃脊兽剪边，八卦藻井。檐下四周斗栱二十攒，均为五踩双下昂。四面各施一圆木普拍枋。台身左、右、后三面砌墙，两侧山墙前端作八字形敞开。1983 年翼城县人民政府公布为县级文物保护单位。

翼城北撖戏台

北撖戏台位于翼城县隆化镇北撖村中。坐南朝北，占地面积 114 平方米。戏台脊板题记，始建于明崇祯二年（1629），重建于清康熙二十五年（1686），改建于清乾隆十八年（1753）。原布局不详，现仅存戏台、东西耳房。戏台石砌台基，高 1.54 米。面宽五间，进深四椽，悬山顶。五檩无廊式。柱头斗栱三踩单翘，平身科异形栱。戏台两侧连建有耳房各一座，均为面宽一间，进深四椽，五檩无廊式，悬山顶。戏台东侧现存有石牌坊夹杆石一对。1987 年翼城县人民政府公布为县级文物保护单位。

翼城东唐戏台

东唐戏台位于翼城县南唐乡东唐村中。坐南向北，占地面积 80.95 平方米。据戏台脊板题记，清康熙三十一年（1692）创建，现存戏台为清代建筑。戏台砖砌台基，宽 10.75 米，深 7.53 米，高 1.20 米。面宽三间，进深四椽，单檐悬山顶，五檩无廊式，檐下斗栱三攒。

翼城董家坡戏台

董家坡戏台位于翼城县中卫乡吴寨村董家坡自然村北 100 米。坐南朝北，占地面积 67 平方米。据戏台脊板题记，清康熙二十三年（1684）创建，清乾隆十七年（1752）重修。现存戏台为清代建筑。戏台面宽三间，进深六椽，卷棚硬山顶，七檩前出廊式。前檐下斗栱七攒，明间檐柱外移。1987 年翼城县人民政府公布为县级文物保护单位。

翼城李庄戏台

李庄戏台位于翼城县中卫乡李庄村西。坐南朝北，占地面积 71 平方米。据戏台脊板题记，清嘉庆四年（1799）创建。现存戏台为清代建筑。戏台面宽三间，进深五椽，悬山顶，六檩无廊式。前檐下三踩斗栱七攒。

翼城两坂李家祠堂戏台

两坂李家祠堂戏台位于翼城县隆化镇两坂村东。坐南朝北，占地面积440平方米。戏台脊板题记，清道光二年（1822）创建。现仅存戏台、山门。戏台面宽三间，进深四椽，硬山顶，五檩无廊式，前檐下斗栱七攒。山门面宽一间，进深二椽，硬山顶，三檩无廊式，正面为仿木砖雕飞檐、斗栱。门额题“李氏宗祠”，两侧砖雕对联，内容为“临浍水敢忘祀典，映风坡愈动孝思”。山门两侧有砖雕影壁，内容为“天下无不爱子之父母而有不孝之子孙。殊不知父爱我犹我之爱子也。人能以爱子之心爱父母则天下无不孝子之矣 ...... 无不睦之兄弟矣”。1987 年翼城县人民政府公布为县级文物保护单位。

翼城上高戏台

上高戏台位于翼城县唐兴镇上高村东。坐南朝北，占地面积 80 平方米。创建年代不详，据石碣记载："师庄庙正南古有舞楼三间，由于年久失修，在清顺治十三年（1656）重修，扩建为乐楼。清代、民国均有重修，现仅存戏台。戏台面宽三间，进深四椽，硬山顶，前后搭连。前部进深三椽，卷棚硬山顶，四架梁，前檐下施三踩斗栱九攒。后部进深三椽，硬山顶，罩搭于卷棚后部二椽之上。从山面看为五檩硬山顶下罩四檩卷棚硬山顶。戏台内西山墙嵌有石碣一方，戏台西侧有《创建文昌阁碑记》一通。1987 年翼城县人民政府公布为县级文物保护单位。

翼城上梁庄娘娘庙戏台

上梁庄娘娘庙戏台位于翼城县隆化镇垣头村上梁庄自然村东。坐北朝南，占地面积 182 平方米。创建年代不详，脊板题记清乾隆四十八年（1783）重修，现仅存戏台为清代建筑。石砌台基高 0.7 米，面宽三间，进深六椽，悬山顶，六檩前出廊式，前檐下斗栱九攒。

翼城下涧峡戏台

下涧峡戏台位于翼城县南梁镇涧峡村下涧峡自然村中。坐南朝北，占地面积140平方米。创建年代不详，现存建筑为清代重修，保留有明代构件，前檐部份为清代构件。戏台石砌台基高0.7米，宽13.3米，深10.6米。面宽三间，进深五椽，悬山顶，六檩前廊式。前檐下斗栱七攒，后檐下斗栱四攒为三踩单下昂。1987年翼城县人民政府公布为县级文物保护单位。

翼城腰庄戏台

腰庄戏台位于翼城县王庄乡山底村腰庄自然村南。坐南向北，占地面积308.88平方米。据戏台脊板题记，清光绪元年（1875）创建，现存戏台为清代建筑。戏台砖石台基，宽9.10米，深11.35米，高1.50米。面宽三间，进深四椽，单檐悬山顶，五檩无廊式，檐下平身科斗栱三攒。1987年翼城县人民政府公布为县级文物保护单位。

洪洞长命戏台

长命戏台位于洪洞县龙马乡长命村东南。创建年代不详，现存为清代建筑。占地面积113.9平方米。坐南面北，砖砌台明，高1.2米。面宽三间，进深六椽，卷棚硬山顶，七檩前檐廊构架。前台两侧设外八字音壁。

洪洞郭盆戏台

郭盆戏台位于洪洞县苏堡镇郭盆村中。创建年代不详，现存为清代建筑。占地面积63.4平方米。坐南面北，面宽三间，进深四椽，单檐硬山顶，五檩无廊式构架。梁架绘满彩绘。前墙及门窗为后期添建。

洪洞鲁生戏台

鲁生戏台位于洪洞县万安镇鲁生村南。戏台脊檩题记："大清道光二十二年（1842）上梁"。占地面积105平方米。坐南朝北，砖砌台明、条石压沿，高1.2米。面宽三间，进深五椽，卷棚硬山顶，六檩无廊式构架。台口两侧设外八字音壁。前后台用砖砌墙分开。戏台梁柱彩绘有山水、瑞兽。东、西山墙绘有人物壁画约4平方米。

洪洞南柏戏台

南柏戏台位于洪洞县曲亭镇南柏村中。戏台脊檩题记:“时大清乾隆三十九年(1774)上梁”。占地面积73平方米。坐南面北,砖砌台基,高1米。面宽三间,进深四椽。通面宽10米,通进深7.8米。单檐硬山顶,五檩前廊式构架。戏台结构古朴,是研究晋南传统戏台建筑的实例。

洪洞茹去戏台

茹去戏台位于洪洞县苏堡镇茹去村东北部。戏台脊檩题记:“时大清嘉庆十二年(1807)上梁”。占地面积85.2平方米。坐南面北,砖砌台明,条石包边,高1.5米。面宽三间,进深五椽,卷棚硬山顶。柱头出象鼻昂,木雕雀替。前台于20世纪70年代曾用作磨房时添建门窗和护墙。殿内梁架绘满彩绘。东西山墙及后墙绘人物故事壁画共约40平方米。

洪洞上寨戏台

上寨戏台位于洪洞县曲亭镇上寨村南部。创建年代不详,戏台脊檩题记:“道光二十五年(1845)上梁”。占地面积84平方米。坐南面北,砖砌台明,条石包边,高0.3米(台前于后期填高)。面宽三间,进深四椽,单檐硬山顶,五檩无廊式构架。台前两侧设外八字音壁,西侧音壁现不存。台内梁架有彩绘,前后台设木板相隔,楣书“声彻云霄”。上世纪80——90年代用作压油作坊。

洪洞温家庄戏台

温家庄戏台位于洪洞县万安镇温家庄村东南学校内。创建年代不详，现存为清代建筑。占地面积70.7平方米。坐南朝北，砖砌台明，高0.9米。面宽三间，进深六椽，卷棚硬山顶，七檩前檐廊构架，前部装修经改建。内梁架有彩绘。台内设隔扇门把戏台分为前后两部分。

洪洞西圈头戏台

西圈头戏台位于洪洞县万安镇西圈头村中。创建年代不详，现存为清代所建。占地面积97.4平方米。坐南面北，砖砌台明，条石包边，高0.8米。台身面宽三间，进深四椽，硬山顶，五檩无廊式构架。雀替通间雕人物、花卉。1961年重修，前部装修有改制。戏台底下有砖券“衬窑”一孔。

洪洞景村戏台

景村戏台位于洪洞县龙马乡景村村中。创建年代不详，脊檩题记：“时民国二十四年（1935）重建”。坐南面北。占地面积58.5平方米。砖砌台明，条石包边，高1.2米。面宽三间，进深五椽，卷棚硬山顶，六檩无廊式构架。后台明间辟隔扇门，两次间设门框，上有屏风。东、西山墙和后墙绘三国人物故事壁画共约50平方米。梁架绘花鸟彩绘。上世纪60年代曾用作库房。

安泽凤池戏台

凤池戏台位于临汾市安泽县府城镇凤池村中。戏台原为关帝庙内建筑，关帝庙现仅存戏台。据戏台脊槫题记记载，清咸丰九年（1859）重修。坐南向北，东西长8.2米，南北宽6.65米，占地面积54.53平方米。戏台建于高0.7米的石砌台基之上，面阔三间，进深四椽，单檐灰板瓦悬山顶，五檩无廊式结构。戏台内现残存设色及水墨壁画10平方米。

安泽孔村戏台

孔村戏台位于安泽县府城镇孔村村东。创建年代不详，现存为清代建筑。坐南向北，东西长8.62米，南北宽7.04米，占地面积60.68平方米。戏台建于高1.5米的石砌台基之上。面阔三间，进深四椽，单檐灰板瓦硬山顶，五檩无廊式结构。

安泽菩萨庙戏台

菩萨庙戏台位于安泽县和川镇东洪驿村中。戏台原为菩萨庙内建筑，现仅存戏台。创建年代不详，据戏台脊槫题记记载，清道光二十三年（1843）重修。坐西向东，南北长8.33米，东西宽5.4米，占地面积44.98平方米。戏台建于高1.7米的石砌台基之上，面阔三间，进深四椽，五檩无廊式结构，单檐灰板瓦悬山顶。

安泽石槽戏台

石槽戏台位于安泽县马壁乡石槽村中。创建年代不详，现存为清代建筑。戏台坐南向北，东西长 9.45 米，南北宽 6.4 米，占地面积 60.48 平方米。戏台建于高 0.4 米的石砌台基之上，面阔三间，进深四椽，单檐灰板瓦悬山顶，五架梁结构。檐下设二方形石柱，柱础雕“鱼化龙”“海马流云”“花卉”等图案。

安泽五龙庙戏台

五龙庙戏台位于安泽县马壁乡王河村沟口村南。创建年代不详，现存为清代建筑。坐南向北，东西长 6.62 米，南北宽 5.35 米，占地面积 35.4 平方米。戏台建于高 1.2 米的石砌台基之上，面阔三间，进深四椽，单檐灰板瓦悬山顶，五檩无廊式结构。

安泽玉皇庙戏台

玉皇庙戏台位于安泽县马壁乡刘村村中。创建年代不详，现存为清代建筑。坐西向东，南北长 12.55 米，东西宽 5.6 米，占地面积 70.3 平方米。戏台建于高 1.6 米的石砌台基之上，面阔三间，进深四椽，五檩无廊式结构，单檐灰板瓦悬山顶。戏台南侧有侧房一间。

蒲县东岳庙戏台

蒲县东岳庙戏台位于蒲县县城东 2 千米的柏山之巅。东岳庙创建年代无考，从献亭石角柱所镌“泰和六年五月重五日”题记分析，庙宇创建不晚于金泰和年间。现存有元、明、清历代建筑 280 余间，有元至清重修碑记 60 余通，并保存明代塑像 140 余尊。2001 年被列入全国重点文物保护单位。

东岳庙中共有六座戏台，除主戏台和两侧的东华门戏台、西华门戏台组成品字形的“山门品字台”外，另外还有太尉祠戏台、华佗庙戏台和皮影戏台。

主戏台为上下叠加式山门戏台，砖砌台基高 2.14 米，台基中间为山门通道。台面通阔三间，9.42 米，其中明间宽 3.82 米。通进深 6.65 米，其中前台表演区深 4.36 米。台中间设隔扇，隔扇中部上悬横匾，行书“神人以和”，题款“乾隆五十二年岁次丁未季春重修”。台上圆木柱三排，梁头伸出置平板枋之上。大额枋下布满缕雕雀替，精致华美。

主戏台两侧的东华门和西华门上各建有一座戏台，三台鼎立如“品”字形，故俗称为“品字台”。这两座戏台均为卷棚顶，面阔三间，8.13 米，其中明间宽 2.74 米。通进深 6.46 米，其中前台深 5.21 米。相传过去每年三月二十八的东岳大帝诞辰日，东岳庙举行最盛大的庙会，届时三座戏台同时演出，观者如堵。

主戏台对面有看亭，传为早期社首议事亭，清代戏台建成后改为看戏之所。东西两侧还建有看楼，为卷棚顶，面阔六间，16.25 米，进深 3.95 米。两座看楼可容纳 300 余人看戏。

据清康熙七年（1668 年）《祝贺圣诞碑记》中“戏献三台，声彻两间”的记载，当时品字形戏台已经建成。雍正八年（1730 年）《改迁华佗庙创建戏楼序》碑文记载了华佗庙戏台的创建年代。还有碑文记载乾隆四十六年（1731 年）创建太尉庙戏台及庙中的东、西看楼，说明至此东岳庙所有戏台和附属设施已经完成。

蒲县曹村戏台

曹村戏台位于蒲县乔家湾乡曹村村东部。坐南向北，占地面积 81 平方米。创建年代不详，据庙内碣载，清道光二十三年（1843）重修。另据庙内残存梁枋题记载，戏台 1955 年重修。现存建筑为清代遗构。戏台建于边长 9 米，高 2.3 米，中辟门洞的方形台基上。面宽三间，进深一间，平顶。台内分为前后两部分，前台顶毁，后台正中为窑洞一孔，两侧辟耳门通二层。二层为观音殿，面宽、进深均为一间，歇山顶。前台西侧山墙嵌石碣一方，记载清道光二十三年（1843）重修观音庙的原由及经过。

蒲县佛联观音庙戏台

佛联观音庙戏台位于蒲县薛关镇佛联村中。坐北朝南，占地面积50平方米。创建年代不详，旧址位于村北部古槐处，20世纪80年代移建于此。从现存建筑形制上判断为清代遗存。戏台砖木结构，面宽三间，进深五椽，卷棚硬山顶，六檩无廊式。檐下施三攒斗栱，前檐柱刻对联。

蒲县韩店戏台

韩店戏台位于蒲县红道乡韩店村南约300米的娘娘庙中。坐南向北，占地面积528平方米。创建年代不详，现存为清代遗构。原娘娘庙中轴线上建有戏台、正殿，轴线两侧为山门、廊房，耳殿。现存戏台、山门，另有醮盆一个。戏台建于高约1米的台基上，面宽五间，进深三间，前部设歇山顶抱厦，后部为卷棚硬山顶，形成卷棚歇山顶建筑形式。台口两侧砖刻楹联。台内三分之二处正中设隔扇，两侧设垂莲门和屏风，将戏台分为前台和后台。墙壁有民国戏班题记。山门为二层楼阁式，一层石砌拱券门洞。二层面宽一间，进深二椽，硬山顶。

蒲县井沟戏台

井沟戏台位于蒲县薛关镇井沟村。坐西北向东南，占地面积76平方米。创建年代不详，据脊板题记载，清乾隆五十五年（1790）重修。现存为清代建筑。原布局不详，现仅存戏台一座。戏台砖木结构，建于高1.3米的砖石台基上。面宽三间，进深四椽，卷棚硬山顶，六檩无廊式。檐下施斗栱七攒。台前置碑一通，字迹不清。

蒲县下蒙古村戏台

下蒙古村戏台位于蒲县红道乡下蒙古村中。坐西南向东北，占地面积35平方米。创建年代不详，现存为清代建筑。戏台建于高0.5米的砖砌台基上，面宽三间，进深四椽，卷棚硬山顶，六檩无廊式，前檐下斗栱七攒。明间施六扇六抹隔扇门，梢间设板门，台口施砂石栏板。

10 运城市

解州关帝庙戏台

解州关帝庙御书楼戏台在运城市区西20千米的解州旧城。解州关帝庙为全国规模最大的关帝庙，创建于隋，宋大中祥符年间及元祐七年（1092年）重修，金、元、明、清历代在重修基础上屡有补葺。庙宇坐北朝南，中轴线建筑依次为照壁、端门、雉门、午门、山海钟灵坊、御书楼、崇宁殿、气肃千秋坊、春秋楼、厚载门等，两侧廊庑楼台相对应，建筑形制采取帝王宫殿式格局。庙区南北绵延500米，总面积约11万平方米。

御书楼是进入午门后的第一座大型建筑，为歇山顶，二层三檐四滴水，面阔与进深均五间，前后出抱厦。北面的抱厦为歇山卷棚顶，乍看似以为门厅，但是当插上枋木，铺设地板后就成为一座戏台，戏台三面观凸出式台口，北对庙中主殿崇宁殿，是旧时举行春秋祭祀演乐的地方。

戏台高 1.45 米，通面阔三间，8.35 米，其中明间宽 3.85 米，次间宽 2.25 米。抱厦前檐柱高 5.7 米，至御出楼底层廊柱为前台，进深 3.4 米，廊柱后至墙体为后台，进深 2.75 米，楼内可作化妆间。屋顶为黄绿琉璃，色彩艳丽，檐下斗栱、额枋雕刻精美。

据庙中碑记记载，清康熙四十一年（1702 年）戏台遭火毁，次年重建，至康熙五十三年（1714 年）建成。清乾隆十八年（1753 年），因“乐楼逼近正殿，士女喧哗，颇觉亵渎，遂移建雉门内，而雉门复增高之”。

乾隆间移建的戏台也称雉门戏台，歇山卷棚顶三间，与雉门建在同一座台基上，也属依附式戏台。台高 1.45 米，前台通阔 11.04 米，其中明间宽 4.64 米。台中为内缩式台阶，两边沿有槽口，平时行人正常出入，演出时装上木板即为平阔前台。后台仍借用雉门中柱后的空间，用活动式隔扇间隔，上、下场门分别题额“演古”“证今”。前后次间前设木栏杆，可作为文武场。台口两侧砌八字形音壁，有砖雕、琉璃装饰，加之台内两山装有板壁，为戏台增添了更好的回音效果。

运城池神庙戏台

运城池神戏台在运城市区南部，盐池北岸的卧云冈上，属盐湖区。运城盐池在中条山北麓和峨眉原南麓之间的内流区，它是古代华夏民族在河东繁衍、壮大的重要环境条件之一。自古以来就是国家财政收入的重要来源，对池神的祭祀也有着悠久的历史。据现有文献记载，池神庙建于唐代大历十二年（777 年），并赐池名为宝应灵庆池，封池神灵庆公。宋、元、明、清历代都敕封、重修以及隆重的祭祀活动。1985 年重建修复。

池神庙坐北向南，面临波光浩瀚的盐池。其中轴线建筑依次为歌薰楼、地宝天成坊、海光楼、戏台、献殿，献殿后三座大殿一字排列，中殿供奉中条山风神，右殿供奉忠义武安王之神。三大殿东北有雨神庙，西北有甘泉庙。总面积约 2.6 万平方米。

池神庙戏台为罕见的过路式三连台，三台同在一座台基之上，分别面对三座大殿，反映了民众的虔诚心理。台基高出地面 2.9 米，中间台面阔三间，12 米。其中明间宽 5 米，下为过道门洞，上悬横匾书“秦衍楼”。侧台各三间，宽 8.75 米。通阔 29.5 米。通进深 9.5 米，前台进深 5.8 米，旧有隔扇。前檐有四根檐柱，上承大额枋，额枋上施异形斗栱。台内四根金柱擎五架梁，为悬山顶。

据明代嘉靖十四年（1535 年）的《河东运司重修盐池神庙记》中记载有“为乐台一”等语，再从其建造手法、形制、特点来看，这座三连台应该是明代创建，只是部件经过了清人改造。

另外，中台悬挂的两幅楹联也常为游人驻足观赏，其平柱联云：“奸雄百计得便宜，难负当场唾骂；忠贞一时受痛苦，须知后世称扬。”边柱联云：“要看早些来，好文章惟争入首；须看完了去，大忠孝皆在后头。”联文写出了对于大众爱憎的教化作用，也诙谐地提示观众早来晚走的剧场秩序规则。

盐湖区东胡戏台

东胡戏台位于盐湖区席张乡东胡村北。创建年代不详，现存主体结构为清代建筑。戏台坐北朝南，东西长8米，南北宽7.3米，占地面积58.4平方米。台基高1.5米，面宽三间，进深四椽，单檐悬山顶，梁架为四檩五廊式。大梁上绘有青龙、祥云、牡丹图案。台基中设南北向水道一条，宽3米。建筑背面施石券洞门，门额上题“渔歌互答”四字。建筑整体保存基本完好。

盐湖区郭家卓戏台

郭家卓戏台位于盐湖区安邑街道办事处郭家卓村北20米处。创建年代不详，现存主体结构为清代建筑。坐南朝北，台基高1.2米，东西长8.7米，南北宽6.48米，占地面积56.38平方米。面宽三间，进深三椽，单檐硬山顶，梁架结构为四檩前出廊。筒瓦包脊。

盐湖南杨家庄戏台

南杨家庄戏台位于盐湖区安邑街道办事处南杨家庄村东。梁脊板载有清乾隆四十二年（1777）题记。戏台坐南朝北，砖砌台基高0.5米，东西长8.1米，南北宽6.4米，占地面积51.84平方米。面宽三间，进深四椽，单檐硬山顶，梁架结构为五檩前出廊，无斗栱。背面辟二方窗。

盐湖区南营天地庙戏台

南营天地庙戏台位于盐湖区解州镇南营村北。创建年代不详，现存主体结构为清代建筑。天地庙已毁，仅存戏台。戏台坐南朝北，南北长10.851米，东西宽8.3米，占地面积90.06平方米。面宽三间，进深二椽，单檐硬山顶，明间前檐采用移柱造。台前有一长方形平台，东西长10米，南北宽4米，与台面等高。

盐湖区卫唐戏台

卫唐戏台位于的盐湖区金井乡卫唐村西南。创建年代不详，从建筑形制判断为清代遗物。戏台坐南朝北，台基高0.5米，东西长9.25米，南北宽6米，占地面积55.5平方米。面宽三间，进深三椽，单檐硬山顶，无斗栱装饰。现戏台的台面被封堵。

盐湖区杨包戏台

杨包戏台位于盐湖区北相镇杨包村内。创建年代不详，现存主体结构为清代建筑。坐南朝北，台基高 0.65 米，东西长 11.4 米，南北宽 7 米，占地面积 79.8 平方米。戏台面宽三间，进深三椽，单檐硬山顶。

盐湖区张董戏台

张董戏台位于盐湖区王范乡张董村内。始建年代不详，从建筑形制判断为清代遗构。戏台为关帝庙附属物，庙早毁，仅存戏台。戏台坐南朝北，台基高 1.2 米，东西长 9.5 米，南北宽 6.39 米，占地面积 60.71 平方米。面宽三间，进深二椽，单檐悬山顶，筒板瓦屋面。台口明间二柱采用移柱造。椽飞齐全，无斗栱。戏台台基中设南北向通道。

永济东长杆戏台

东长杆戏台位于永济市卿头镇东长杆村中。原为三官庙建筑，现庙已毁，仅存戏台，创建年代不详，为清代建筑风格。东西长 9.8 米，南北宽 9.2 米，占地面积 90 平方米。坐南朝北，台高 0.86 米，面宽三间，进深四椽，单檐硬山顶。檐下施雕花斗栱，梁、檩、枋皆施彩绘。台中门额彩绘人物故事画，门两侧有楹联及戏剧人物墨画。后门两侧有楹联、戏剧人物墨画。山墙墨绘“五虎征西”“三战吕布”故事壁画 12 平方米。原存清道光十三年（1833）碑及清乾隆十九年（1754）“相音宣和”木匾均已失。1992 年 12 月 1 日被永济县人民政府公布为县级文物保护单位。

永济龙行戏台

龙行戏台位于永济市栲栳镇龙行村中。创建年代不详，现存为清代建筑风格。坐南朝北，东西长 11.4 米，南北宽 10.1 米，占地面积 115 平方米。系原龙王庙遗存，另存清光绪十一年（1885）《龙王庙重修碑》一通。面宽三间，进深三椽，单檐硬山顶。台前侧出八字扇面墙，后檐墙辟三窗，西山墙角券小门，前砌台阶。檐下施装饰性雕花斗栱，两山墙施花卉、仙鹤、壁虎、飞燕造型的铁铆饰。

永济南梯娘娘庙戏台

南梯娘娘庙戏台位于永济市虞乡镇南梯村北。据梁脊板题记载，戏台创建于清道光三十年（1850），民国十四年（1925）重修。现存建筑为清代风格。坐南朝北，东西长 25.4 米，南北宽 8.25 米，占地面积 209.6 平方米。戏台台高 0.70 米，面宽三间，进深三椽，单檐悬山顶。檐下施装饰性雕花翼栱，梁、檩、柱、枋、山墙皆有彩绘。台中置隔扇，悬民国十四年（1925）“扬清激浊”木匾。台前侧出八字扇面墙，后门门匾楷书“怡神楼”。台西附耳房四间，为化妆室。

永济千户营戏台

千户营戏台位于永济市卿头镇千户营村东南隅。原为关帝庙建筑，大殿毁于兵燹，仅存戏台。据梁脊板题记载，戏台创建于清乾隆二年（1737），道光二十二年（1842）重修。东西长9.7米，南北宽9.3米，占地面积90平方米。坐南朝北，台高1.60米，面宽三间，进深四椽，单檐硬山顶。横梁置放在柱头上承接三架梁，柱石上刻有"同治十三年三月二十八日立"题记。梁、檩、枋皆施彩绘。檐下施装饰性雕花斗栱。台前侧出八字墙，台中置隔扇，左右砌门，后檐墙中辟门。戏台原建有东西耳房，现仅存东耳房。另存2007年《重修戏台碑》一通。1992年12月1日被永济县人民政府公布为县级文物保护单位。

永济仁里祖师庙戏台

仁里祖师庙戏台位于永济市虞乡镇仁里村北口。坐南朝北，东西长8.7米，南北宽8米，占地面积696平方米。据碑记载，庙创建于清乾隆十四年（1749），同治八年（1869）建戏台，文化大革命时期庙毁，2004年重修戏台。戏台石砌台基，高约1米，面宽三间，进深二椽，单檐悬山顶。檐下施装饰性雕花斗栱。梁、檩皆施彩绘。台前侧出八字墙，台后辟门，抗战时期添建前檐墙。

永济陶家窑戏台

陶家窑戏台位于永济市虞乡镇陶家窑村南1.5千米处。坐南朝北，南北长8.5米，东西宽8.3米，占地面积70.6平方米。据梁脊板题记载，戏台创建于清道光九年（1829）。戏台基座高1.70米，面宽三间，进深三椽，单檐悬山顶。台前侧出八字墙。檐下施装饰性雕

花斗栱。梁、檩、枋皆施彩绘。20世纪60年代曾用作大队库房。后檐墙墨书“维护集体利益光荣，损害集体利益可耻”“精收细打，颗粒归库”等宣传语，具有鲜明的时代特色。1992年12月1日被永济县人民政府公布为县级文物保护单位。

永济务农庄娘娘庙戏台

务农庄娘娘庙戏台位于永济市卿头镇务农庄村东南隅。坐南朝北，南北长8.1米，东西宽7.9米，占地面积63.99平方米。原庙建有戏台、正殿，现正殿毁，仅存戏台。戏台创建年代不详，为清代建筑。20世纪60年代局部维修。面宽三间，进深三椽，单檐硬山顶。中置隔扇，左右砌门，后檐墙中辟门。现中部隔扇已失，后门封堵。

永济西吴阎祖师庙戏台

西吴阎祖师庙戏台位于永济市虞乡镇吴阎村西吴阎自然村中。坐南朝北，南北长10.8米，东西宽9.4米，占地面积102平方米。原庙自南向北依次建有山门、戏台、献殿、正殿、道院，现仅存献殿遗址及戏台。据墙壁题记载，戏台创建于清宣统元年（1909）。面宽三间，进深三椽，单檐悬山顶。台前侧出八字墙，台中置隔扇。檐下施装饰性斗栱。梁、檩、柱皆施彩绘，梁头施泥塑兽头。内山墙墨绘“秦晋大战龙门山”“周幽王烽火戏诸侯”壁画，清代建筑风格明显。后檐墙有1976年6月3日墨绘的“坚决打倒牛鬼蛇神”画面，具有鲜明的历史印记。

永济永安真武庙戏台

永安真武庙戏台位于永济市虞乡镇永安村西北隅。创建年代不详，现存为清代遗构。坐北朝南，南北长 9.6 米，东西宽 9.6 米，占地面积 92.16 平方米。戏台条石台基，高 1.00 米，面宽三间，进深四椽，单檐悬山顶，五花山墙。台前侧出八字扇面墙，后门内壁墨书“歌舞宣楼”。檐下施龙头、象首昂斗栱。柁梁彩绘龙纹。墙壁彩绘四联屏图案。

芮城刘堡药王庙二连乐楼

刘堡药王庙二连乐楼位于芮城县陌南镇刘堡村中。坐南朝北，东西长 26 米，南北宽 43 米，占地面积约 1118 平方米。据梁架题记载，创建于清咸丰三年（1853）。庙内原有正殿、乐楼、山门等建筑，山门与乐楼合建，现仅存乐楼。乐楼台基高 1.68 米，由二座并列戏台组成，面宽六间，进深三椽，单檐硬山顶，六檩前廊式结构。前檐下施装饰性斗栱。檐枋上镂雕瑞兽、花卉图案。梁架彩绘云龙纹图案。庙内现存碑刻三通，碑文均漶漫不清，仅见一碑落款为“大清道光十三年（1853）十二月立石”字样。1984 年公布为县级文物保护单位。

芮城北曹庄关帝庙戏台

北曹庄关帝庙戏台位于芮城县东垆乡北曹庄村北侧。坐南朝北，东西长 9.59 米，南北宽 8.98 米，占地面积约 86 平方米。清代建筑，其梁脊板记载创建于清咸丰十一年（1861）。建于高 1.34 米的台基上，面宽三间，进深三椽，单檐硬山顶，四檩后廊式构架。前檐出八字墙，梁架上饰雕花驼峰，并绘云龙纹图案。东墙壁残存关公故事壁画，损毁严重。

芮城东焦戏台

东焦戏台位于芮城县阳城镇西任村东焦自然村中。坐西朝东，东西宽 9.4 米，南北长 11.05 米，占地面积约 103.87 平方米。创建年代不详，据形制判断为清代遗构。建于高 1.23 米的砖石台基上，面宽三间，进深三椽，单檐硬山顶，五檩后廊式构架。前檐下施装饰性斗栱。梁架上施雕花驼峰，台口出八字墙。当地村民为便于使用，将台口封堵，并在其上施门窗。

芮城东山底药王庙戏台

东山底药王庙戏台位于芮城县南卫乡山底村东山底自然村中小学内。坐北朝南，东西约 12 米，南北约 32.42 米，占地面积约 389 平方米。戏台虽于 1951 年重修，但主体仍为清代遗构。药王庙原有山门、戏台、献殿、正殿等，现仅存戏台一座。台基高 1.32 米，面宽三间，进深三椽，单檐硬山顶。前檐下饰云形耍头。台口出八字墙。前檐檩枋上绘水墨画并书有诗词，内容反映的是 20 世纪 50 年代初期土改运动时的社会生活画面。

芮城杜庄娘娘庙戏台

杜庄娘娘庙戏台位于芮城县阳城镇杜庄村中。坐南朝北，东西宽 18.64 米，南北长 27.28 米，占地面积约 508 平方米。据形制判断为清代建筑。娘娘庙原有大殿、戏台、山门，现仅存戏台。戏台建于高约 1 米的砖石台基上，面宽三间，进深三椽，单檐硬山顶，三檩无廊式构架。前檐下施装饰性斗栱。台口出八字墙。

芮城方家村戏台

方家村戏台位于芮城东垆乡方家村东南。坐南朝北，东西长 9 米，南北宽 7.81 米，占地面积约 70 平方米。始建年代不详，据形制判断为为清代建筑。戏台面宽三间，进深三椽，单檐硬山顶。前檐下饰龙形、象形耍头。通间雀替镂雕二龙戏珠和莲花图案。梁架上彩绘云、龙纹图案。两山墙绘壁画，现仅存东山墙壁画尚依稀可辨。

芮城风陵渡新村戏台

风陵渡新村戏台位于芮城县风陵渡镇西侯度村新村自然村原小学内。坐南朝北，台基高 1.45 米，东西长 12.55 米，南北宽 10.77 米，占地面积 135.16 平方米。创建年代不详，据形制判断为清代遗构。原位于永济县首阳乡独头村，1959 年迁移至此。戏台面宽三间，进深三椽，单檐硬山顶，七檩后廊式构架。前檐下施装饰性斗栱，梁架上施雕花驼峰，前檐插飞，前檐额枋上彩绘龙凤呈祥图案。台口出八字墙，其上雕饰花卉图案。2004 年当地村民捐资修缮。

芮城老庄关帝庙戏台

老庄关帝庙戏台位于芮城县南卫乡老庄村中小学内。坐南朝北，东西长 9.9 米，南北宽 9.05 米，占地面积约 90 平方米。清代建筑。建于高 1.85 米的台基上，面宽三间，进深三椽，单檐硬山顶，四檩后廊式构架。前后檐插飞，前檐饰龙形、象形耍头。东西梢间饰木雕麒麟、莲、牡丹花卉图案。前檐出八字墙。

芮城马窑后土庙戏台

马窑后土庙戏台位于芮城县西陌镇马窑村中。坐北朝南，东西约 14.53 米，南北约 8.3 米，占地面积约 120.6 平方米。据形制判断为清代建筑。建于高 1 米的台基上，面宽四间，进深三椽，单檐硬山顶，四檩后廊式构架。

芮城磨涧龙王庙戏台

磨涧龙王庙戏台位于芮城县大王镇磨涧村中。坐南朝北，东西长 8.98 米，南北宽 8.5 米，占地面积 76.33 平方米。据其梁脊板记载清雍正六年（1728）创建，嘉庆七年（1802）重修。戏台建于高 0.7 米的砖砌台基上。戏台面宽三间，进深三椽，四檩后廊式构架。梁架题记："乐楼重修前系大清雍正六年（1728），因历年伤颓，今於嘉庆七年（1802）岁在壬戌门廊重修，四月乙巳十三日癸丑卯时竖柱巳时上梁……"。梁架及檐檩上墨绘牡丹等花卉图案。前檐饰龙形、象形耍头。台口出八字墙，其上雕饰鹿、鹤、松、竹图案。2006 年公布为县级文物保护单位。

芮城平王大仙庙戏台

平王大仙庙戏台位于芮城县陌南镇平王村西沟内。坐南朝北，台基高 0.2 米，东西约 8.02 米，南北约 8.9 米，占地面积约 71.38 平方米。创建年代不详，据形制判断清代建筑为清代遗构。戏台面宽三间，进深三椽，单檐硬山顶，前带椽飞。前檐下施装饰性斗栱，檐檩上彩绘花卉图案。

芮城石湖后土庙戏台

石湖后土庙戏台位于芮城县西陌镇石湖村中。坐南朝北，东西长 17.88 米，南北宽 39.4 米，占地面积 704.47 平方米。创建年代不详，据形制判断为清代遗构。20 世纪 60 年代当地村民重修，1996 年当地村委会进行了维修。中轴线原有山门、戏台、献殿、正殿、寝殿等建筑，1996 年该村建学校时将其他建筑拆毁，仅存戏台。戏台面宽三间，进深三椽，单檐硬山顶，四檩后廊式构架，台口出八字墙。

芮城石湖窑三皇庙戏台

石湖窑三皇庙戏台位于芮城县西陌镇马窑村石湖窑自然村中的石湖沟东侧。坐西朝东，台基高 0.46 米，东西宽 7.25 米，南北长 8.7 米，占地面积 63.08 平方米。清代建筑。戏台原在村南三皇庙内，1954 年村民将其整体迁建于此。面宽三间，进深两椽，单檐硬山顶，三檩无廊式构架。前檐下设装饰性斗栱，梁架上饰雕花驼峰，并墨绘云龙纹图案。

芮城小池戏台

小池戏台位于芮城县大王镇小池村中。坐南朝北，东西 9.22 米，南北 9.83 米，占地面积约 90.63 平方米。据梁脊板记载清嘉庆十六年（1811）创建。戏台建于高 1.57 米的砖砌台基上，面宽三间，进深三椽，单檐硬山顶，四檩后廊式构架。梁脊板上题记：“维谨大清嘉庆十六年（1811）岁次八月创修，民国七年（1918）戊午菊月癸卯拾玖日卯时立柱午时上梁重修戏楼三间自盖之后，祈保合村人口平安六畜兴旺吉祥如意”。前檐下施装饰性斗栱，梁架上施雕花驼峰。台口出八字墙，其上雕饰瑞兽花卉图案。

芮城阳丰戏台

阳丰戏台位于芮城县阳城镇阳祖村阳丰自然村北侧。坐南朝北，东西 13.2 米，南北 10.8 米，占地面积约 142.5 平方米。据形制判断为清代遗构，1971 年由沟西村乔家庙迁建于此。戏台建于高 1.25 米的砖石砌台基上，戏台面宽三间，进深三椽，单檐硬山顶，四檩后廊式构架。前后檐均施装饰性斗栱。台口出八字墙，其上水泥抹刻毛泽东诗词：“虎踞龙盘今胜昔，天翻地覆慨而慷。”

芮城窑上戏台

窑上戏台位于芮城县陌南镇窑上村西北侧土崖之下。坐南朝北，东西长 8.84 米，南北宽 8.27 米，占地面积约 73 平方米。据前檐墙东侧石碑记载，戏台创建于清康熙二十四年（1685）。2008 年当地村民进行了重修。戏台面宽三间，进深三椽，单檐硬山顶，望板饰彩绘，用材粗犷。明间施装饰性斗栱两朵，两次间各一朵。台基墙体与大木构架保持清代风格，虽经重修古朴之风犹存。

芮城中庄药王庙戏台

中庄药王庙戏台位于芮城县南卫乡南卫新村中庄自然村中。坐南朝北，东西长 16.25 米，南北宽 39.16 米，占地面积约 636.35 平方米。据其梁脊板载创建于清道光年间。药王庙原有山门、正殿、献殿、戏台、东西厢房等，抗日战争时期正殿、献殿被日军拆毁，现仅存戏台一座。戏台面宽三间，进深三椽，单檐硬山顶，四檩后廊式构架。前檐通间花替镂雕瑞兽图案，梁架饰雕花驼峰。

临猗北畅戏台

北畅戏台位于临猗县耽子镇北畅村东南角。据形制判断为清代建筑。坐南向北。东西长 11.5 米，南北宽 10.4 米，建筑面积 119.6 平方米。面宽三间，进深三椽，单檐悬山顶，四檩后插廊式架构。明间稍宽，前檐有飞椽。台口出八字墙。额枋施斗栱。梁柱上有描金彩绘飞龙祥云图案。东、西山墙上有人物壁画。

临猗北里戏台

北里戏台位于临猗县北景乡北里村南部。原为关帝庙戏台，清代建筑风格。坐南向北，东西宽 8.26 米，南北长 9.72 米，建筑面积 80.5 平方米。面宽三间，进深三椽，单檐硬山顶。明间稍宽，有飞椽。额枋施装饰性斗栱，斗栱木雕花卉。横梁彩绘飞龙祥云，雀替木雕花卉。

临猗北岭庄戏台

北岭庄戏台位于临猗县阎家庄乡北岭庄村中部。创建于清咸丰元年（1851），1967 年重修。戏台东西宽 7.86 米，南北长 8.18 米，占地面积 64.3 平方米。面宽三间，进深三椽，单檐硬山顶，五檩无廊式结构，有飞椽。前檐施斗栱，斗栱下有垂莲柱及木雕花卉。后檐明间辟板门两扇（门已佚），两次间砌砖墙。戏台内三面墙壁有彩绘。

临猗曹家营戏台

曹家营戏台位于临猗县嵋阳镇曹家营村东北。据形制判断为清代建筑。戏台为原祖师庙内附属建筑，庙内原有大门、戏台、献殿、正殿，现仅存戏台。戏台建于高 1.5 米的台基上，坐南向北，东西长 11.6 米，南北宽 10.1 米，建筑面积 117.16 平方米。面宽三间，进深四椽，单檐硬山顶。五檩无廊式结构，前檐额枋装饰木雕镂空花卉，屋脊饰砖雕牡丹图案。后墙两次间开六边形窗。

临猗陈范戏台

陈范戏台位于临猗县嵋阳镇上朝村陈范自然村东部。创建年代不详，现存建筑主体结构为清代风格。戏台坐南向北，东西长 10.8 米，南北宽 9.6 米，建筑面积为 103.68 平方米。面宽三间，进深三椽，单檐硬山顶，三檩后插廊式结构。额枋施斗栱，斗栱木雕龙头及花卉，梁柱彩绘飞龙、祥云等图案。

临猗邸家营戏台

邸家营戏台位于临猗县嵋阳镇邸家营村东。据形制判断为清代建筑。该戏台为祖师庙附属建筑。戏台坐南向北，东西长 11.7 米，南北宽 9.5 米，建筑面积 111.15 平方米。戏台面宽三间，进深二椽，单檐硬山顶，三檩后廊式结构。额枋施斗栱，斗栱出龙头、花鸟耍头。墀头砖雕白菜、鹰兔搏图案及“寿”字纹。

临猗东贾戏台

东贾戏台位于临猗县耽子镇东贾村东北角东贾村学校内。据其梁脊板记载，创建于清嘉庆二十四年（1819）。为关帝庙附属建筑。原庙内沿中轴线建有戏台、献殿、正殿，现仅存戏台。戏台建于高 1.5 米台基上，坐南向北，东西宽 8.5 米，南北长 8.8 米，建筑面积 74.8 平方米。面宽三间，进深三椽，单檐硬山顶，四檩后插廊式结构。前檐有飞椽，额枋施装饰性斗栱，耍头雕龙头、象鼻及卷叶。1996 年被临猗县人民政府公布为县级文物保护单位。

临猗东将军屯戏台

东将军屯戏台位于临猗县卓里乡东将军屯村东。据形制判断为清代建筑，为原关帝庙内附属物。庙毁，仅存戏台。坐西向东，东西长 9.83 米，南北宽 7.82 米，建筑面积 76.8 平方米。戏台建于高 1.3 米的台基上，面宽三间，进深二椽，单檐硬山顶，三檩无廊式结构。前后皆有飞椽，前檐施斗栱，斗栱木雕花卉。后檐墙外部砖雕横匾“协天大帝”四字。

临猗后土营戏台

后土营戏台位于临猗县耽子镇后土营村东南部学校内。据村内《重修结义庙碑记》记载，创建于清嘉庆三年（1798），道光二十七年（1817）修葺。戏台坐南朝北，东西长 10.2 米，南北宽 8.9 米，建筑面积 90.78 平方米。面宽三间，进深三椽，单檐硬山顶，四檩后廊式结构。额枋斗栱耍头出象鼻、龙头。前檐有木雕龙凤及花卉图案。存《重修结义庙碑记》一通。碑青石质，残高 1.3 米，宽 0.8 米，厚 0.14 米。碑文记述了戏台重修的缘由及经过。后土营戏台 1996 年被临猗县人民政府公布为县级文物保护单位。

临猗令助关帝庙戏台

令助关帝庙戏台位于临猗县七级镇令助村中部。据梁脊板记载，创建于顺治二年（1645），乾隆二年（1737）重修，为原关帝庙戏台。庙毁，仅存戏台一座。戏台坐南向北，东西长 10.6 米，南北宽 10 米，建筑面积 106 平方米。面宽三间，进深四椽，单檐硬山顶，前后皆有飞椽，屋脊砖雕镂空花卉瑞兽。大梁上驼峰呈牡丹花形状。

临猗南佃戏台

南佃村戏台位于临猗县阎家庄乡南佃村南部。据梁脊板记载，创建于清嘉庆二十四年（1819）。坐南向北，东西长 8.58 米，南北宽 7.86 米，建筑面积 67.4 平方米。戏台建于高 1 米的台基上，面宽三间，进深三椽，单檐硬山顶，四檩后插廊式结构。额枋施装饰性斗栱，斗栱木雕花卉。墀头砖雕花瓶、月季、棋盘、方桌等。

临猗南家庄戏台

南家庄戏台位于临猗县猗氏镇南家庄村中。据形制判断为清代建筑。为原关帝庙内附属建筑，坐南向北，东西长 10 米，南北宽 7.9 米，建筑面积 79 平方米。面宽三间，进深四椽，单檐硬山顶，五檩无廊式结构。额枋施装饰性斗栱，梁柱彩绘飞龙祥云等图案。

临猗婆儿庄戏台

婆儿庄戏台位于临猗县北辛乡婆儿庄村东南部。据其梁脊板记载，创建于清光绪三十三年（1907）二月初十。坐南向北，东西长9.96米，南北宽7.81米，建筑面积77.78平方米。戏台面宽三间，进深三椽，单檐悬山顶，三檩无廊式结构，前檐施斗拱，阑额木雕花卉。

临猗屈村戏台

屈村戏台位于临猗县孙吉镇屈村北部。创建于清代，民国时期重修。原为娘娘庙附属建筑，娘娘庙已毁，现仅存戏台。戏台坐南向北，东西宽7.98米，南北长8.11米，建筑面积64.72平方米。面宽三间，进深三椽，单檐悬山顶，前檐有飞椽，额枋施斗拱。明间稍宽，东西两侧有耳房。

临猗渠下戏台

渠下戏台位于临猗县庙上乡西渠下村中南部。据梁脊板记载，创建于清道光二年（1822）。2004年重修。坐北向南，东西宽9.8米，南北长11.1米，占地面积108.78平方米。面宽三间，进深四椽，单檐硬山顶，五檩无廊式结构。方形飞椽，檐下斗拱饰木雕花卉，梁柱彩绘飞龙祥云。戏台明间背面辟后门，东、西两侧各建偏房一间。后门石门墩雕麒麟、牡丹等图案。

临猗王上戏台

王上戏台位于临猗县庙上乡王上村东北角。创建年代不详，据梁脊板记载，清康熙五十五年（1716）重修，清道光十二年（1832）改建。戏台坐南向北，东西长 12.8 米，南北宽 10.3 米，建筑面积 131.84 平方米。面宽三间，进深三椽，单檐硬山顶。三架梁，后插廊，饰雕花合沓，方形飞椽。前檐施装饰性斗栱，通檐用四柱，明间稍宽。东、西两侧辟门，南面辟中门，后檐下有廊柱。额枋施斗栱，斗栱木雕花卉。两侧石门墩雕刻牡丹等花卉图案。

临猗王肖戏台

王肖戏台位于临猗县七级镇王肖村东南部。原为关帝庙建筑，庙毁，仅存戏台，为清代建筑风格。戏台坐南向北，东西宽 9.4 米，南北长 9.8 米，建筑面积 92.1 平方米。面宽三间，进深四椽，单檐硬山顶，明间稍宽。斗栱出象鼻、龙头耍头，柱头彩绘虎头，前檐雕麒麟牡丹。

临猗武村戏台

武村戏台位于临猗县卓里乡武村中部。据形制判断为清代建筑。坐南向北，东西长 9.9 米，南北宽 8.15 米，建筑面积 80.7 平方米。戏台建于 1.5 米高台基上，面宽三间，进深二椽，明间稍宽，单檐硬山顶，三檩无廊式结构，前檐施飞椽。额枋施装饰性斗栱，斗栱木雕花卉。梁架彩绘飞龙祥云图案。

临猗西祁戏台

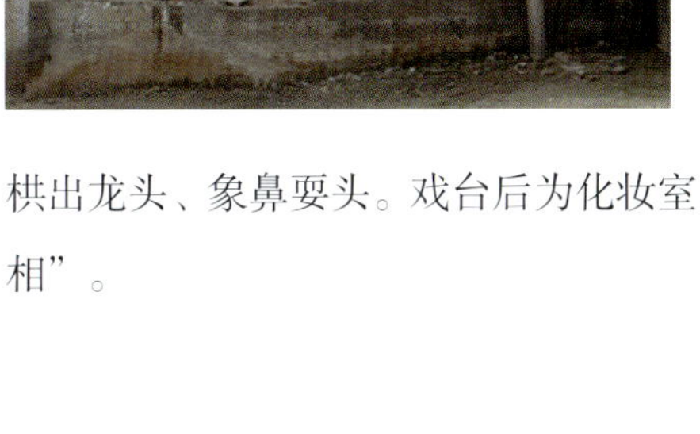

西祁戏台位于临猗县嵋阳镇西祁村南。据形制判断为清代建筑。戏台为原关帝庙内附属建筑。坐南向北，东西长 9.3 米，南北宽 10.8 米，建筑面积 100.44 平方米。面宽三间，进深三椽，单檐硬山顶，三檩后廊式结构。额枋施斗栱，斗栱出龙头、象鼻耍头。戏台后为化妆室，东西两边设上、下场门，分别楷书“出将”“入相”。

临猗嶷坡戏台

嶷坡戏台位于临猗县北辛乡泥坡村南部村委会院内。据形制判断为清代建筑。戏台建于高 1 米台基上，坐南向北，东西长 9.7 米，南北宽 8.65 米，建筑面积 84 平方米。面宽三间，进深四椽，明间稍宽，单檐悬山顶，五檩无廊式结构，有飞椽。前檐施装饰性斗栱，明间后檐墙开窗。前檐两侧山墙砖雕莲花牡丹瓶图案。

临猗义安庄戏台

义安庄戏台位于临猗县北景乡北里村义安庄自然村东南部。据梁脊板记载，创建于光绪八年（1882）。坐南向北，东西长 9.7 米，南北宽 9.12 米，建筑面积 88.47 平方米。面宽三间，进深三椽，单檐悬山顶。明间稍宽，梁架上彩绘飞龙祥云。

万荣后土庙品字戏台

万荣后土庙品字戏台在万荣县西南 40 千米的荣河镇庙前村。后土庙本为祭祀大禹的神庙，以其“能平九土，故祀以为社”，尊为后土。唐代以后，民间误将“后”当作女性，谬作后土娘娘，以为求子祈福之神。今人又创造性地当女娲来供奉，已失原始信仰本意。后土祠创建年代已不可考，据当地多次出土殷商时期青铜器，可知后土崇拜历史之悠久。文献记载汉代的文帝、武帝多次到此祭祀。唐、宋、元、明历代重修。明万历年间和清康熙年间两次重建。现存庙宇是清同治九年（1870 年）另择高地所重建。

后土庙坐北朝南，平面呈南北长的矩形，中轴线建筑有庙门、戏台、献殿、享亭、圣母殿、秋风楼，两侧有东、西五虎殿、碑亭等，占地面积约 1.8 万平方米。

后土庙品字戏台共三座，成品字形排列。前两座并列，均为单檐硬山顶，各三间，台基高约 1.5 米，台阔 8.05 米，明间宽 4.55 米。进深四椽 6.9 米。两侧均有八字音壁。东西两间台相距 2.4 米。东台俗称“道家台”，上、下场门额书“镜花”“水月”。前檐明间柱悬楹联曰：“前缓声，后缓声，善哉歌也；大垂手，小垂手，轩乎舞之。”西台俗称“佛家台”，上、下场门额书“古往”“今来”。前檐明间悬楹联曰：“世事总归空，何必以空为实事；人情都是戏，不妨将戏做真情。”传为清末荣河县令戴儒珍所书。

两座戏台后为山门戏台一座。山门面阔三间，9.9 米，其中明间宽 4.55 米。明间柱

万荣庙前后土庙并列戏台

万荣庙前后土庙并列戏台梁架

前各有一根石柱，柱头纵向槽口，后金柱和山墙内壁也凿有槽口，庙会时期插上木枋即可铺成戏台。台高约 1.5 米，通进深约 10 米，前台深 4.7 米。平柱楹联曰：“游哉悠哉，头上生旦净丑；演也艳也，脚下士农工商。”指台下走人台上唱戏的山门特色。旧时每年三月十八日为后土圣诞，三台同时演戏，热闹非凡。相传东台蒲州梆子，西台秦腔，山门台河南梆子，三台竞相精彩，观众川流涌动，为一方之胜。

万荣北仁戏台

北仁戏台位于万荣县西村乡北仁村委会院内。坐南面北，占地面积100.58平方米。创建年代不详，据形制判断为清代所建。1956年从西村迁建于此。戏台面宽三间，进深三椽，单檐硬山顶，三架梁前搭牵，两边梁上饰有各种木雕构件。明间有斗栱一攒，屋面为灰布瓦覆盖，屋脊为近代修缮时所置。该戏台使用减柱和移住做法，充分满足演出的需要。柱下有石鼓形柱础，柱础上有多种浅浮雕图案，精美细致。

万荣北辛戏台

北辛戏台位于万荣县荣河镇北辛村旧村内。坐南面北，占地面积81.18平方米。创建年代不详，现存形制具有明显的清末戏台特征。面宽三间，进深四椽，三架梁后搭牵。前坡施槽檩一道，梁上槽檩棁柱施浮雕驼峰。硬山式屋顶。前檐施大额枋承托大梁，平柱外移，扩大明间台口空间，平柱柱头有欹刹。柱头补间均施装饰性斗栱。大梁明间后柱装修施隔扇门，分为前后台，隔扇已佚。北辛在清末仅百余口人，村中尚有此戏台一座。

万荣东畅过路戏台

东畅过路戏台位于万荣县南张乡东畅村中部。坐南面北，东西8.7米，南北7.3米，占地面积63.51平方米。创建年代不详，据形制判断为清代遗构。戏台面宽三间，进深两椽，单檐硬山顶。梁架结构简单，前檐明间、柱头均施装饰性斗栱。台基高1.4米，中部辟作通道，南北贯通。

万荣东畅戏台

东畅戏台位于万荣县通化镇东畅村学校北侧。坐北朝南，东西长 9.8 米，南北宽 9.11 米，占地面积 89.28 平方米。据其梁脊板题记载戏台创建于清咸丰六年（1856）。面宽三间，进深四椽，平板枋上施斗栱象鼻龙首昂，昂嘴附有多种雕饰。檐下施瓜形垂柱，栱眼彩绘戏剧脸谱。台中用隔扇分为前后台，额书“抑恶彰善”。东西山墙壁画模糊不清。台外新建一台与旧台连接。

万荣东杨李戏台

东杨李戏台位于万荣县汉薛镇东杨李村西巷。坐南朝北，占地面积 77.46 平方米。创建年代不详，据形制判断为清代所建。戏台原属土地庙建筑，近年庙已被拆毁。戏台面宽三间，进深三椽，单檐硬山顶，三架梁前搭牵。明、次间前檐下均施装饰性斗栱。屋顶施灰陶雕花筒脊，前檐后加封墙。台内两侧山墙上原有壁画，现大部已毁。台基高 1.2 米，柱础为莲花覆盆式。

万荣范村戏台

范村戏台位于万荣县南张乡范村中心广场西侧。坐南朝北，占地面积92.36平方米。据梁脊板题记载，创建于乾隆年间（1736——1795），道光年间（1821——1850）重修。戏台面宽三间，进深四椽，单檐硬山顶，额枋雕刻华丽。1972年曾进行修缮，并在台前新建一台与旧台连接。前、后台隔门门额上书“推陈”“出新”。

万荣胡村戏台

胡村戏台位于万荣县皇甫乡胡村东部。戏台坐南向北，占地面积48.23平方米。据其梁架题记载，创建于乾隆十九年（1754），嘉庆十五年（1810）、民国二十二年（1933）两次重修。面宽三间，进深三椽，两椽栿，后搭牵。通檐用三根柱，砖包墙。单檐硬山顶，斗栱简单。戏台前的门为后搭。20世纪60年代四清宣传队仍在使用此戏台，现堆放杂物。

万荣罗池戏台

罗池戏台位于万荣县光华乡罗池村小学内。戏台坐南朝北，台基高0.92米，东西长8.72米，南北宽7.4米，占地面积约64.53平方米。据戏台梁上题记记载，戏台建于光绪十四年（1888）。戏台面宽三间，进深三椽，单檐悬山顶，额枋上木雕双龙、莲花。

万荣庙后村戏台

庙后村戏台位于万荣县万泉乡庙后村中部。坐南朝北，占地面积78.97平方米。据梁架题记载建于清咸丰九年（1859）。面宽三间，进深三椽，硬山顶，台基高1.5米。外檐墙有精美的砖雕，后墙砖砌。前檐平柱，下层柱础雕石狮，上置石鼓，现前檐已筑成围墙。戏台脊檩上有“大清咸丰九年（1859）”墨书题记。

万荣南池庙戏台

南池庙戏台位于万荣县荣河镇南池庙村西部。戏台坐南朝北，占地面积112.38平方米。创建年代不详，据形制判断为清代遗构。其梁架题记载1951年曾重修。面宽三间，进深四椽，单檐悬山顶。前檐施大额枋于明柱上三节相接。额枋上施斗栱，平身科皆一攒，明间平身科出45°斜昂。三踩单昂，龙形、卷叶、象鼻三种耍头，造型别致。戏台保存较差，屋顶脊瓦脱落严重。戏台正墙书有“锻炼身体、保卫祖国”八个大字。

万荣南文戏台

南文戏台位于万荣县汉薛镇南文村南广场西侧。坐西向东，南北长9.8米，东西宽8米，占地面积78.4平方米。创建年代不详，据形制判断为清代建筑。戏台面宽三间，进深三椽，单檐硬山顶。三架梁后搭牵。额枋、板枋有浮雕花饰，无斗栱。屋面布灰板瓦，灰陶筒脊，房脊饰为缠枝花纹与寿字纹。

万荣乔村戏台

乔村戏台位于万荣县光华乡乔村村委会院中。戏台坐南朝北，东西长 9.34 米，南北宽 8.89 米，占地面积约 83.84 平方米。据其梁脊板题记记载，建于清道光十四年（1834），光绪三十二年（1906）重修。戏台前原有娘娘庙，现已毁。戏台面宽三间，进深三椽，单檐硬山顶，三架梁后搭牵。梁上题记为“大清道光十四年（1834）合村创建歌舞楼一座伏祈告竣之后吉祥如意”“大清光绪三十二年（1906）重修歌舞楼一座伏愿告竣之后永保合村平安”。前檐施三踩斗栱，明间平身科斗栱上有虎形雕饰，台口设有砖雕影壁。阑额上饰木雕双龙、缠枝牡丹、祥云蝙蝠、彩绘人物故事图案，部分彩绘剥落严重。平板枋雕饰祥云、天马、水波纹。戏台后墙外侧镶嵌琉璃麒麟送子图。

万荣荣河吕祖庙戏台

荣河吕祖庙戏台位于万荣县荣河镇荣河村东北隅。坐南朝北，占地面积 83 平方米。据形制判断为清代遗构。现庙已毁，仅存戏台。面宽三间，进深四椽，三架梁后搭牵，单檐硬山顶。前檐施石柱两根，额枋雕刻华丽，雕有牡丹、花鸟、仙人等图案，额枋上装饰斗栱。斗栱、平板枋、栏额枋、滚木等皆饰雕刻。台口两侧设有音壁，分别雕松虎、云龙图案。

万荣孙家庄戏台

孙家庄戏台位于万荣县贾村乡孙家庄村。戏台坐北朝南，东西长 8.7 米，南北宽 7.5 米，占地面积约 65.25 平方米。创建年代不详，依形制判断为清代建筑。戏台面宽三间，进深三椽，单檐悬山顶。檐下三踩单昂斗栱，额枋雕刻华丽。台内东、西两廊壁分别绘有白虎、青龙壁画。

万荣太和戏台

太和戏台位于万荣县裴庄乡太和村学校内。坐东面西，东西长 17.56 米，南北宽 8.4 米，占地面积 147.51 平方米。据梁脊板题记载，创建于清咸丰元年（1851）。戏台面宽三间，进深五椽，单檐悬山顶，五架梁后搭牵。正中脊檩题记："大清咸丰元年(1851)岁次辛亥丙申月丁亥日壬辰时主木人癸酉相创建戏楼三间戏房二间"。前檐下饰斗栱七攒，前出八字廊壁。戏台分前后台，两侧另有戏房各一间，呈阁楼式，与戏台连为一体。

万荣西范戏台

西范戏台位于万荣县裴庄乡西范村西北隅。坐东面西，坐落于高 1.6 米的台基上。东西长 8.67 米，南北宽 6.95 米，占地面积 60.26 平方米。创建年代不详，据形制判断为清代建筑。戏台面宽三间，进深三椽，单檐硬山式，三架梁前单步梁。东西山墙上有戏曲故事壁画，面积约 10 平方米。前檐下饰有龙头形、象鼻形斗栱。栏额枋处饰有浅浮雕"双凤朝阳"。

万荣西贾戏台

西贾戏台位于万荣县解店镇西贾村中。坐南朝北，占地面积66.09平方米。创建年代不详，据形制判断为清代所建。戏台面宽三间，进深三椽，单檐硬山顶，三架梁后搭牵，通深用三柱。前台用于表演，后台用用于演员化妆和休息.戏台两侧为两个砖雕廊壁，各间均有雀替雕刻，青石柱础雕刻细腻大方。

万荣西苏冯戏台

西苏冯戏台位于万荣县南张乡西苏冯村中心广场北侧。坐北面南，占地面积56.17平方米。据形制判断为清代遗构。面宽三间，进深两椽，硬山顶。木雕驼峰承接脊檩，前檐施通长大额枋承托大梁。额枋下平柱外移，扩大明间台口空间。明间、次间栏额枋皆浮雕富贵博古、缠枝花草等吉祥图案。明间、次间均施装饰性补间斗栱，柱头施砍刹。前檐柱础皆方础石鼓式，圆雕小狮子生动活泼，石鼓平雕花草华丽大方。

万荣西孝原戏台

西孝原戏台位于万荣县通化镇西孝原村学校内。坐南朝北，占地面积98.9平方米。据形制判断为清代遗构。面宽三间，进深四椽，大梁施驼峰。梁脊板有大明嘉靖三十五年(1556)题记。硬山顶，平柱方形，方形石柱础四角雕有小蹲狮。前檐梁下明间施平身科斗栱一朵，斜栱多雕饰。原戏台前部近年新建一台与旧台相接，据其梁脊板题记为1959年戏台从村东原关帝庙旧址整体搬迁于此。

万荣西效和戏台

西效和戏台位于万荣县裴庄乡西效和村南部。坐南向北，砖砌台基，台基高 1.7 米，东西宽 7.77 米，南北长 8.37 米，占地面积约 65 平方米。据梁架题记载，戏台创建于清乾隆年间，重建于道光年间。戏台面宽三间，进深四椽，单檐硬山顶。檐檩下分别饰有龙头象首木雕饰件，额枋饰有浮雕“二龙戏珠”及梅、兰、竹、菊、牡丹、荷花等花卉图案。后台立柱原题有楹联，现字迹模糊不清。

万荣兴王庄戏台

兴王庄戏台位于万荣县王显乡兴王庄村东部。坐南朝北，台高 1.75 米，占地面积 74.72 平方米。创建年代不详，据形制判断为清代建筑。1979 年曾进行翻修。戏台面宽三间，进深四椽，单檐硬山顶。二架梁，大梁上彩绘龙图案。前檐檩与普拍枋之间有柱头斗栱，平身科六攒，施彩绘。鼓式雕动物花卉石柱础。其梁架题记“兴王大队全体干群于 1979 年□月一日□□于□三月□□”。戏台东、西、南三面为土墙，东西两墙后部各开一侧门。

万荣薛李村戏台

薛李村戏台位于万荣县南张乡薛李村。坐西向东，占地面积 59.68 平方米。据其梁架题记，创建于清康熙六十一年（1722），重修于清咸丰八年（1858）。戏台面宽三间，进深三椽，硬山顶。额枋下木雕花卉图案，左右廊壁为砖雕狮子绣球。梁架正中悬挂“春秋笔法”横匾。

万荣杨蓬后土庙戏台

杨蓬后土庙戏台位于万荣县光华乡杨蓬村学校内。坐南朝北，东西长9.74米，南北宽7.69米，占地面积74.91平方米。清咸丰四年（1854）建。戏台面宽三间，进深三椽，单檐悬山顶，后搭牵。木雕龙形雀替。后金柱柱础为方形覆莲，为早期柱础式样，与建筑及柱子非同一时代。后门额上有行书“古今奇观”匾额，并有“大清咸丰四年（1854）六月”题款。戏台前扩建有现代舞台。

万荣张李冯村戏台

张李冯村戏台位于万荣县贾村乡张李冯村的中部。戏台坐南朝北，台基高1.1米上，宽9.7米，深7.6米，占地面积66.57平方米。据梁脊板题记载，创建于清康熙三十七年（1698），乾隆六年（1741）、乾隆四十六年（1781）、道光十九年（1839）曾重修。戏台面宽三间，进深三椽，单檐悬山顶，三架梁后搭牵。前檐有四根方形檐柱，檐下设雕花装饰性斗栱，额枋浮雕花草、二龙戏珠。戏台分前、后台，前后台隔板上有“春秋笔法”行书大字牌匾和人物彩绘。脊板上有“大清康熙三十七年（1698）合村创建戏楼三间，至乾隆六年（1741）重修，至乾隆四十六年（1781）又重修，至道光十九年（1839）岁次……又重修……”题记。

万荣张瓮李家村戏台

张瓮李家村戏台位于万荣县南张乡张瓮李家村中部。坐南朝北，占地面积53.64平方米。据戏台内墙上的碑碣记载，创建于清嘉庆三年（1798）。戏台坐南面北，南北7.2米，东西7.5米，占地面积53.64平方米。面宽三间，进深三椽，三架梁后搭牵。通檐用三柱，单檐硬山顶。前檐现被人用砖砌墙，墙面上有文化大革命时期的标语和宣传画。内墙嵌碑碣一通。

万荣周王村戏台

周王村戏台位于万荣县荣河镇周王村中心村委会院内。坐南朝北，占地面积76.84平方米。创建年代不详，据形制判断应为清代遗构。其梁脊板载为民国二十九年（1940）重修。面宽三间，进深四椽，单檐悬山顶，分前后台。为扩大台口活动面积，明间两平柱向外位移。檐下施有斗栱，三踩单翘形制。明间正中平身科施45°斜栱，分别出龙形耍头和麻叶、象鼻形耍头。大梁出头成麻叶形，稍间平身科出变形龙形耍头。内转斗栱为三踩单翘，麻叶形耍头。四架椽屋三椽栿后对搭牵用三柱。三椽栿上绘黑白游龙图案。左右山墙内侧绘有人物故事壁画，东侧已毁，西侧模糊稍能辨认。

闻喜东宋戏台

东宋戏台位于闻喜县桐城镇东宋村中。据梁记创建于清道光二年（1822）。坐北朝南，占地面积92.5平方米。砖砌台基高1.4米。面阔三间，进深四椽，硬山顶，檐下施单浮云耍头。戏台中间原有过路通道，现已填平。1995年8月18日，东宋戏台被闻喜县人民政府公布为第一批县级文物保护单位。

闻喜东赵戏台

东赵戏台位于闻喜县礼元镇东赵村中。始建年代不详，现存建筑为清代遗构。东西长12.1米，南北宽8.1米，占地面积97.2平方米。坐北朝南。砖砌台基高1.25米，面阔三间，进深二椽，卷棚顶。前檐每间设平身科，额枋下饰有雕刻精细的浮雕木刻花板。左右八字墙嵌有松、竹、鹤、鹿题材的砖雕。山墙左右各建有一间化妆室，东侧一间已不存。

闻喜堆后堡戏台

堆后堡戏台位于闻喜县郭家庄镇堆后村堆后堡自然村南部。始建年代不详，清咸丰四年（1854）改建。东西长 10.5 米，南北宽 7.6 米，占地面积 79.8 平方米。坐南朝北，方向南偏西 45°。戏台建在高 1.34 米的砖砌台基上，四周条石压沿。面阔三间，进深四椽，悬山顶。

闻喜关村戏台

关村戏台位于闻喜县畖底镇关村村中。始建年代不详，现存建筑主体结构为清代。东西长 10.9 米，南北宽 8.3 米，占地面积 90.5 平方米。坐南朝北。砖砌台基高 1.5 米，四周石条压沿。面阔三间，进深四椽，硬山顶。五架梁。

闻喜蒿峪戏台

蒿峪戏台位于闻喜县郭家庄镇蒿峪村老村中。创建于清道光三年（1823）。东西长 9.56 米，南北宽 8.4 米，占地面积 80.3 平方米。坐南朝北，方向南偏东 45°。戏台建在高约 1.2 米的石砌台基上，面阔三间，进深三椽，悬山顶。前施插廊一椽。

闻喜郝壁戏台

郝壁戏台位于闻喜县薛店镇郝壁村中。始建年代不详，据其梁题记载为清同治五年(1866)重建。南北长9.35米，东西宽7.25米，占地面积67.7平方米。坐东朝西，方向东偏北30°。砖砌台基高1.3米，面阔三间，进深二椽，硬山顶。檐枋下饰浮雕木刻花板。

闻喜龙头堡戏台

龙头堡戏台位于闻喜县礼元镇龙头堡村中。始建年代不详，现存建筑为清代遗构。东西长9.45米，南北宽7.7米，占地面积72.8平方米。坐北朝南。砖砌台基高0.9米，面阔三间，进深三椽，悬山顶。前檐设柱头科、平身科，通枋下饰浮雕木刻花板，后檐设插廊。

闻喜任村戏台

任村戏台位于闻喜县桐城镇任村村中。创建年代不详，据梁记为清光绪十五年(1889)改建。东西长10.2米，南北宽8.6米，占地面积87.7平方米。坐北朝南，方向北偏西45°。砖砌台基高1.4米，面阔三间，进深三椽，悬山顶。四檩后廊式构架，前檐每间施平身科，额枋下雕饰缠枝花。

闻喜孙村戏台

孙村戏台位于闻喜县河底镇孙村学校内。据其梁记载，创建于清道光十五年（1835）。南北长 9.45 米，东西宽 8.3 米，占地面积 78.4 平方米。坐西朝东，方向西偏北 45° 。砖砌台基高约 1.25 米，面阔三间，进深三椽，悬山顶。前施插廊一椽。正面檐下施柱头科、平身科。台口檐枋下饰有木刻花板。左右山墙彩绘壁画大半漫漶。

闻喜西村戏台

西村戏台位于闻喜县礼元镇西村学校内。始建年代不详，清嘉庆二十一年（1816）改建，1976 年重修。南北长 9.05 米，东西宽 8.38 米，占地面积 75.8 平方米。坐西朝东。砖砌台基高 0.65 米，面阔三间，进深四椽，悬山顶。前檐每间设平身科，正面平梁上饰浮雕木刻花板。台后嵌木板隔扇，门额题刻“从物观代”四字。

闻喜西郭戏台

西郭戏台位于闻喜县河底镇西郭村中。据梁记清康熙五十年（1711）创建，乾隆二年（1737）重修，1964 年又重修。东西长 7.1 米，南北宽 7.9 米，占地面积 56 平方米。坐南朝北，方向南偏西 25° 。砖砌台基高约 0.7 米，面阔三间，进深二椽，四柱卷棚顶。前后檐均设插廊。前檐额枋上使柱头科、平身科，檐枋下饰有垂柱和精美的浮雕木刻。梁架施彩绘。正面墙壁绘有龙翔云天题材的彩色壁画，壁画宽 2.3 米、高 2.5 米。

闻喜下丁戏台

下丁戏台位于闻喜县神柏乡下丁村中。创建年代不详，现存建筑主体结构为清代，1951 年迁建于此。东西长 10.8 米，南北宽 9.25 米，占地面积 100 平方米。坐南朝北，砖砌台基高 1 米，面阔三间，进深二间，悬山顶。前檐一间施穿插枋。檐下设柱头科、平身科，额枋下饰有精美的木刻花板。

闻喜下周关帝庙戏台

下周关帝庙戏台位于闻喜县神柏乡下周村中。创建年代不详，据其梁记载为清道光九年(1829)重修。坐南朝北，方向北偏东 45° 。占地面积 58.5 平方米。中轴线上原建有关帝殿和戏台，现仅存戏台。砖砌台基高约 0.8 米，面阔三间，进深四椽，硬山顶。梁架施彩绘。左右八字墙嵌有砖雕。

闻喜新仪张戏台

新仪张戏台位于闻喜县桐城镇新仪张村中。据其梁记载创建于清道光三年（ 1823 ），1972 年重修。东西长 8.95 米，南北宽 6.4 米，占地面积 57.3 平方米。坐南朝北，方向南偏东 45° 。砖砌台基高 1.65 米，面阔三间，进深三椽，悬山顶。四檩前廊式构架，前檐每间施平身科。

闻喜庄尔头戏台

庄尔头戏台位于闻喜县河底镇庄尔头村中。据其梁记载创建于清雍正十三年(1735)。东西面阔 8.75 米，南北进深 10.1 米，占地面积 88.4 平方米。坐南朝北，方向南偏西 45°。砖砌台基高约 0.8 米，台基前沿经后世改造为弧形。戏台面阔三间，进深二椽，悬山顶。前设插廊，檐枋下饰有精美的木雕。

夏县冯村关帝庙戏台

冯村关帝庙戏台位于夏县胡张乡冯村中部。坐北朝南，东西长 9.14 米，南北宽 6.08 米，占地面积 56 平方米。创建年代不详，据其梁脊板题记载清道光七年(1827)重建。戏台坐落于高 1.3 米的砖砌台基上，面宽三间，进深四椽，单檐硬山顶。无斗栱之制，中间额枋上设花墩，边间设花墩及雕花通替。砖砌博风，灰陶脊，筒瓦剪边。另在公路边有一通重建关帝庙碑，原有两通左右相连，此为左部分。碑青石质，方形，通高 1.61 米，宽 0.65 米，厚 0.17 米。首题“关帝庙重建享亭看亭乐楼大门及移建马王殿碑记”，碑文楷书，11 行，满行 46 字，郭仰泰撰文并书丹。

夏县解村戏台

解村戏台位于夏县瑶峰镇解村西南部。坐南向北，东西长 10 米，南北宽 7.4 米，占地面积 74 平方米。始建年代不详，现存为清代建筑，其梁架题记有“宣统二年（1910）”字样。戏台面宽三间，进深四椽，单檐硬山顶。侧出八字墙，墙面有墨绘人物壁画。

夏县毛家埝戏台

毛家埝戏台位于夏县裴介镇毛家埝村西南部小学校内。坐南朝北，台基为砖石结构，高 1.2 米，东西长 9.07 米，南北宽 7.71 米，占地面积为 70 平方米。始建年代不详，据其梁脊板题记载于清道光二十五年（1845）重建。戏台面宽三间，进深三椽，单檐硬山顶。柱头座斗之上设花墩，柱、檩、梁、枋遍饰彩绘，屋面布灰板瓦。

绛县范村将军庙戏台

戏台坐南朝北，砖砌台基，石条压沿。宽 11.58 米，深 7 米，高 1.5 米。面宽三间，进深四椽，单檐卷棚悬山顶，七檩卷棚前出廊式构架。明间前檐立断面为正方形石柱 2 根，上书对联，阑额、雀替、柱头科和平身科均木雕花饰。前檐已改制，每间用土墙隔开。

绛县东官庄戏台

东官庄戏台位于绛县磨里镇东官庄西部。坐南朝北，占地面积80平方米，始建年代不详，其梁记模糊不清，据建筑风格和村民对梁脊板的回忆，为清代建筑。台基石砌，宽10.53米，深6.85米，高0.9米，面宽三间，进深四椽，单檐悬山顶，五檩无廊式构架。侧出八字墙，柱头无斗栱，平身科雕花。戏台前檐柱石质，上刻对联和捐赠人姓名。

绛县柳庄戏台

柳庄戏台位于绛县横水镇柳庄村西部。坐南向北，占地面积95平方米。始建年代不详，据其梁脊板题记载，现存建筑为清同治四年（1865）年重建。戏台建在柳庄姜嫄圣母庙内，现庙内其他建筑均被毁，仅存戏台1座。戏台石砌台基，宽9.6米，深7.9米，高1.2米。面宽三间，进深三椽，单檐悬山顶，梁架结构为三架椽屋二椽栿对后乳栿用二柱。脊檩下用通柱，前檐有飞椽，平身科雕花斗栱。侧出八字墙，阑额木雕花卉。

绛县垣上门戏台

垣上门戏台位于绛县大交镇续鲁峪村垣上门自然村南100米的沟凹处。坐南向北，占地面积约68平方米。始建年代不详，现存建筑为清代风格。台基宽8.7米，深7.8米，高1.6米。侧出八字墙，面宽三间，进深三椽。单檐悬山顶，梁架结构为五檩无廊式，三架梁上立脊瓜柱、叉手，并施丁华抹亥栱。鼓镜式柱础。平身科施龙头和象鼻昂。阑额、平身科、檐檩施以彩绘。

绛县周家庄戏台

周家庄戏台位于绛县横水镇周家庄村东南，村小学西侧。坐南朝北，东西 11 米，南北 10 米，占地面积 110 平方米。创建年代不详，据其梁脊板题记载，现存建筑为道光九年（1829）重建。戏台砖石台基，宽 10 米，深 10.6 米，前檐高 1.2 米，后檐高 2.5 米。面宽三间，进深三椽，侧出八字墙，单檐悬山顶。梁架为四檩前出廊结构，明间宽 4.65 米，次间宽 2.25 米。戏台中间置一道砖木结构隔断，分出戏台前后台，中间施侧八字落地木隔断，木隔断上施彩绘图案。柱网分布较为独特，庙内存有咸丰三年（1853）布施碑一通。

平陆长兴戏台

长兴戏台位于平陆县曹川镇寺头村长兴自然村内。坐南面北，占地面积 59.5 平方米。创建年代不详，现存建筑为清代风格。面宽三间，进深四椽，六檩前廊式构架，硬山板瓦屋顶。台基砖石砌筑，高 2.3 米，正中开门，两侧辟窗，栏额雕刻。墀头雕刻精细。

平陆寺头戏台

寺头戏台位于平陆县曹川镇寺头村内。坐西南面东北，占地面积 66 平方米。创建年代不详，现存为清代建筑。台基中空，高 2.16 米。面宽三间，进深四椽，五檩前廊式构架，硬山板瓦屋顶。阑额雕刻。墀头雕刻精细。

平陆王村戏台

王村戏台位于平陆县常乐镇王村东小学内。坐北朝南，占地面积94平方米。始建年代不详，现在建筑系清代风格。戏台硬山顶，面宽三间，进深三椽，四檩后廊式构架。台基石砌，高1.2米。驼峰木雕花卉。戏台东西两侧墀头浮雕万子锦地、一路莲科及瑞兽图案。1993年戏台做过音壁、房顶、墙体的修缮。

平陆下涧龙王庙戏台

下涧龙王庙戏台位于平陆县曹川镇下涧村村委会院内。坐南面北，南北7.7米，东西14.7米，占地面积112平方米。龙王庙创建年代不详，现存建筑为晚清建筑风格。为二层楼阁式砖木结构建筑，台基中空，高2.6米。面宽五间，进深四椽，五檩前廊式构架，单檐硬山顶。明间下为过道，上铺木板。墀头砖雕。明间及东、西次间一层台面突出，与东、西稍间形成一“凸”字形平面，中为舞台活动空间，东西稍间做耳房使用。龙王庙在民国时期曾为东侯区公立高等小学校、附设模范国民小学校校址。

平陆岳村关帝庙戏台

岳村关帝庙戏台位于平陆县洪池乡岳村内。坐南朝北，东西9米，南北8.5米，占地面积76.5平方米。据其梁架题记，为清道光十七年（1837）重建。1996年，村民建学校时，关帝庙被拆，仅存戏台。2001年，在旧址新建关帝庙献殿。戏台面宽三间，进深三椽，四檩梁架，硬山顶。砖砌台基，高 1.3 米，台基中空，上铺木板。东山墙为石砌，西山墙为土坯砌筑。台口西侧有砖砌影壁，砖雕凤鸟图饰；台口东侧影壁已毁。梁上彩绘牡丹花纹、龙纹。台口雀替木雕镂刻缠枝牡丹。柱头无斗栱，明间施平身科一朵。梁脊板载"旹大清道光十七年（1837）重建"。关帝庙献殿遗址前有清康熙二十二年（1683）《重修关帝庙碑记》石刻一通，记载关帝庙创建于明代，清康熙二十二年（1683）重修。

垣曲埝堆戏台

埝堆玉皇庙位于运城市垣曲县皋落乡埝堆村西北角。创建年代不详，现存主体建筑为元代遗构。坐北向南，南北长 26.8 米，东西宽 17.95 米，总占地面积 481 平方米。原有山门、正殿、戏台和东西配殿，现仅存戏台与正殿。明清、民国时期重修更换过部分构件。戏台面阔三间，进深四椽，单檐灰瓦悬山顶。柱头、施四铺作单下昂斗栱。正殿面阔三间，进深二椽，单檐悬山顶，柱头施五铺作双下昂斗栱，补间斗栱皆一朵，仅当心间为梅花形大斗，令栱皆为异形栱。1995 年被垣曲县人民政府公布为第一批县级文物保护单位。2004 年 6 月被山西省人民政府公布为省级文物保护单位。2006 年被国务院公布为全国重点文物保护单位。

垣曲刘张村关帝庙戏台

刘张村关帝庙戏台位于山西省垣曲县新城镇刘张村中。坐南朝北，东西长 9.2 米，南北宽 8 米，占地面积 73.6 平方米。创建年代不详，据形制判断为清代建筑。砖石台基高 2.02 米，面宽三间，进深四椽，单檐硬山顶。前后檐半镂空浮雕、彩绘图案。台基明间辟通道用于行人，两侧有石质板槽，用于搭放台板，与戏台台面相平。

垣曲东峰山戏台

东峰山戏台位于垣曲县新城镇东峰山村幼儿园内。坐南向北，东西长9.5米，南北宽8米，占地面积76平方米。创建年代不详，据形制判断为清代建筑。戏台台基石砌，高1.3米。面宽三间，侧出八字音壁，明间装隔扇门，次间装窗，应为改制之作。进深四椽，单檐素板瓦硬山顶，正脊饰雕花脊筒与鸱吻。柱头置雕花横木装饰。额枋雕花鸟、瑞兽、福禄寿三星、彝瓶插花、双龙、几何形连续纹图案。柱头科与每间一攒平身科形制相同。三踩单翘交麻叶耍头。平身科正心瓜栱雕作花叶形制。

垣曲双庙戏台

双庙戏台位于垣曲县蒲掌乡双庙村上庄自然村东部。主体建筑结构为清代。东西长8.4米，南北宽5.8米，占地面积49平方米。坐南向北，单体建筑，面宽三间，进深四椽。单檐素板瓦硬山顶，平身科木雕花卉。山墙砖石砌造，前后檐墙为土筑。台前存碑刻一通，首题“创修舞楼碑记，道光十五年（1835）立石”，碑文记载该村“每年二月十九演戏三场”“歌舞无楼，不胜烦劳”，以及“善士上官梁”施地建舞楼之事。

垣曲英言三义庙戏台

英言三义庙戏台位于垣曲县英言乡英言村西部。创建年代不详，现存为清代建筑。原布局不详，仅戏台独存。坐南朝北，东西长14.2米，南北宽7.9米，占地面积约112平方米。面宽五间，进深七椽，单檐素板瓦悬山顶，七檩前廊式构架。戏台分两层，上层演戏，下层通行，两侧出墙。南墙保留有“文革”时期标语、壁画。

河津百王庙戏台

百王庙戏台位于河津市小梁乡小停村中沟边。坐南朝北，砖砌台基高1.45米，东西宽9.4米，南北深8.01米，占地面积75.29平方米。据其梁脊板记载，明万历四十八年（1620）创建，清道光二十四年（1844）重建。原为百王庙内主要建筑，现仅存戏台。面宽三间，进深四椽，单檐硬山顶。明间额枋透雕变形螭虎和香炉寿桃、石榴、佛手等各种吉祥图案，两次间额枋雕有云龙图案。檐下有斗栱七攒，四攒柱头科为斗口出变形龙头，平身科三攒，明间出45° 斜昂，中间龙头，两侧出象鼻子，两次间各一攒，出花叶装饰。1983年公布为河津县文物保护单位。

河津法王庙戏台

法王庙戏台位于河津市城区街道办西王村北崖上。坐南朝北，砖砌台基高1.2米，南北长7.1米，东西宽10.65米，占地面积75.62平方米。据其梁脊板记载，清雍正九年（1731）创建。法王庙戏台原为法王庙内建筑，原法王庙正殿早期被毁，现仅存戏台。面宽三间，进深三椽，单檐悬山顶。砖砌五花山墙，上施博风板，铁质悬鱼。牡丹雕花琉璃脊筒，山门式二层歇山顶脊刹。前檐花板为网格底纹上刻暗八仙和蝙蝠图案。檐下有斗栱七攒，每间平身科皆一攒，明间为斗口出45° 斜昂，明间额枋透雕祥云底纹上琴棋书画，两次间透雕缠枝花卉图案。梁架为三架梁后施搭牵，三架梁上前后立蜀柱和脊瓜柱分别承托中槫和脊槫。

河津史家窑关帝庙戏台

史家窑关帝庙戏台位于河津市僧楼镇史家窑村东北。坐南朝北，南北长 7.3 米，东西宽 13.3 米，占地面积 97.09 平方米。创建年代不详，现存主体结构为清代建筑。原布局已不存，现仅存戏台。戏台砖砌台基，高 1.65 米。面宽三间，进深三椽，单檐硬山顶。

河津西梁关帝庙戏台

西梁关帝庙戏台位于河津市小梁乡西梁村西。原为关帝庙内建筑，现仅存戏台。坐南朝北，砖砌台基高 1.1 米，东西宽 8.1 米，南北深 7.4 米，占地面积 59.94 平方米。创建年代不详，据梁脊板记载，清乾隆二十六年（1761）重修。面宽三间，进深三椽，单檐硬山顶，屋面为素仰瓦，牡丹塑花脊筒。檐下斗栱七攒，柱头科为斗口出麻叶头，明间为斗口出 45° 斜昂，中间出龙头，两侧出象鼻子，两次间为斗口出花叶头。

河津夏村戏台

夏村戏台位于河津市柴家乡夏村村中。坐南朝北，砖砌台基高1.5米，南北长6.72米，东西宽10.2米，占地面积68.54平方米。创建年代不详，据梁脊板记载，道光十三年（1833）移基重修。面宽三间，进深三椽，单檐硬山顶，四架梁上脊瓜柱承托脊檩。无斗栱装饰。

河津兴平堡戏台

兴平堡戏台位于河津市僧楼镇北方平村中。坐东朝西，南北长8.5米，东西宽8米，占地面积68平方米。据碑碣记载，创建于清乾隆十九年（1754）。面宽三间，进深三椽，单檐硬山顶。牡丹透雕脊筒，三层歇山顶楼阁式脊刹，龙形鸱吻。檐下有斗栱九攒，柱头科四攒，平身科五攒。明间三攒正中为斗口出45° 斜昂，中间出龙头，两侧出象鼻子，明间两侧为斗口出龙头，两次间为斗口出卷叶雕饰。

河津旭红戏台

旭红戏台位于河津市僧楼镇旭红村中。坐东朝西，南北长10米，东西宽7.8米，占地面积78平方米。创建年代不详，现存主体结构形制为清代建筑。砖砌台基高1.2米，面宽三间，进深三椽，单檐硬山顶，筒板瓦屋面，正脊脱落无存。四檩前出廊结构，前檐柱头科一斗二升出麻叶，明间平身科为斗口出龙头，两次间为斗口出象鼻子。

河津艳掌戏台

艳掌戏台位于河津市僧楼镇艳掌村北。坐南朝北，南北长 8 米，东西宽 12.3 米，占地面积 98.4 平方米。据其梁脊板记载，清咸丰四年（1854）重建。砖砌台基高 1.6 米，面宽三间，进深三椽，单檐悬山项，筒板瓦屋面，正脊脱落无存，五花山墙。檐下有柱头科和平身科斗栱七攒，柱头斗栱为斗口出麻叶头，明间平身科为斗口出 45° 斜昂，象鼻子耍头。梁架为三架梁后对搭牵用三柱。

新绛乔沟头玉皇庙戏台

乔沟头玉皇庙位于新绛县泽掌镇乔沟头村西北 100 米处。坐北向南，南北长 82.7 米，东西宽 47.22 米，占地面积 4722.17 平方米。创建于唐代，明嘉靖四十一年（1562）、万历四十二年（1614）、清顺治元年（1644），乾隆四十四年（1779）均有修葺，现存主体建筑为元、清遗构。一进院落布局，由东、中、西三条轴线组成，自南向北原中轴线上建有戏台、献殿、玉皇殿，东轴线建有戏台、马王殿、稷王殿，西轴线建有戏台、献殿、娘娘殿，两侧有廊房。现存玉皇殿、东西戏台、马王殿、稷王殿、娘娘殿及药王殿。玉皇殿为元代所建，面阔三间，进深五椽，单檐悬山顶，五花山墙，殿内梁架为四椽栿对后乳栿通檐用三柱，檐下斗栱七朵，形制为四铺作单下昂，有飞椽。两戏台建制相同，均建于 1.2 米高的基座上，系清乾隆四十四年（1779）重建。药王殿东西山墙内壁有清代壁画 25 平方米。娘娘殿、马王殿均系清代重修。稷王殿为清顺治元年（1644）重建。庙内存明代重修庙碣两方，清同治二年（1863）《重修玉皇殿创建稷王殿碑记》石碑一通。2006 年被公布为全国重点文物保护单位。

新绛北张戏台

北张戏台位于新绛县北张镇北张村中心。坐南向北，整体建于东西长 9.5 米、南北宽 8 米，高 1.13 米的石砌台基上，占地面积 76 平方米。创建年代不详，据形制判断为清代建筑。面宽三间，进深四椽，单檐硬山顶，五架前后廊分心用三柱。檐下柱头科三攒，平身科三攒，高浮雕动物、花卉图案。通间花替雕菊花、卷叶图。前带八字音壁，有前后台之分。为增大舞台演出面积，前檐采用移柱造手法。檐柱用石方柱，上均有石刻楹联。其中次间楹联为阴抱阳刻“忠节孝义直比佛华一藏，悲欢离合何许道德三千”。中隔板上书“吟风弄月”四字。柱础为石方柱，周雕人物、寿榴、佛手等图案，寓意为“多子多福多寿”。

新绛大聂老爷庙戏台

大聂老爷庙戏台位于新绛县泽掌镇大聂村东南隅。坐南向北，整体建于东西长10米，南北宽7.6米，高0.8米的长方形基座上。占地面积76.76平方米。据其梁架载建于清康熙二十五年（1686）。面宽三间，进深三椽，前檐歇山后檐悬山顶，四檩前廊式构架。

新绛丁村戏台

丁村戏台位于新绛县古交镇丁村东南部，丁村学校内。1962年将村中原关老爷庙乐楼予以整体搬迁而成。坐南面北，整体建于东西长15.8米，南北宽10.85米，高1.35米的砖石砌基座上，占地面积171平方米。面宽五间，进深五椽，单檐歇山顶，六架前后分心用三柱。檐下平身科三攒，大梁出头，施转角斗栱，通间花替木雕卷叶花卉图案。前檐采用移柱造手法，有效地扩大了舞台的使用空间。两山墙前出八字音壁。

新绛东南董戏台

东南董戏台位于新绛县北张镇东南董村中心，与新戏台仅距15米。坐南向北，整体建于东西长9米，南北宽7.2米，高1.4米的石砌台基上。占地面积64.8平方米。据梁脊板载清光绪十七年（1891）创建。面宽三间，进深四椽，单檐硬山顶，五花山墙，三架梁后对单步梁通檐用三柱。大木作上有彩绘。有前后之分。为扩大舞台演出面积，明间采用移柱造手法。檐下平身科三攒，镂雕花卉图案。明间檐柱用石方柱，柱上有剔地雕楷书楹联一副“翠柏苍松局内传来真血脉，妖狐媚狸场中演尽假脂容”。山柱侧面阴抱阳楷体刻楹联一副“莫夸奸雄道结果处恶满祸生，只学良善及成功时苦尽甘来”。前带八字音壁。东西山墙前部留壁画24平方米，为青龙、白虎图及山水画。后墙三分之二皆为石块垒砌。

新绛光村戏台

光村戏台位于新绛县泽掌镇光村村中心，村委会南10米处。坐东向西，整体建于东西长14.8米，南北宽14.2米，高1米的长方形台基上，占地面积210.2平方米。创建年代不详，据形制判断为清晚期建筑。系1965年由村中赵家十八座院内过厅迁建而成。面宽三间，进深四椽，单檐硬山顶，五檩无廊式构架，檐下平身科六攒，高浮雕有牡丹、莲花、麒麟图案。明间使采用移柱造手法，八棱须弥座上加鼓式柱础，周雕梅、兰、菊、竹，须弥座雕鹿、龙、麒麟、天马等瑞兽图案，雀替雕有祥云、麒麟等图案。前带八字音壁，上嵌龟背纹砖雕音壁。为扩大舞台空间，又在其后建单坡硬山顶的砖木结构房作为后台。

新绛刘雅娘娘庙戏台

刘雅娘娘庙戏台位于新绛县横桥乡刘雅村北部。坐南面北，整体建于东西长10.7米，南北宽8.5米，高1.65米的砖包土夯基座上，占地面积91平方米。创建年代不详，据形制判断为清早期建筑。面宽三间，进深四椽，单檐悬山顶，五檩前后廊式构架。梁上

饰驼峰，驼峰上施葫芦形脊瓜柱承接脊檩。大木作上彩绘云龙图案。明间前檐采用移柱造手法，金柱上方施横梁，有效地扩大了台内活动空间。檐下平身科四攒，明间两攒出变形龙头，次间各一攒，出卷云形头，木雕卷叶花卉图案。两山墙台口部位留山水动物水墨画 3.5 平方米。前带八字音壁，为仿木构砖雕清水建筑。

新绛三家店戏台

三家店戏台位于新绛县横桥乡三家店村南部，村委会东南 20 米处。坐西向东，整体建于南北长 11.4 米，东西宽 8.2 米，高 1.5 米的砖砌基座上，占地面积 93.5 平方米。创建年代不详，据形制判断为清代所建。20 世纪 50 年代重修。面宽三间，进深四椽，单檐悬山顶，五檩无廊式构架。柱头无斗栱，大梁出卷云形头，施平身科三攒，明间出 45° 斜栱。柱础鼓式，前带八字音壁。为扩大戏台使用空间，前檐采用移柱造手法。台口嵌有明景泰三年（1452）《佛窑寺重建中殿记》石碑一通。整体保存一般。

新绛三泉泰山庙戏台

三泉泰山庙戏台位于新绛县三泉镇三泉村鼓水灌区内。坐南向北，整体建于东西长16.95米、南北宽8.95米、高1.4米的砖石基座上，占地面积151.7平方米。创建年代不详，据形制判断为清代建筑。仅留戏台一座，面宽五间，进深四椽，单檐硬山顶，五檩无廊式构架。檐下平身科五攒，正心瓜栱和栌斗上浮雕动物、花卉图案。通间花替浮雕凤凰、荷叶、菊花图案。明次间均有石雕楹联，明间“舞能蹁跹红袖影飘绿树月，乐音嘹亮紫箫声断碧云天”；次间“莫道看场褒贬贤奸千秋槛，漫云戏局旌别淑慝一部书”。

新绛宋温庄戏台

宋温庄戏台位于新绛县横桥乡宋温庄村中心，村委会西10米处。坐南面北，整体建于东西长10.4米，南北宽8.65米，高1.35米的砖石砌基座上，占地面积90平方米。据其梁脊题记载，清咸丰元年（1851）创建。面宽三间，进深五椽，单檐悬山顶，三架梁前对双步梁通檐用四柱。前檐下柱头科四攒，木雕动物、云朵图案。明间平身科出异形栱，施大额枋，金柱柱础为八棱状。明间檐柱为石方柱，上题：“音韵铿锵仿佛玄歌雅化，衣冠济济依稀美富余辉”楹联一副。前设八字间壁。后墙对称开窗两扇。1995年被公布为县级文物保护单位。

新绛谭家庄子戏台

谭家庄子戏台位于新绛县横桥乡谭家庄子南部，村委会南 150 米处。坐东向西，整体建于南北长 9.6 米，东西宽 8.75 米，高 1 米的砖石砌基座上，占地面积 84 平方米。创建年代不详，据形制判断为清代建筑。面宽三间，进深三椽，单檐硬山顶，四檩后带廊式构架。檐下柱头科四攒、平身科三攒，明间出象鼻形耍头，木雕卷叶花卉图案，檐下有飞椽。柱础鼓式，周刻花卉图案。前檐采用移柱造手法，有效地扩大了台内使用空间。前带八字间壁，为仿木构砖雕建筑。明间后墙开洞券门，外侧上方有楷体阴刻匾额一块，上书“迎祥”。戏台明间为通道，上搭活动台板即可演出。1995 年，被公布为县级文物保护单位。

稷山白池戏台

白池戏台位于稷山县太阳乡白池村东北隅。原为娘娘庙附属建筑之一，庙已毁，现仅存戏台一座，据形制判断为清代建筑。戏台坐南向北，整座建筑建于一东西长 11 米，南北宽 8.2 米，高 0.8 米的砖石砌筑台基上，占地面积 90.2 平方米。戏台面宽三间，进深三椽，前出廊单檐硬山顶，灰筒瓦覆盖，二龙团寿脊筒。梁架结构为三架梁对前搭牵通檐用三柱架构。前檐下明次间施装饰性斗栱三攒。鼓式柱础线刻牡丹图案。

稷山店头戏台

店头戏台位于稷山县清河镇店头村北隅。据形制风格判断为清代建筑。坐南向北，单体建筑。整座戏台建于一东西长 8.1 米，南北宽 6.7 米，高 1.2 米的砖石台基上，占地面积 54.27 平方米。戏台面宽三间，进深三椽，单檐硬山顶，灰筒瓦覆盖，水波纹脊筒。明间前檐下施装饰性斗栱一攒，作如意耍头。额枋上平雕夔龙、莲花图案。台内明间两根金柱与东西山柱之间砌墙，正中设八角窗，檐柱柱头有砍斜，鼓式柱础线刻菊花图案。

稷山佛峪口关帝庙戏台

佛峪口关帝庙戏台位于稷山县化峪镇佛峪口村西北隅。创建年代不详，现存主体结构为清早期建筑。原为关帝庙附属建筑之一，庙已毁，现仅存戏台。坐南向北，整座戏台建于一东西长11.90米、南北宽7.10米、高1.56米的砖砌台基上，占地面积85平方米。戏台面宽三间，进深三椽（前坡二椽，后坡一椽），单檐硬山顶。琉璃脊饰，灰筒瓦覆盖。台内梁架结构为四檩三椽通檐用三柱架构，檐下乳栿前出卷云头，无斗栱装饰，檐柱柱头均有砍斜。台口两侧设八字墙，鼓式柱础仅饰连珠纹。戏台梁架及檐柱上遗留有在抗战期间侵华日军焚烧的痕迹，为日本侵华的罪证。

稷山马家庄戏台

马家庄戏台位于稷山县清河镇马家庄村中部，村委会院内。原为娘娘庙附属建筑，庙已毁，现仅存戏台一座。据其梁脊板题记载，建于清咸丰八年（1858）。戏台坐南向北，建于一东西长8.8米，南北宽7.3米，高1.25米的砖石台基上，占地面积64.24平方米。戏台面宽三间，进深三椽，单檐硬山顶，灰筒瓦覆盖。大梁前出卷云头，明间前檐下施装饰性斗栱一攒。鼓式柱础线刻莲花图案。

稷山仁义庄戏台

仁义庄戏台位于稷山县蔡村乡仁义庄村南隅，属东岳庙附属建筑之一。庙已毁，现仅存戏台一座。据梁脊板题记载，戏台建于清同治十三年（1874）。戏台倒坐，整座戏台建于一东西长9.7米，南北宽9米，高1.7

米的砖石台基上，占地面积 94 平方米。戏台面宽三间，进深三椽，单檐硬山顶，台内梁架结构为三架梁前出廊，前檐平身科施装饰性斗栱三攒，额枋上平雕牡丹纹饰。台口两侧设八字墙，顶部绘有牡丹、莲花壁画约 2 平方米。鼓式柱础，线刻牡丹图案。

稷山下柏真武庙戏台

下柏真武庙戏台位于稷山县稷峰镇下柏村中部村委会院内，原位于村东南 200 米的丘陵台地上。庙毁于 20 世纪 80 年代初，现仅存戏台 1 座迁移于现址。创建年代不详，戏台主体结构为清代建筑。戏台坐东向西，建于一南北长 9.1 米，东西宽 8.15 米，高 1.4 米的石砌台基上，占地面积 74.1 平方米。戏台面宽三间，进深四椽，单檐硬山顶，灰筒瓦覆盖。明间前檐下施方形石檐柱二根，其上阴刻楹联一副："名胜楼台辉煌殿宇，升平歌舞和悦神人。"通间雀替高浮雕荷花、菊花、卷草等图案，雕工精湛，极具艺术价值。

11 吕梁市

离石吴家庄戏台

吴家庄戏台位于离石区信义镇吴家庄村内。坐南向北。东西长 8.7 米，南北宽 7.8 米，占地面积 67.86 平方米。创建年代不详，现存为清代建筑。戏台石砌台基，高 1.5 米。面宽三间，进深五椽，单檐硬山顶，灰瓦屋面，六檩后出廊构架。平身科、柱头科共设斗栱七攒，均为一斗二升交麻叶头。

离石赵家山戏台

赵家山戏台位于离石区坪头乡赵家山村中。坐北向南。东西长 7.1 米，南北宽 7 米，占地面积 49.7 平方米。创建年代不详，现存为清代建筑。戏台为二层建筑，一层为石券过水洞，二层戏台面宽三间，进深四椽，单檐卷棚顶，灰瓦屋面，四檩无廊式构架，台口前设青石勾栏。

文水阎家社戏台

阎家社戏台位于文水县西槽头乡阎家社村中。坐南朝北。长 11.28 米，宽 10.46 米，占地面积 117.99 平方米。戏台始建年代不详，1965 年曾有维修。现存为清代建筑。戏台砖砌台基，高 1.3 米。面宽三间，进深六椽，单檐硬山顶，七檩无廊式构架。枋檩间有木雕花卉垫木，次间额枋下有木雕象头装饰。墀头有花卉砖雕。戏台内部、东壁、西壁及后壁上保留有六幅毛主席语录。

中阳韩家山戏台

韩家山戏台位于中阳县枝柯镇张家沟村韩家山自然村内。坐北朝南。东西长 8.5 米，南北宽 5.9 米，占地面积 50.15 平方米。创建年代不详，现存为清代建筑。戏台筑于高 1.2 米的砖砌台基上。面宽三间，进深四椽，五檩梁架结构，前后出檐悬山顶。柱头、平身科均为一斗二升交麻叶头。戏台后部设隔扇，枋额正中题楷书“神听和平”四字。隔扇前部、顶部有方格天花，共 36 块木板，面积 9 平方米，木板大部分损毁。戏台南墙内有清道光四年（1824）碣一方，内容记载了重修戏台对面社房的有关情况。

中阳水峪戏台

水峪戏台位于中阳县金罗镇水峪村内。坐南向北，东西宽 8.3 米，南北长 31.9 米，占地面积 264.77 平方米。创建年代不详，据戏台内脊檩题记载，清宣统三年（1911）补修。现存为清代建筑。戏台筑于高 1.7 米的砖砌台基上。面宽三间，进深四椽，单檐硬山顶，五檩前廊式构架，装修已改。

中阳西合戏台

西合戏台位于中阳县金罗镇西合村内。坐南向北。东西宽 16.4 米，南北长 37 米，占地面积 606.8 平方米。创建年代不详，现存为清代建筑。筑于高 1.2 米的砖砌台基上，面宽三间，进深四椽，三面设砖墙，五檩前后廊式构架，单檐硬山顶。前檐柱头科、平身科斗栱均为三踩单翘。

兴县张家圪台戏台

张家圪台戏台位于兴县交楼申乡张家圪台村内。坐东朝西。东西长9米，南北宽7米，占地面积为63平方米。创建年代不详，现存为清代建筑。台基高2米，背面有石券窑洞一孔。戏台面宽三间，进深六椽，六檩无廊式构架，单檐卷棚悬山顶。灰板瓦覆面。后明间设窗，南次间设门。

临县碛口黑龙庙戏台

黑龙庙戏台在临县碛口镇的卧虎山上，山前为湫水河入黄河处，河声岳色，景色壮观。黑龙庙坐东北向西南，依山面河，是古老的碛口镇区的最高点。据庙中所存清代乾隆二十一年（1756年）《增修钟鼓楼记》碑文所载，黑龙庙创建于明代，雍正间增建戏台，道光间重修正殿和东西耳殿。现存庙宇中轴线为山门，倒座山门戏台、正殿三间，供奉黑龙大王；正殿两侧耳殿供奉河神、财神等，是当地群众禳灾祈福的主要活动场所。

戏台与山门为一体，建于高达8米的台基上。台基为三眼石券门洞，中间是山门过道。戏台面对正殿，为单檐歇山顶，屋脊装饰和屋檐勾头滴水为琉璃造。台面高2.1米。台高3.5米。前台部分伸出，面阔三间，共9米，其中明间4.2米，进深4.4米，面积45平方米。后台为扮戏间，面阔三间，共9米，其中明间4.2米，进深2.5米，面积18平方米。戏台隔扇的上方有“鱼龙出听”大匾，为清道光年间永宁州知州王维贤所书。匾下两侧为上、下场门。

民间传说，黑龙庙戏台有奇特的效果，当时不用扩音设备而声音可以响达数里，甚至黄河对岸都能听到，故有“山西唱戏陕西听”的谚语。

临县碛口黑龙庙戏台斗栱、天花

临县克虎寨戏台

临县克虎寨戏台在临县县城西北 65 千米黄河东岸的克虎寨村中。戏台与观音庙、献殿沿街巷建成，没有常规的庙院围墙和配套建筑，创建年代也无任何记载，但是自古以来就是当地群众举办正月观灯会、六月祈雨、九月祭河等大型群众祭祀、娱乐活动的会场。

戏台为山门式建筑，只是台下的门洞日久天长已经被土石淤塞。现台高仅有 1.75 米。硬山卷棚顶三间，面阔 6.9 米，其中明间宽 3.46 米。通进深 6.6 米，其中前台深 4.1 米。前后台之间有隔扇，隔扇额书“当阳春”，意谓戏剧艺术格调高雅，难得一闻。两旁上、下场门分别题额“金声”“玉振”，其典出自《孟子》：“孔子之谓集大成。集大成者，金声而玉振之也。”意思是以钟发声，以磬收韵，声音响亮和谐，以喻音乐之美。明间为演出台，次间为文武场，台上圆木柱三排，移柱造，台内顶安装天花。整体风格简单质朴，不尚华丽，有吕梁地方文化特色，应为清代建筑。

临县堡子峪戏台

堡子峪戏台位于临县丛罗峪镇堡子峪村中寺坪上。据梁架题记记载，始建于清嘉庆二十三年（1818）。坐南朝北，东西长 15.62 米，南北宽 7.45，占地面积 116 平方米。戏台面宽三间，进深四椽，单檐硬山筒瓦顶，五檩后廊式构架，前檐斗栱施彩绘。台中置金柱一列，将戏台分为前、后两部分，后檐墙体辟圆形窗两个。

临县北冯家会戏台

北冯家会戏台位于临县安家庄乡北冯家会村中。坐北朝南，南北 7.6 米，南北宽 7.3 米，占地面积 55 平方米。始建年代不详，现存为清代建筑。戏台面宽三间，进深五椽，六檩后廊式构架，硬山卷棚顶。前檐次间槛墙直棂窗，戏台中部置金柱两根，将戏台分为前后台。

临县崔家坪戏台

崔家坪戏台位于临县三交镇崔家坪村前沟里。坐南向北，南北长 8 米，东西宽 7.75 米，占地面积 62 平方米。戏台坐于高 5 米的石砌拱券门洞上，面宽三间，进深四椽，单檐硬山顶，五檩无廊式梁架。

临县武家沟戏台

武家沟戏台位于临县三交镇武家沟村中。坐南朝北，东西长 7.5 米，南北宽 7.5 米，占地面积 57 平方米。始建年代不详，现存为清代建筑。戏台面宽三间，进深五椽，硬山卷棚顶，六檩无廊式构架。台中置金柱两根，将戏台分为前后台。

临县西马家湾戏台

西马家湾戏台位于临县第八堡乡西马家湾村中。坐南朝北，东西长 7.75 米，南北宽 7.6，占地面积 59 平方米。始建年代不详，现存为清代建筑。戏台面宽三间，进深五椽，卷棚硬山顶，六檩后廊式构架。前檐额枋间饰蝙蝠、雕花雀替。戏台中部置隔扇，分为前后台，后墙辟圆形窗两个。

临县武家湾戏台

武家湾戏台位于临县安家庄乡武家湾村中。为清代建筑。一进院布局，现存建筑中轴线上有献殿、戏台，西侧为舍窑。戏台坐北朝南，东西长 9 米，南北宽 8.8 米，占地面积 79.2 平方米。戏台石砌台基，高 1.72 米，面宽三间，进深五椽，硬山卷棚顶，六檩无廊式构架。后檐墙中辟圆形窗两个，戏台中部置隔扇，将戏台分为前后台。

临县大峪沟戏台

大峪沟戏台位于临县大禹乡大峪沟村东北。创建年代不详，现存为清代建筑。坐南朝北，东西宽 7 米，南北长 8.4 米，占地面积 59 平方米。戏台石砌台基，高 1.2 米，面宽三间，进深五椽，硬山卷棚顶，明间大，次间小，六檩后廊式构架。前檐镂空雀替，后檐墙中辟圆形窗。台中有金柱两根，将戏台分为前后台。

临县阳宇会戏台

阳宇会戏台位于临县城庄镇阳宇会村中。坐南朝北，南北长7.4米，东西宽6.6米，占地面积约48.84平方米。创建年代不详，现存为清代建筑。面宽三间，进深五椽，硬山卷棚顶，六檩后廊式构架。前檐次间槛墙直棂窗。戏台内部置金柱两根，将戏台分为前后台。

临县邓家塔戏台

邓家塔戏台位于临县湍水头镇邓家塔村东南。戏台坐南朝北，东西宽8.3米，南北长8.3米，占地面积69平方米。戏台砖砌台基，高1.4米，面宽三间，进深五椽，硬山卷棚顶，六檩后廊式构架。戏台中设隔扇，将戏台分为前后台。覆盆式柱础。

临县东新社窠戏台

东新社窠戏台位于临县城庄镇郝家湾村东新社窠自然村井沟里。坐南朝北，南北长27.7米，南北宽8.3米，占地面积230平方米。始建年代不详，现存主体结构为清代建筑。中轴线建有献殿、戏台。戏台建在石砌拱券窑洞之上，面宽三间，进深五椽，单檐卷棚顶，六檩无廊式构架。前檐柱间有雕花雀替，戏台中部置隔扇，将戏台分为前后台。献殿坐北朝南，面宽三间，进深三椽，单坡硬山顶，前檐出廊。

临县前刘家庄戏台

前刘家庄戏台位于临县大禹乡前刘家庄村中心。坐南朝北，东西宽 6.7 米，南北长 8 米，占地面积 54 平方米。创建年代不详，现存主体结构为清代建筑。戏台建在石砌过街洞之上，面宽三间，进深五椽，卷棚硬山顶，五檩后廊式构架。

临县碾子沟戏台

碾子沟戏台位于临县刘家会镇碾子沟村戏楼沟。坐西朝东，东西长 7.5 米，南北宽 7.2 米，占地面积 54 平方米。据梁架题记记载，始建于清乾隆元年（1736），清道光六年（1826）重修。戏台面宽三间，进深五椽，硬山卷棚顶，六檩后廊式构架。戏台中部置分心柱一列，将戏台分为前台、后台，后墙辟圆形窗。

临县芦则沟戏台

芦则沟戏台位于临县白文镇芦则沟村小学南20米戏台滩。始建年代不详，现存为清代建筑。坐南朝北，东西宽7.5米，南北长8.5米，占地面积63.8平方米。戏台面宽三间，进深五椽，硬山卷棚顶，六檩后廊式构架。戏台中部置分心柱，将戏台分为前后台。

临县霍家岭戏台

霍家岭戏台位于临县湍水头镇霍家岭村西。坐南朝北，东西长7.8米，南北长7.5米，占地面积59平方米。清嘉庆九年(1804)重修。戏台建在高1.2米的台基之上，面宽三间，进深五椽，硬山卷棚顶，六檩后廊式构架。前檐斗栱一斗二升交卷云头，柱间雕花雀替。戏台中部置隔扇，将戏台分为前后台。后檐墙体中部辟圆形窗。

临县崖头戏台

崖头戏台位于临县大禹乡岩头村内井坪上。坐北朝南，东西宽7.3米，南北长7.6米，占地面积55平方米。始建年代不详，现存为清代建筑。戏台石砌台基，高3米，面宽三间，进深四椽，单檐硬山顶，五檩后廊式构架。前檐额枋间卷云耍头，石鼓柱础。戏台中部置隔扇，将戏台分为前后台。后墙中部辟圆形窗一个。墀头砖雕为动物、花卉等图案。

临县西山上戏台

西山上戏台位于临县碛口镇下前后山村西山上自然村东 100 米。创建年代不详，现存为清代建筑。坐东向西，东西长 15.9 米，南北宽 9.8 米，占地面积 156 平方米。戏台建在高 1.1 米石砌台基上，面宽三间，进深五椽，卷棚硬山顶，六檩无廊式梁架。前檐为一斗二升交龙头斗栱，内设分心柱、隔扇，将戏台分为前后台。戏台后有侧拱券窑洞一孔，可供化妆、居住使用。2000 年，临县人民政府公布为县级文物保护单位。

临县后刘家庄戏台

后刘家庄戏台位于临县大禹乡后刘家庄村中。始建年代不详，现存为清代建筑。戏台坐南朝北，砖砌台基，高 0.8 米，东西长 7.8 米，南北宽 8.3 米，占地面积 65 平方米。面宽三间，进深五椽，硬山卷棚顶，六檩后廊式构架。前檐明间宽敞，两次间略窄，明间改装板门，次间装有方格窗，下有槛墙。台中设木构隔扇将其分为前后台，后檐墙中设圆形窗。隔扇上书写具有时代特征的“推陈出新”“革命舞台”标语及红五星图案。

临县后小峪戏台

后小峪戏台位于临县大禹乡后小峪村。始建年代不详，现存为清代建筑。坐南朝北，南北长 8.2 米，东西宽 7.6 米，占地面积 62.3 平方米。戏台在砖拱券窑洞之上，面宽三间，进深五椽，卷棚硬山顶，六檩无廊式构架。后檐墙体劈拱券窗两个。

临县中兴社戏台

中兴社戏台位于临县碛口镇中兴社村中。坐南朝北，东西宽 11.8 米，南北长 22.75 米，占地面积 268 平方米。创建年代不详，现存为清代建筑。一进院布局，中轴线建有戏台、献殿。戏台面宽三间，进深五椽，卷棚硬山顶。斗栱为一斗二升交卷云头。前檐柱间雕花雀替。戏台中部置隔扇，将戏台分为前后台，明次间装修已改。献殿位于北面，共二层，一层为石拱券窑洞两孔，二层面宽三间，进深五椽，卷棚硬山顶。

临县梁家会戏台

梁家会戏台位于临县清凉寺乡梁家会村中。坐南朝北，长 9.3 米，宽 8.3 米，占地面积 77 平方米。清代建筑。戏台砖砌台基，高 1.5 米，面宽三间，进深五椽，硬山卷棚顶，六檩后廊式构架。后檐墙中辟圆形窗一个。戏台中部置隔扇将戏台分为前后台。

临县歧道戏台

歧道戏台位于临县大禹乡歧道村中。创建年代不详，现存为清代建筑。坐南朝北，南北长 7.7 米，东西宽 7.5 米，占地面积58平方米。戏台建在高 1.2 米的台基之上，面宽三间，进深五椽，卷棚硬山顶，六檩无廊式构架。台内设分心柱一列，将戏台分为前后台。后檐墙中部辟圆形窗。

临县下树山戏台

下树山戏台位于临县车赶乡上树山村下树山自然村内。坐南朝北，东西长 7.9 米，南北宽 7.5 米，占地面积 59 平方米。创建年代不详，现存为清代建筑。戏台面宽三间，进深五椽，单檐卷棚硬山顶，六檩无廊式构架。前檐次间梁枋间施蝴蝶墩，戏台中部置隔扇，将戏台分为前后台。墙体东山墙外书写“农业学大寨”标语。

临县任家沟戏台

任家沟戏台位于临县安业乡任家沟村中。坐东朝西，东西宽7.2米，南北宽8米，占地面积57平方米。据碑载，清光绪八年（1882）重修。砖木结构建筑，面宽三间，进深五椽，单檐悬山顶，六檩后廊式构架。台中置金柱两根，将戏台分为前后台。内存碑刻两通。

临县沙家塌戏台

沙家塌戏台位于临县车赶乡沙家塌村。坐西朝东，南北长7.2米，东西宽6.85米，占地面积50平方米。清代建筑。戏台面宽三间，进深五椽，卷棚顶，六檩无廊式构架。前檐斗栱一斗二升交卷云头，柱间雕花雀替。戏台中部置金柱两根，将戏台分为前后两部分。

临县玉荐戏台

玉荐戏台位于临县玉坪乡玉荐村中。据梁架题记记载，始建于清咸丰九年（1859）。坐南朝北，南北长8.9米，东西宽8.2米，占地面积72.98平方米。戏台石砌台基，高1.35米，面宽三间，进深五椽，卷棚硬山顶，六檩后廊式构架。前檐斗栱一斗二升交卷云头，枋下镂空雕花雀替。台内置隔扇，将戏台分为前后台。后檐墙体中辟圆形窗两个。

临县玉坪戏台

玉坪戏台位于临县玉坪乡玉坪村。始建年代不详，现存为清代建筑。坐南朝北，东西长 7.4 米，南北宽 7.1 米，占地面积 53 平方米。戏台石砌台基，高 1.2 米，面宽三间，进深五椽，单檐卷棚顶，六檩后廊式构架。前檐斗栱三踩单下昂，耍头形制为龙首，镂空雀替。戏台中部置隔扇，将戏台分为前后台。后檐墙中辟圆形窗两个。

交城王村戏台

王村戏台位于交城县夏家营镇王村中。坐南朝北，东西长 14.54 米，南北宽 8.53 米，平面呈“凸”字形，前台宽，后台窄，占地面积 124 平方米。始建年代不详，清嘉庆二十四年（1819）重修，现存建筑为清代遗构。戏台面宽三间，进深五椽，六架梁式梁架，卷棚硬山顶。明间采用移柱造，施异形斗栱。明间中梁墨题“清嘉庆二十四年（1819）重修”。东为文场，西是武场，均面宽一间，进深四椽，五架梁式梁架，卷棚硬山顶。

交城田家山戏台

田家山戏台位于交城县天宁镇田家山村中。坐南朝北，东西长 9.64 米，南北宽 8.55 米，建筑面积 82.4 平方米。创建年代不详，清光绪二十三年（1897）补修，现存建筑为清代遗构。戏台面宽三间，进深五椽，六架梁式梁架，卷棚硬山顶，平面呈“凸”字形。台口明间采用移柱造，扩大台口使用面积。明间中梁墨题“光绪丁酉年四月补修”。

交城光足戏台

光足戏台位于交城县岭底乡光足村中。坐南朝北，东西长 7.59 米，南北宽 7.1 米，占地面积 53.89 平方米。创建年代不详，清道光二十三年（1843）、民国十九年（1931）重修，1957 年迁建戏台。现存建筑为清代遗构。戏台面宽三间，进深五椽，六架梁式梁架，卷棚硬山顶，施一斗二升斗栱。原为光足村龙王庙山门外附属建筑，1957 年移建于此。

交城卦山戏台

卦山戏台位于交城县天宁镇田家山村西北约 1.2 千米。坐南朝北，东西长 15.36 米，南北宽 8.21 米，占地面积 126.11 平方米。创建年代不详，1984 年维修，现存建筑为清代遗构。戏台面宽三间，进深五椽，六檩式梁架，单檐卷棚悬山顶，施异形斗栱。明间采用移柱造，以扩大明间使用面积。明间内檐悬挂清雍正三年（1725）“式歌且舞”横匾。东西两侧各建耳房，均面宽一间，进深五椽。外侧单檐卷棚硬山顶，内侧单檐悬山顶。

交城上长斜戏台

上长斜戏台位于交城县会立乡上长斜村中。坐南朝北，东西长 11.65 米，南北宽 8.05 米，占地面积 94 平方米。创建年代不详，清乾隆二十年（1755）重修，现存建筑为清代遗构。戏台面宽三间，进深五椽，六架梁式梁架，卷棚悬山顶。明间采用移柱造，施异形栱七攒。台口两侧均建八字音壁，壁顶施砖雕三踩斗栱三攒，两侧砖雕花草、海水图案。

交城大营真武庙戏台

大营真武庙戏台位于交城县西营镇大营村。坐南朝北，原为真武庙附属建筑。平面呈"凸"字形，东西长16.01米，南北宽11.3米，占地面积141.8平方米。创建年代不详，现存建筑为清代遗构。戏台面宽三间，进深六椽，七架梁式梁架。前檐为歇山顶，后檐为硬山顶，明间采用移柱造，以扩大明间使用面积，施三踩斗栱。戏台两侧山墙墨书"总指必胜"等标语。东为文场、西为武场，均面宽一间，进深两椽，单檐歇山顶，施异形斗栱。文场砖雕楹联"向科学进军，为工农歌唱"；武场砖雕楹联"百花均齐放，推陈为出新"。2007年公布为交城县文物保护单位。

交城大游底狐神庙戏台

大游底狐神庙戏台位于交城县水峪贯镇大游底村中狐神庙中。现存戏台东西长9米，南北宽8.87米，占地面积80平方米。创建年代不详，现存建筑为清代遗构。戏台居狐神庙中轴线南端，坐南朝北，面宽三间，进深五椽，六架梁式梁架，卷棚悬山顶，施异形斗栱。前檐明间采用移柱造，以扩大明间使用面积及高度。

交城坡底戏台

坡底戏台位于交城县天宁镇坡底村中心。坐南朝北，东西长13米，南北宽11米，占地面积143平方米。创建年代不详，现存建筑为清代遗构。戏台建于高0.7米的台基之上，平面呈"凸"字形。台口面宽三间，进深六椽，七架梁式梁架，单檐硬山顶。台口采用移柱造，以扩大明间使用面积。戏台前后台木隔扇之上悬挂"霓羽缤纷""人乐歌舞""神听和平"横匾三块。两山墙梁架山花板墨绘壁画六幅，面积约6.6平方米。戏台后墙墨题演戏剧团和时间三处，最早为"大清光绪拾壹年（1885）七月廿四铁梨园"。台口东为文场，西为武场，均面宽一间，进深二椽，庑殿顶。

交城米家庄戏台

米家庄戏台位于交城县西社镇米家庄村中。坐南向北，南北长 8.06 米，东西宽 8.32 米，占地面积 67 平方米。创建年代不详，清乾隆二十八年（1763）、嘉庆年间（1796–1820）、咸丰十年（1860）多次重修，现存建筑为清代遗构。戏台面宽三间，进深六椽，七架梁式梁架，歇山顶，施三踩单昂斗栱。明间前檐采用移柱造设计，以扩大台口使用面积。山墙嵌碑碣两通。戏台前广场有古槐树一株，树径 1.8 米。

石楼韩家山戏台

韩家山戏台坐落于石楼县小蒜镇前坡村韩家山自然村中。坐南向北，东西长 15 米，南北宽 13.5 米，占地面积 202.5 平方米。创建年代不详。据庙内梁架题记记载，清咸丰八年（1858）重修。据庙内铁钟记载，清同治四年（1865）维修。现存为清代建筑。戏台石砌台明，高 1 米，面宽三间，进深五椽，单檐卷棚硬山顶，六檩无廊式构架。平身科与柱头科，斗栱五攒，均为一斗二升交麻叶头。戏台前现存铁钟一口。

汾阳后沟关帝庙戏台

后沟关帝庙戏台位于汾阳市峪道河镇后沟村中。原为“歇马关帝庙”附属建筑，庙宇已毁，唯存戏台。据戏台台基上石门额题记记载，创建于清乾隆二十三年（1758）。坐南朝北，东西长 10.6 米，南北宽 8.85 米，占地面积为 93.8 平方米。砖砌台基高 3 米，中设门洞，南北贯通。台身面宽三间，进深五椽，单檐卷棚硬山顶，灰布筒板瓦屋面。六檩卷棚无廊式构架。前檐被后人增筑砖砌门窗，内部板壁无存。后墙中部设一方窗。东山墙上原设一门，前檐墀头雕饰瑞兽。

汾阳东堡三圣庙戏台

东堡三圣庙戏台位于汾阳市阳城乡东堡村正街。原为三圣庙附属建筑，庙毁仅存戏台。始建年代不详，现存建筑为清代遗构。戏台坐南朝北，东西长 17.2 米，南北宽 8.45 米，占地面积 145 平方米。砖砌台基高 1.5 米，面宽三间，进深三椽，单檐硬山顶，四檩卷棚无廊式构架。明间平身科设装饰性斗栱。

汾阳孙家庄戏台

孙家庄戏台位于汾阳市肖家庄镇孙家庄村东。始建年代不详，现存建筑为清代遗构。坐南朝北，东西长 11.05 米，南北宽 9.65 米，占地面积 107 平方米。砖砌台基高 1.2 米，面宽三间，进深六椽，单檐硬山顶。灰布筒板瓦屋面。七檩中柱式构架。前檐西次间保留雀替，雕饰瑞兽及博古图案。

汾阳菽禾戏台

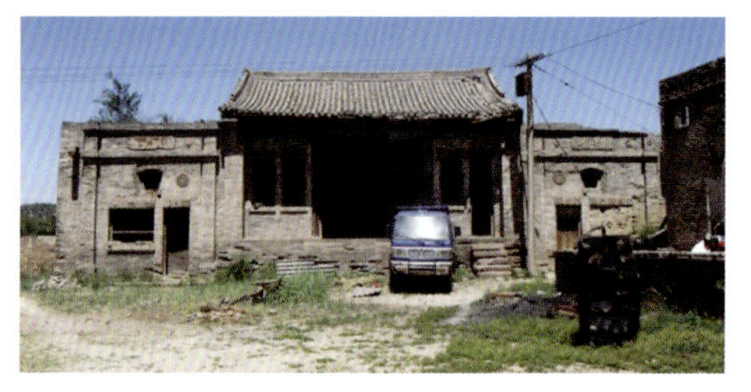

菽禾戏台位于汾阳市石庄镇菽禾村中。原为该村狐神庙附属建筑，创建年代不详，20 世纪 60 年代狐神庙被拆毁，戏台迁建于现址。现存建筑为清代遗构，坐北朝南。东西长 9.6 米，南北宽 7.8 米，占地面积 75 平方米。砖砌台基高 1.2 米，面宽三间，进深四椽，单檐硬山顶，梁架为五檩无廊式。两次间前檐筑有砖砌门窗。

柳林前大成戏台

前大成戏台位于柳林县薛村镇前大成村中。坐南向北，东西长 8.61 米，南北宽 23.76 米，占地面积 204.57 平方米。始建年代不详，现存为清代建筑。原布局不详，中轴线建有戏台、献殿。戏台石砌台基，高 0.8 米，面宽三间，进深四椽，单檐硬山顶，五檩前廊式构架。柱头科四攒，平身科一攒，均为一斗二升交麻叶。两山墙墀头砖雕花卉图案。戏台内设隔扇，东山墙上书写“用马列主义毛泽东思想武装我们的头脑”标语。献殿下层为石砌窑洞基座，高 5.49 米，宽 2.17 米，上层是面宽一间，进深一间的建筑，单坡硬山顶。

柳林阎家湾戏台

阎家湾戏台位于柳林县陈家湾乡阎家湾村中。坐南向北，东西长 8.04 米，南北宽 8.4 米，占地面积 67.54 平方米。据戏台梁架脊枋题记记载，其始建于清雍正十年（1732），现存为清代建筑。戏台砖砌台基，高 0.6 米。前为单坡硬山顶，后为平台式屋顶。戏台前半部面宽三间，进深二椽，三檩前出廊构架，斗栱形制为一斗二升交麻叶。戏台后半部为砖砌拱券窑洞一孔，洞顶装修天花，天花板上绘制山水人物画。窑洞内风额板题“音遏行云”。

柳林下塔戏台

下塔戏台位于柳林县三交镇下塔村南。坐东向西。东西长 28.55 米，南北宽 9 米，占地面积 256.95 平方米。据梁架脊枋题记记载，其始建于清雍正七年（1729），维修年代不详，现存为清代建筑。原布局不详，中轴线仅存戏台、神棚。戏台砖砌台基，高 1.8 米，面宽三间，进深五椽，卷棚硬山顶，六檩后出廊架构。柱头科四攒，平身科三攒，均为一斗二升交麻叶。台内设有隔扇，书写“勤世楼”。神棚面宽三间，进深四椽，单檐硬山顶。

柳林郭家塔戏台

郭家塔戏台位于柳林县石西乡郭家塔村中。坐东向西。东西长 7.26 米，南北宽 7.6 米，占地面积 55.18 平方米。始建及维修年代不详，现存为清代建筑。单体砖木结构建筑，面宽三间，进深四椽，单檐硬山顶，五檩前出廊构架。柱头科四攒，平身科一攒，均为一斗二升交麻叶。两山墙墀头砖雕花卉图案。

柳林西洼戏台

西洼戏台位于柳林县陈家湾乡王家庄村西洼自然村中。坐西向东。东西长 8.12 米，南北宽 6.7 米，占地面积 54 平方米。始建及维修年代不详，现存为清代建筑。单体砖木结构建筑，戏台砖砌台基，高 1.5 米。面宽三间，进深四椽，单檐硬山顶，五檩前出廊构架。戏台内有隔扇，戏台南北墙上保存清代壁画，面积约 4 平方米。

柳林任家山戏台

任家山戏台位于柳林县王家沟乡任家山村西庙梁。坐西向东。东西长 15.58 米，南北宽 8.54 米，占地面积 133.05 平方米。据梁架脊枋题记记载，其重修于清嘉庆十年（1805），现存为清代建筑。砖砌窑洞式，前后贯通三孔，前檐插廊，面宽三间，进深二椽，单檐硬山顶，檐下设有装饰性卷云形斗栱。

柳林上庄戏台

上庄戏台位于柳林县石西乡上庄村中。坐东向西。东西长 7.5 米，南北宽 6.5 米，占地面积 48.75 平方米。据戏台内题记记载，其始建于清咸丰元年（1851），现存为清代建筑。单体砖木结构建筑，面宽三间，进深四椽，单檐硬山顶，五檩前廊式构架。柱头科四攒，平身科三攒，均为一斗二升交麻叶。两山墙墀头砖雕花卉图案。台内设有隔扇，上有“歌舞楼”匾。

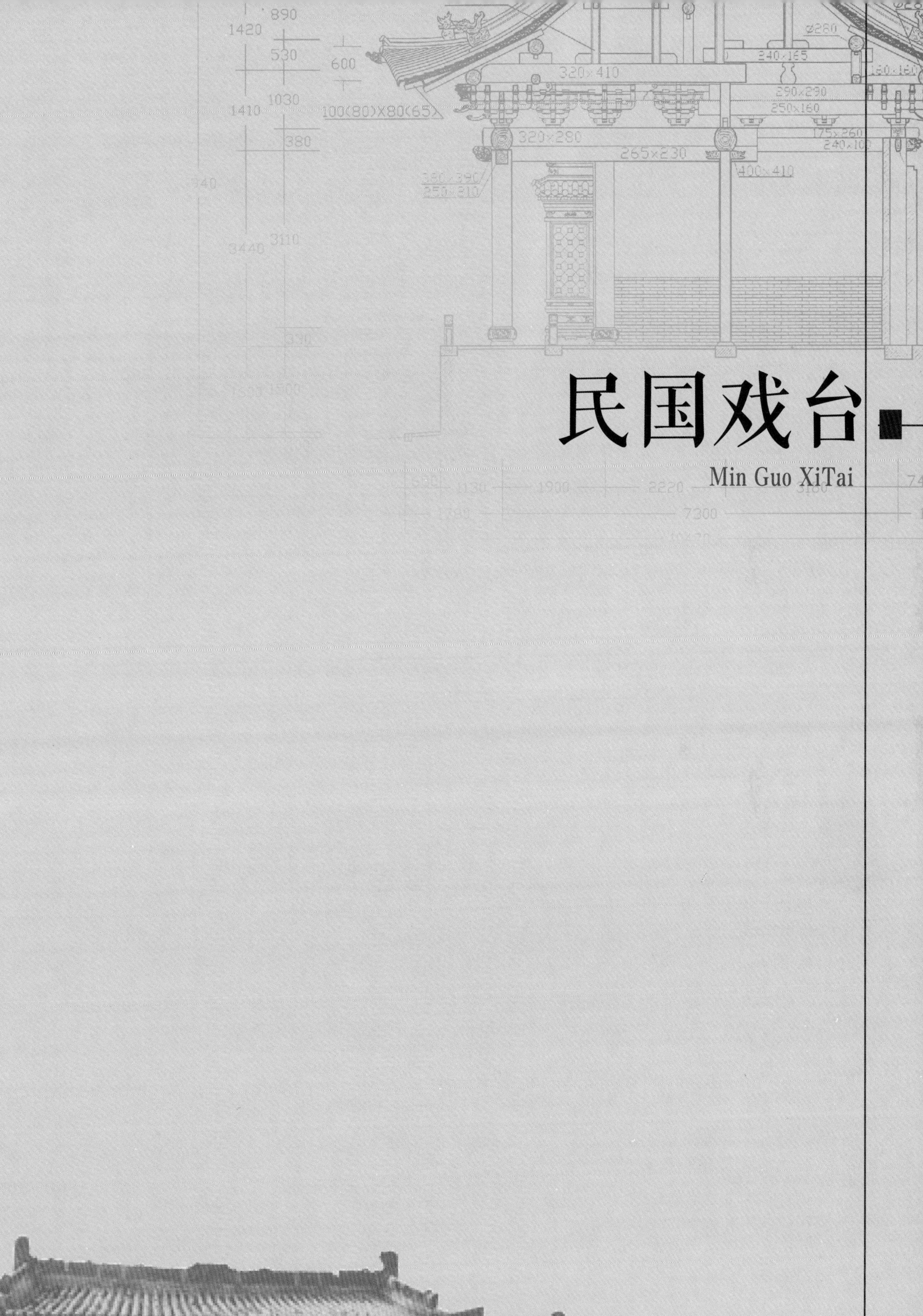

民国戏台

Min Guo XiTai

1 太原市

阳曲宋庄戏台

宋庄戏台位于阳曲县黄寨镇宋庄村中。创建年代不详，现存主体结构为民国建筑。坐东朝西，东西长8.3米，南北宽7.8米，占地面积70.4平方米。单体砖木构建筑，建于砖石台基上，宽8米，深8.8米，高2.6米。面宽三间，进深五椽，单檐硬山顶，六檩前廊式构架，装修改制。柱头科一斗二升交蚂蚱头，柱头施大额枋。

2 大同市

灵丘冉庄戏台

冉庄戏台位于灵丘县白崖台乡冉庄村中。始建于民国时期，20世纪60年代重修，2002年再修。东西长13.57米，南北宽10.75米，台基高1.1米，占地面积约146平方米。坐南朝北。后台面宽三间，进深四椽，前台面宽五间，进深二椽，卷棚顶前接歇山顶。后墙开两个圆形小窗。前台梢间南壁开门。檐下额枋及斗栱均施彩，檐下额枋间施斗栱7攒。角柱柱头饰五角星及“卍”字纹，东角耍头阳刻“光”字，西角耍头阳刻“月”字。前台东、西壁及梢间南壁门上部均有壁画。东壁绘松树，西壁绘垂柳，东梢间南壁绘松树，西梢间南壁绘梅花。

灵丘温东堡戏台

温东堡戏台位于灵丘县石家田乡温东堡村中偏东处。民国三年（1914）修建，1958年曾进行大修。东西宽6.85米，南北长8.02米，占地面积约55平方米。坐南朝北。台基用条石、石块砌筑，戏台为砖木混合结构。面宽三间，进深五椽，卷棚顶。梁架结构简单。檐柱下置圆形柱顶石。戏台后部置低墙分隔为前、后台。

灵丘西白洋戏台

西白洋戏台位于灵丘县赵北乡西白洋村内。始建于民国二年（1913），20 世纪 80 年代局部有修整。东西宽 7.29 米，南北长 8.5 米，占地面积约 62 平方米。坐东朝西。建在高 0.4 米的台基上。面宽三间，进深五椽，卷棚顶。梁架结构简单。墙壁为砖、土坯混合砌成。北边墀头雕荷花，南边墀头雕鹿。

3 阳泉市

盂县沟子口村戏台

沟子口村戏台位于盂县下社乡沟子口村内。坐南朝北，东西 8.8 米，南北 7.38 米，占地面积约 72 平方米。据戏台上梁架题记记载，戏台建于民国十六年（1927）。石砌台基，宽 8.8 米，深 7.3 米，高 1.2 米。面宽三间，进深六椽，悬山顶，灰瓦屋面，前为五檩式构架，后为双步梁。檐下置斗栱七朵，均为一斗二升交麻叶。

4 长治市

平顺草庄沟戏台

草庄沟戏台位于平顺县青羊镇草庄沟村南。坐南朝北，东西长 8.46 米，南北宽 7.15 米，占地面积 61.5 平方米。创建年代不详，现存建筑为民国遗构。戏台建于高 1.23 米的石质台基上，面宽三间，进深六椽，七檩构架，单檐硬山顶。柱头置异形栱，平身科每间一攒。

长子李家庄戏台

李家庄戏台位于长子县石哲镇沿庄村李家庄自然村中。坐东朝西，东西长 6.7 米、南北宽 14.6 米，占地面积 97.8 平方米。现存为民国建筑。现存戏台及南、北妆楼。其中戏台面宽三间，进深四椽，单檐悬山顶，五檩梁架，柱头科一斗二升交麻叶。

长子丹峪戏台

丹峪戏台位于长子县慈林镇丹峪村中。坐东朝西，东西长 5.5 米，南北宽 16.95 米，占地面积 93.2 平方米。据墙上记载：民国三十四年（1945）创建，现存为民国时期建筑。中轴线存戏台，南、北两侧有妆楼。戏台长 8 米，宽 5.5 米，面宽三间，进深四椽，单檐悬山顶，五檩式梁架。柱头科三踩单翘，明、次间各施平身科一攒，出 45° 斜栱，前檐下用土坯砌筑。

长子关家山戏台

关家山戏台位于长子县南陈乡关家山村西。坐南朝北，东西长 19 米，南北宽 7.1 米，占地面积 134.9 平方米。据正脊随檩题记记载：建于民国二十六年（1937），现存戏台和东西妆楼。戏台建在砂石台基之上，长 9.2 米，宽 7.1 米，高 1.3 米，面宽三间，进深六椽，单檐悬山顶。柱头科三踩单翘，明间、两次间各设平身科一攒，出 45° 斜栱。

长子红星庄戏台

红星庄戏台位于长子县石哲镇红星庄村南。坐南朝北，占地面积 78.8 平方米。为民国时期建筑。现仅存戏台及东西妆楼。戏台建于高 1.1 米的砖砌台基之上，面宽五间，进深七椽，单檐悬山顶，五檩梁架。柱头科一斗二升交麻叶，明、次间均设平身科一攒。

长子临漳戏台

临漳戏台位于长子县大堡头镇临漳村中。坐南朝北，一进院落布局，东西长 16.4 米，南北宽 6.4 米，占地面积 104.9 平方米。创建年代不详，据戏台正脊随檩枋上的题记记载：民国三年（1914）重修。中轴线存戏台，东、西两侧存妆楼。戏台建于砖石台基之上，高 1.2 米，面宽三间，进深四椽，单檐悬山顶，五檩梁架。柱头科三踩单下昂，明间设平身科一攒。檐柱为石质，前檐处被土墙封堵。

长子申村戏台

申村戏台位于长子县南陈乡申村西。坐南朝北，东西长 5.3 米，南北宽 7.8 米，占地面积 41.3 平方米。为民国时期建筑。戏台建于砖石台基之上，长 7 米，宽 5.3 米，高 0.8 米，面宽三间，进深四椽，单檐悬山顶。

长子小辛庄戏台

小辛庄戏台位于长子县鲍店镇小辛庄村中。坐南朝北，一进院落布局。东西长 23.1 米，南北宽 4.8 米，占地面积 110.8 平方米。现存为民国建筑。中轴线存仅存戏台，两侧有东、西妆楼。戏台建于高 0.75 米的砖砌台基之上，面宽三间，进深六椽，单檐硬山顶，七檩梁架。

长子新陈戏台

新陈戏台位于长子县慈林镇新陈村西一土台上。坐南朝北，东西长10.6米、南北宽6.3米，占地面积66.7平方米。创建年代不详，现仅存戏台，为民国建筑。戏台面宽三间，进深六椽，七檩梁架。柱头科三踩单翘，明次间均设平身科一攒，出45°斜栱。檐柱为石质。

屯留大会戏台

大会戏台位于屯留县丰宜镇大会村南。坐南朝北，东西长15.1米，南北宽6.9米，占地面积104平方米。现存为民国遗构。中轴线上现存戏台，两侧建有妆房。戏台面宽三间，进深六椽，七檩，单檐悬山顶。檐部斗栱5攒，均为一斗二升，装修毁坏无存。

屯留李家庄戏台

李家庄戏台位于屯留县张店镇李家庄村中。坐西朝东，东西宽6米，南北长18.6米，占地面积111.6平方米。创建年代不详，现存建筑为民国遗构。戏台砂石台基高1.8米，面宽三间，进深四椽，五檩梁架，单檐悬山顶。前檐设斗栱四攒，均为一斗二升，装修不存。戏台两侧建耳楼，现仅存北耳楼。

屯留沙家庄戏台

沙家庄戏台位于屯留县麟绛镇沙家庄村中。坐西朝东，南北长 19.7 米，东西宽 7 米，占地面积 137.9 平方米。创建年代不详，现存为民国遗构。台口有太极寿字纹压台石。戏台两侧有南、北妆楼各一间。戏台建于高 1.1 米的砖砌台基之上，面宽三间，进深六椽，单檐悬山顶，装修毁坏无存。

沁源前西窑沟戏台

前西窑沟戏台位于沁源县王和镇前西窑沟村南。戏台坐东朝西，东西长 6.5 米，南北宽 9.8 米，占地面积 63.7 平方米，现存为民国遗构。戏台建于高 1.10 米砖石台基之上，面宽三间，进深五椽，六檩，单檐硬山顶，装修已改。后墙残存部分“文革”标语，字迹模糊不清。

沁源续河戏台

续河戏台位于沁源县韩洪乡续河村村中。坐南朝北，东西长 11 米，南北宽 9.6 米，占地面积 105.6 平方米。现存建筑为民国遗构。戏台石砌台基高 1.19 米，面宽三间，进深四椽，五檩梁架，单檐硬山顶，装修全无。

沁源姚壁戏台

姚壁戏台位于沁源县赤石桥乡姚壁村中。坐北朝南，东西长 9.4 米，南北宽 8.6 米，占地面积 80 平方米。现存建筑为民国遗构。戏台石砌台基高 1.00 米，面宽三间，进深四椽，五檩梁架，单檐悬山顶。檐部斗栱七攒，均为一斗二升。台口额书“毛泽东思想万岁”。

武乡下广志戏台

下广志戏台位于武乡县洪水镇下广志村。坐西朝东，东西 5 米，南北 7 米，占地面积 35 平方米。创建年代不详，现存戏台为民国建筑。戏台建于石砌台基之上，面宽三间，进深四椽，五檩无廊式构架，单檐硬山顶，灰瓦屋面。

高平兴洞戏台

兴洞戏台位于高平市北诗镇兴洞村南。坐南朝北，占地面积93平方米。创建年代不详，现存建筑为民国风格。戏台面宽三间，进深四椽，单檐悬山顶，五檩前廊式构架。戏台两侧为妆楼。

陵川寨则村舞台

寨则村舞台位于陵川县崇文镇寨则村中。坐北朝南。东西宽17米，南北长5.7米，占地面积97平方米。据舞台镶碣记载，创建于民国六年（1917），现存建筑为民国风格。舞台面宽三间，进深四椽，单檐硬山顶。东西妆楼各一间。

陵川丈河村舞楼

丈河村舞楼位于陵川县附城镇丈河村中。坐南朝北。南北长5.4米，东西宽18.8米，占地面积为102平方米。据梁架题记记载，舞楼创建于民国七年（1918），现存建筑为民国风格。舞楼面宽三间，进深六椽，单檐悬山顶，七檩前出廊。舞楼内天花彩绘精美，具有较好的艺术效果。

6 忻州市

忻府区东张洪福寺戏台

东张洪福寺戏台位于忻府区西张乡东张村洪福寺南部。据戏台题记记载，明万历九年（1581）创建，民国三年（1914）重建。坐南向北，占地面积 101 平方米。戏台台基高 1 米，面宽三间，进深五椽，前卷棚后悬山顶。

忻府区下沙沟戏台

下沙沟戏台位于忻府区阳坡乡下沙沟村中。创建年代不详，现存为民国建筑。坐东向西，占地面积 93 平方米。戏台面宽三间，进深四椽，单檐悬山顶。

定襄董村戏台

董村戏台位于定襄县晋昌镇董村中。据梁架题记载，为民国十二年（1923）所建。坐南向北，东西长10.5米，南北宽9.2米，占地面积约97平方米。戏台为石砌台基，台基宽10.5米，深9.2米，高1米。面宽三间，进深五椽，单檐卷棚悬山顶，六檩梁架结构。

五台两涧戏台

两涧戏台位于五台县沟南乡两涧村中。现存建筑为民国年间所建。坐南向北，占地面积73平方米。须弥座石砌14层，中间为过街门洞，内顶部盖楞木与木椽。门洞上部为戏台，面宽三间，进深六椽，后台卷棚硬山顶，前顶挑角。斗栱一斗二升交麻叶，平身科每间一攒，大斗左右出花牙子。八字看墙，后屏风走马板书“报功楼”。存壁画7平方米。

五台上门限石戏台

上门限石戏台位于五台县门限石乡上门限石村中。始创年代不详，现存为民国建筑。坐南朝北，占地面积57平方米。戏台面宽三间，进进深二椽，单檐硬山顶。院内存清同治年间（1862——1874）重修碑一通。

五台塔崖沟戏台

塔崖沟戏台位于五台县高洪口乡塔崖沟村。为民国年间所建。坐西向东，占地面积64平方米。戏台石砌台基，面宽三间，进深四椽，卷棚灰瓦布顶。柱头吞口已残损。普拍枋有彩绘。山墙上有多处戏班的墨题。

五台李家庄戏台

李家庄戏台位于五台县陈家庄乡李家庄村中。民国年间所建。坐南向北，占地面积115平方米。面宽五间，进深五椽，卷棚硬山顶。斗栱左右伸出七踩泥道栱，正面三踩斗栱，上承麻叶头，象鼻。平身科每间一攒，耍头龙形，后槽每间一根金柱。东一间为单间，山墙开门，直通戏台。

五台寺沟戏台

寺沟戏台位于五台县豆村镇寺沟村中央。现存建筑为民国年间所建。坐南向北，占地面积 157 平方米。戏台面宽三间，进深四椽，卷棚硬山顶，后槽金柱两根。墙壁上有民国七年（1919）戏班演出的墨题。

7 晋中市

榆社大埫戏台

大埫戏台位于榆社县岚峪乡大埫村中。据村中老者回忆，建于民国时期，中间戏台用于唱戏，两侧耳房用于召集村民议事。戏台占地面积 158.4 平方米，坐北朝南。建于高 0.8 米的石砌台基上，三开间人字形梁架构造。耳房为三开间硬山顶房屋。

榆社上赤土戏台

上赤土戏台位于榆社县讲堂乡上赤土村中。据梁架题记记载，建于民国三十五年（1946）。占地面积 68.8 平方米，坐南朝北，建于石砌台基上，台基高 1.2 米。三开间人字形梁架构造。

8 临汾市

襄汾城南戏台

城南戏台位于襄汾县新城镇城南村村中。创建年代不详，据梁架题记记载，民国二十三年（1934）重建。坐南面北，占地面积75.3平方米。砖砌台基，台基高1.1米。戏台面宽三间，进深五椽，灰筒板瓦硬山顶。梁架为六檩前廊式，通檐用三柱。

曲沃景明戏台

景明戏台位于曲沃县北董乡景明村南部。东西16.9米，南北10.83米，占地面积183平方米。据戏台上脊檩题记记载：民国八年（1919）创建。解放后为丰富人民群众文化生活，村内于1956年在戏台前加建一座人民舞台，原戏台作为后台使用。现仅存戏台及人民舞台各一座，坐南朝北，戏台面宽五间，进深四椽，五檩前廊式构架，单檐灰瓦硬山顶，前檐柱头饰如意耍头。明间匾额题木刻“声浪耳鼓”四字。人民舞台建于戏台北部，砖石砌筑，东西两侧砌砖墙，灰瓦铺顶，台前额题“人民舞台”四字。

安泽杜村娘娘庙戏台

娘娘庙戏台位于安泽县杜村乡杜村村中。据戏台脊檩题记记载，创建于民国三十六年（1947）。坐南向北，原为娘娘庙内建筑，庙毁仅存戏台。东西长9.78米，南北宽6.05米，占地面积59.17平方米。戏台建于高1.2米的石砌台基之上，面阔三间，进深四椽，五檩无廊式结构，单檐灰板瓦悬山顶。

安泽神湾戏台

神湾戏台位于安泽县冀氏镇北孔滩村神湾自然村中。创建年代不详，据戏台脊檩题记记载，民国十五年（1926）重修。戏台坐东向西，原为庙内建筑，现仅存戏台，南北长 7.9 米，东西宽 5.95 米，占地面积 47 平方米。戏台建于高 1.5 米的石砌台基之上，面阔三间，进深四椽，五檩无廊式结构，单檐灰板瓦悬山顶。台前设方形石柱 4 根。

尧都区窝沟戏台

窝沟戏台位于尧都区刘村镇窝沟村中。原为关帝庙内戏台，庙毁，现存戏台。据戏台脊檩题记记载，创建于民国十六年（1927）。坐北向南，东西长 8.8 米，南北宽 7.12 米，占地面积 62.66 平方米。戏台建于高约 1 米的石砌台基之上，面宽三间，进深四椽，单檐灰筒板瓦卷棚顶，戏台三分之一处设木质隔扇，分前后场，两侧设上下场门，门上书额“吴歌”“楚舞”。戏台两侧砖雕刻联“富贵世间荣耀享之，万代英雄尽忠留德”。

汾西新安戏台

新安戏台位于汾西县勍香镇新安村中。创建年代不详，据脊檩题记记载，民国六年（1917）重修。占地面积 88.6 平方米。坐南面北，砖砌台明，条石包边，高 0.4 米，前设石板围栏。前台面阔三间，进深四椽，卷棚硬山顶。平板枋雕琴棋书画图案，阑额彩绘龙形。后台为砖券枕头窑一孔。戏台东山墙嵌民国六年维修记事碣一方。

9 运城市

闻喜湖村戏台

湖村戏台位于闻喜县礼元镇湖村村中。据其梁记创建于民国九年（1920）。东西长10.85米，南北宽7.05米，建筑面积76.5平方米。坐南朝北。砖砌台基高1.1米，四周石条压沿。面阔三间，进深二椽，悬山顶。东西山墙墨绘牡丹、葡萄、莲花等花卉图案。

闻喜上峪口戏台

上峪口戏台位于闻喜县侯村乡上峪口村中。据其梁记建于民国二十一年（1932）。南北长9.5米，东西宽7.6米，占地面积72.2平方米。坐东朝西。石砌台基高1.2米，面阔三间，进深二椽，硬山顶。正面墙上彩绘毛泽东立像一幅，左右山墙上彩漆写有毛主席语录。

闻喜中申戏台

中申戏台位于闻喜县河底镇中申村中。据其梁记为民国三十八年（1949）创建。东西长9米，南北宽7.2米，占地面积64.3平方米。坐北朝南，方向北偏东45°。砖砌台基高1米，面阔三间，进深三椽，悬山顶。前设插廊一椽。檐枋下饰有垂柱和精美的木刻。

万荣柳林岭戏台

柳林岭戏台位于万荣县汉薛镇柳林岭村东南隅。坐南朝北，占地面积 50.8 平方米。创建年代不详，据梁脊板题记记载，民国二十三年（1934 年）重修。面宽三间、进深三椽，单檐硬山顶。台基高 1.2 米，明间雀替通施镂雕宝瓶卷草纹，两次间雀替雕刻骑马草纹，东次间檐檩残存彩绘，屋顶布灰瓦，屋脊为灰陶雕花筒脊。梁脊板楷书墨题：“时中华民国二十三年（1934）岁次甲戌吉三月二十二日吉时重修，三间改前地址方向，伏祈落成后永保合庄，谨誌”。戏台侧存放碑 1 通，该碑为青石质，首、座均佚。高 1.84 米，宽 0.76 米，厚 0.12 米。清光绪二十年（1894）立石。首题：“大振铎乡饮介宾邑庠生员子宜秦老夫子教泽碑”。碑文楷书，8 行，行 32 字。记载了秦老夫子有教无类、诲人不倦的德行。贾茂撰文，曹殿试篆额，贾炳宸书丹。

河津南辛兴戏台

南辛兴戏台位于河津市赵家庄乡南辛兴村委会院内。坐南向北，南北长 8.23 米，东西宽 10.23 米，占地面积 84.4 平方米。据形制判断为民国时期建筑。戏台面宽三间，进深三椽，单檐硬山顶。筒板瓦屋面，脊筒为牡丹透雕装饰。砖砌台基，高 1.4 米。四攒柱头科为雕花斗口出麻叶形雕饰，每间平身科皆一攒，明间为斗口出 45° 斜栱。梁架为三架梁上施脊瓜柱承托脊檩。

河津史惠庄戏台

史惠庄戏台位于河津市赵家庄乡史惠庄学校内。坐南朝北，南北长 7.82 米，东西宽 9.15 米，占地面积 71 平方米。民国三十八年（1949）创建。该戏台是在原戏台旧址上重建的仿清式戏台，许多木构件仍使用原戏台构件，其梁脊板记载“抗战胜利敌寇投

降全村民众共同努力创建斯楼以誌庆祝”“民国三十八年（1949）创建”。面宽三间，进深四椽，单檐硬山顶。砖砌台基高1米，两根前檐柱承托一材厚板枋，两次间为平板枋。四攒柱头科为斗口出麻叶形装饰，明间平身斜出45°斜昂，三踩单下昂形制，中间为龙头，两侧依次出麻叶头和象鼻子耍头，两次间平身科为三踩单下昂龙头耍头。梁架为戏台中间两根中柱直接承托脊檩，前后均为三架梁上立蜀柱承托中檩。屋顶施素仰瓦，牡丹透雕脊筒。

河津小张戏台

小张戏台位于河津市僧楼镇小张村中。坐南朝北，砖砌台基高1.2米，南北长7.9米，东西宽10.1米，占地面积79.79平方米。梁脊板记载，戏台创建于民国三十年（1941）。仿清式建筑。戏台面宽三间，进深二椽，单檐硬山顶，筒板瓦屋面，牡丹透雕脊筒，龙形鸱吻。额枋采用透雕手法。檐下有斗栱七攒，明间平身科出45°斜昂，中间出龙头，两侧分别出花叶与象鼻子。戏台中间设隔扇，中间隔扇上方有一匾额上书篆体“民众乐园”。梁架为前檐三架梁上立蜀柱承托中檩，后施搭牵。

稷山四合庄龙王庙戏台

四合庄龙王庙戏台位于稷山县化峪镇四合庄村中部。据其梁脊板题记记载，创建于民国七年（1918）。龙王庙已毁，现仅存戏台。坐西朝东，南北长8.15米，东西宽7.6米，占地面积62平方米。戏台面宽三间，进深三椽，单檐硬山顶。屋内梁架结构为三架梁对前搭

牵，前檐仅明间正中施斗栱一攒（斗口挑），额枋高浮雕夔龙图案。柱础为双层，上为鼓式素面，下为方形。

图书在版编目（CIP）数据

山西古戏台通览 / 山西省古建筑集团有限公司编 .—太原：山西科学技术出版社，2015.2

ISBN 978-7-5377-5046-2

Ⅰ．①山… Ⅱ．①王… Ⅲ．①舞台—介绍—山西省—古代 Ⅳ．① K928.71

中国版本图书馆 CIP 数据核字（2015）第 030959 号

山西古戏台通览

编　　者：山西省古建筑集团有限公司
主　　编：王国华
责任编辑：牟　博
责任发行：阎文凯
封面设计：岳晓甜

出版发行：山西出版传媒集团 · 山西科学技术出版社
地址：太原市建设南路 21 号　邮编：030012
编辑部电话：0351-4922134　0351-4922063
发行电话：0351-4922121
经　　销：各地新华书店
印　　刷：山西臣功印刷包装有限公司
网　　址：www.sxkxjscbs.com
微　　信：sxkjcbs　　邮　箱：sxkjs_gys@126.com

开　　本：889mm × 1194mm　1/16　　印　张：33
字　　数：682 千字
版　　次：2015 年 8 月第 1 版　2015 年 8 月第 1 次印刷

书　　号：ISBN 978-7-5377-5046-2
定　　价：600.00 元

本社常年法律顾问：王葆柯

晋商银行
Jinshang Bank

6S现场管理规范